THE

ROMAN

TRIUMVIRATES

罗马三巨头

英国著名历史学家
剑桥大学圣约翰学院院士
查尔斯·梅里维尔教授作品

[英] 查尔斯·梅里维尔 / 著　郭威 / 译

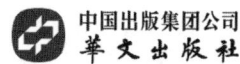

中国出版集团公司
华文出版社

图书在版编目（CIP）数据

罗马三巨头 /（英）查尔斯·梅里维尔著；郭威译
.-- 北京：华文出版社，2019.7
（华文全球史）
ISBN 978-7-5075-5123-5

Ⅰ.①罗… Ⅱ.①查…②郭… Ⅲ.①罗马帝国—历史 Ⅳ.①K126

中国版本图书馆CIP数据核字(2019)第108309号

罗马三巨头

作　　者：[英]查尔斯·梅里维尔
译　　者：郭威
选题策划：盛世雅章
插图供应：029—85504182
责任编辑：陈红升
出版发行：华文出版社
社　　址：北京市西城区广外大街305号8区2号楼
邮政编码：100055
网　　址：http://www.hwcbs.com.cn
电　　话：总编室010—58336239
　　　　　发行部010—58336212
经　　销：新华书店
印　　刷：三河市国英印务有限公司
开　　本：710×1000　1/16
印　　张：20
字　　数：280千字
版　　次：2019年7月第1版
印　　次：2019年7月第1次印刷
标准书号：ISBN 978-7-5075-5123-5
定　　价：80.00元

版权所有　侵权必究

目 录

001 **第 1 章**
从反抗苏拉的统治到格涅乌斯·庞培·马格努斯崛起

039 **第 2 章**
从格涅乌斯·庞培·马格努斯崛起到镇压西西里亚海盗

065 **第 3 章**
卢修斯·塞尔吉乌斯·喀提林的阴谋

089 **第 4 章**
前三巨头

107 **第 5 章**
前三巨头同盟瓦解

135 **第 6 章**
尤利乌斯·恺撒与元老院决裂

157 **第 7 章**
罗马内战

191　**第 8 章**
　　尤利乌斯·恺撒之死

217　**第 9 章**
　　盖乌斯·屋大维·奥古斯都继承尤利乌斯·恺撒之位

231　**第 10 章**
　　后三巨头

249　**第 11 章**
　　罗马共和国最后的挣扎：菲利皮战役

259　**第 12 章**
　　亚克兴战役：共和时代终结与帝国时代来临

287　**附录**
　　罗马共和国末期的执政官

299　**专有名词英汉对照**

第 1 章

从反抗苏拉的统治到格涅乌斯·庞培·马格努斯崛起

精彩看点

罗马共和制的运作模式——布匿战争和同盟者战争的结果——苏拉的君主权力——苏拉与罗马贵族制——苏拉对贵族制的看法——苏拉的影响——罗马征服的影响——选举权扩大的影响——军事阶层的壮大——罗马公民——罗马军团的特点——格涅乌斯·庞培·马格努斯的早期经历——昆图斯·卢泰修斯·卡塔鲁斯和马库斯·埃米利乌斯·雷必达任执政官——马库斯·埃米利乌斯·雷必达之死——西班牙的昆图斯·塞多留——昆图斯·塞多留之死及其影响——斯巴达克斯起义——米特里达梯战争——米特里达梯战争的结果——亚美尼亚战争

罗马共和制延续了将近五百年，被公认为是体现自由机制生命力的一个突出事例。然而，在很大程度上，这一观点的可信度有待考证。事实上，被征服地区的政治制度往往难以使该地区长治久安。政府的本质是少数人管理多数人，贵族管理平民，武装阶级管理普通民众，胜利者管理被征服者。情况乐观时，底层民众可以突破重重阻力，进入统治阶层。因此，阶级之间的不平等一直没有被武力推翻，罗马共和国也从未经历革命的考验。自由邦省经常爆发骚乱，但骚乱很快会被镇压，政府会任命临时独裁者管理自由邦省。在关键时刻，权力的平衡得以维持。

罗马人不断攻城掠地，最终成为意大利的主人，并对地中海许多地区产生了深远影响。因此，任命一位长期统治者的时机已经成熟。也许是因为罗马与迦太基一直处在敌对状态，并且遭到了汉尼拔的进攻，欧罗巴所有阶级都聚集到罗马，使罗马民众及其盟友实现了前所未有的团结，推迟了任命长期统治者一事。随着迦太基的汉尼拔败北，大西庇阿掌握了罗马共和国的大权，似乎为罗马人指出了一条更清晰的道路。罗马再次挑起战争，大败希腊和小亚细亚。罗马人深受鼓舞，但独裁者的时代尚未到来。在格拉古兄弟的统治下，君主制的气息逐步逼近罗马，但同盟者战争的爆发逆转了这一形势。此后，事实证明罗马的共和体制不切实际，是行不通的。两位军队首领曾就君主权力展开公开辩论，很不情愿地承认自己是国内两个党派的领袖。

布匿战争中，汉尼拔率军翻越阿尔卑斯山脉

苏拉获得罗马的绝对统治权后，以终身独裁者的身份成为罗马共和国的国王。后来，苏拉虽然放弃了统治权，但依然掌控着罗马。他试图凭一己之力恢复自由政治体制，通过革命推翻共和体制。然而，苏拉失败了。他建立起来的政治体制仅仅是一个影子。一个无法掩盖的事实是，罗马真正的统治权必须掌握在最强大的公民手中。在自由国度的名义下，势均力敌的军队首领争相抢夺国家权力，推迟了专制体制的确立。罗马三巨头的历史就是共和体制向专制体制的短暂过渡期。苏拉去世十六年后，罗马政府基本上由三位军事首领分治，即所谓的"前三巨头"。公元前45年，三巨头更新换代，"后三巨头"拥有了更广泛的权力。公元前32年，罗马实际上已经由一个自称皇帝的暴君统治。本书接下来的各章叙述的是苏拉去世到盖维斯·屋大维·奥古斯都成功加冕罗马帝国皇帝四十六年的历史。

　　苏拉对自己创立的体制的稳定性极其自信。当他放弃个人权力后，他建立的政治体制依然能继续存在。他认为，拥有财富和地位的寡头可以治理好罗马，也

苏拉

罗马贵族阶层

有能力担任他曾经的职位。与此同时，他认为条件已经具备，是时候将贵族派组织起来了。苏拉给予了贵族阶层至高无上的地位，通过打压保民官，让贵族派在公民大会上享有最高权力，在管理行省时拥有绝对权力，并且让贵族派担任军队统帅。然而，苏拉没有意识到，他推行的体制完全建立在个人能力上，但贵族派缺乏治理国家的能力，无法胜任苏拉赋予他们的高位。贵族制无法支撑起罗马共和国,贵族派对自己没有信心。当时,贵族派中几乎没有出类拔萃的领导者,但其手中的大权保留了下来,甚至蔓延到了罗马城和周围行省,最终失控。苏拉是一个罕见的天才,拥有无人能敌的军事才能。他统治时期的罗马恰逢贵族派因肆无忌惮地行使权力而遭到打压。在这种特殊情况下,贵族派获得了短暂的胜利。贵族派大势已去,苏拉退位也许加速了贵族派的衰落,但贵族派的衰落从一开始就不可避免。

苏拉能够成为伟大的独裁者主要依赖罗马的政治制度。然而,他认为自己重建了罗马的政治制度。苏拉不是最后一个,也不是第一个认为自己能够重建罗马共和国的罗马人。他希望在一个稳固的基础上重建罗马共和国,却忽视了自然发展过程,将罗马逼回到狭窄的道路上。当时,罗马已经横跨三大洲,拥有无数殖民地。在艺术和商业领域工作的所有公民的利益息息相关。苏拉梦想着罗马能够由一个寡头统治,就像以前罗马共和国的统治范围仅包括距罗马几天路程的周边城市一样。他将自己的想法延续到了当下,让罗马的平民在级别及权利方面有别于贵族,认为平民身份低贱,将平民视为次等人对待,平民要求权利平等的请求也受到轻视。在保民官成为国家的统治者时,苏拉拒绝给予平民保民官

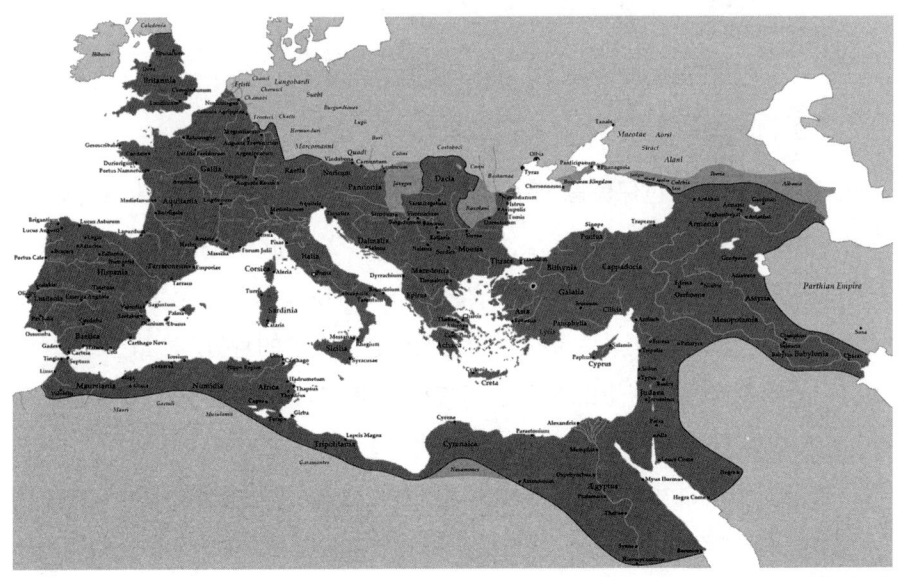

罗马帝国疆域

罗马士兵

一职。然而,正是通过保民官,平民的权利得到保障。苏拉非常极端,相信自己被神眷顾,也相信罗马拥有好运。他已经准备好与整个世界对抗,坚信罗马恢复繁荣时期的政治制度后,在自己将获得胜利的预兆中,罗马一定会适应所有变化,一定会战无不胜。但认为苏拉愤怒地抛弃了独裁者的身份,对自己倾其一生建立的政治制度感到绝望的观点,似乎完全误解了苏拉的性格。苏拉很疯狂,认为自己取得了完全胜利,然后得意洋洋地隐退了。

  伟大独裁者苏拉的政策为后来旷日持久的罗马内战及政治革命埋下了伏笔。

  由伟大军事领袖苏拉统治的罗马共和国横跨希腊、马其顿及小亚细亚的部分地区。苏拉让常备军驻扎在罗马城及周边地区。常备军只能由至高无上的统帅指挥。统帅必须任命下属军官，委托军官们在边境地区作战或维护和平，并在各地区或附属国家征税。因此，统帅可以在没有合法管理者的情况下，无限延长自己的管理期限。由于下层官员和普通民众不同，苏拉试图发动革命的希望破灭。不断更换目标带来的兴奋，以及从一个行省总督到另一个行省总督的更替，本身就是一种革命。罗马注定会走向内战。

截至目前，罗马各地区民众逐渐获得了选举权，城市移民与罗马本地公民的权利逐步趋同。同盟者战争使意大利的所有自由民获得了与罗马公民同样的权利。先例一旦出现，就会重复出现。最终，罗马的所有外来者拥有了选举权。

罗马基层军官——百夫长

罗马城复原图

事实上,地方法官的选举权仍然被市中心的公民控制着,因为罗马人一直坚持一项神圣原则,即民事事务只能在主办地点——市中心举行。意大利人及其他行省居民逐渐获得了罗马市民头衔,但在行省总督及军队统帅的统治下,各行省的居民承担了大部分军职和财政方面的职位。无论是罗马还是意大利的骑士,都对贸易产生了很大兴趣,于是决定定居国外追求财富。他们任职时,利用自己对当地的了解和拥有的资本设法盈利,开发当地资源。当地居

民被迫在罗马军队中服役,当地最赚钱的职业也被罗马中央政府的财政机构垄断。罗马公民紧紧依附在罗马共和国庞大的躯体上,吸食罗马共和国每个毛孔里的血液。罗马维护公民的专属特权,用不切实际的行动博得公民的欢心。当各行省的居民抱怨自己受到压迫时,统治者听到了他们的抱怨。在罗马,行省的总督及下属官员都有私人宿敌,因此,他们时刻准备着倾听被压迫者对自己的指控。贵族派的宏伟目标是确保城市司法公正,在元老院中挑选法官,避免法官在行省营私舞弊。平民代表大多是骑士团成员。骑士大多是

元老院复原图

平民阶级，试图在政府机构中谋得一官半职。多年来，罗马各阶层之间持续最久、争吵最激烈的问题是：法官人选是否应该限制在元老院成员中，还是应该扩大到骑士阶层？苏拉将底层平民排除在重要的管理部门之外。但行省居民在贵族派的压迫下遭受了许多不公，对贵族派拥有的特权感到愤怒。他们自愿参加罗马城内对平民有利的运动，给大众灌输一种普世原则，认为这些运动不仅对自己有利，还能让政府不那么僵化和排外，至少可以使自己沉浸在获得更多权力的缥缈希望中。罗马多数派的领袖总是表现得比对立派更关心行省居民，更愿意任用行省居民的样子。但多数派将自己的成功归功于政府的自由原则。随着苏拉统治下的贵族派越来越狭隘自私，罗马共和国的各阶层团结起来，渴望获得更多公民权力和利益。

但在罗马社会的等级和阶层表面公平的状态下，在罗马公民和行省居民当中，一支独立于贵族和平民的力量正在逐渐壮大。其实，罗马政府的控制权掌握在军队手里。由于边境地区连年战争，大西庇阿和格拉古兄弟组建的军队非常强大，并且不在元老院和公民大会的管理范围内。从前，罗马军队主要依靠每年一次的招兵扩充兵力，招募城内所有能参战的公民去守卫边境，抗击近在咫尺的敌人。因此，罗马军团是民兵组织，唯一职责是抵御外辱，守卫国家。士兵每年只需要服役几个月，服役结束后返乡继续做农民和商贩，等待下次应招入伍。

大西庇阿

高卢人

意大利受连年战事所困，罗马人不仅要抗击高卢人、闪米特人和伊特鲁里亚人的入侵，还要抵御汉尼拔和皮洛士的进攻，牵制意大利的联合力量。因此，罗马政府招募士兵的服役年限开始按年计算。军团中的士兵已经多年未在公民大会上投票，逐渐忘记了自己的公民身份，将军功视为获得财富和荣誉的途径。随着征服不断推进，罗马士兵前往遥远的滨海地区作战，成为罗马政府的威胁。不过，战争使士兵们远离故土，使他们无法立即公开反抗罗马政府。

实际上，罗马军团之所以能一直在罗马城内，甚至在意大利的殖民地或临近行省招募居民并补充后备军，是因为依赖一种自信，即无论距罗马多远，无论脱离罗马政府的管理多久，罗马公民都对故土有着深深的依恋，不会轻易反抗政府。罗马士兵因与统治阶级产生联系而感到骄傲，认为自己的地位高于意大利人和行省居民，觉得意大利人和行省居民只是站在自己身边的助手。

皮洛士与罗马军队交战

盖乌斯·马略

　　盖乌斯·马略消除了罗马的阶级差异，招募最底层的无产平民入伍，协助自己征服周边地区，沉重打击了罗马士兵的自豪感。从与辛布里人和条顿人展开旷日持久的战争开始，罗马军团不再是贵族阶级的代表，不再对其他阶级存在偏见。士兵与国家利益无关，因为他们没有国家。但在古代，士兵是一个奇怪且影响深远的群体。因此，军队的变化实际上是一场革命，是暴力与劫掠的先兆。由无产平民构成的罗马军团曾在希腊、小亚细亚、西班牙和高卢行军，依赖军饷和勒索来的物资生活。罗马军团的劫掠欲望不断膨胀,士兵们要求将军放任其劫掠各城市和行省。没有外国军队时,罗马士兵会与罗马民众,甚至是自己的国家交战。军队金库很快被军队的正常开销耗尽。罗马军团经常无法到达战场,除非牺牲掉一些无辜士兵。到达战场后,为了显示统帅有能力调遣军队,经常会产生一些无谓的争吵。但没有什么猎物像意大利和罗马一样诱人。现在,贪婪的罗马军团将目光投向自己的国家,将领们也渴望攻击罗马中央政府,以获得罗马共

罗马军队与辛布里人交战

罗马军队征战条顿人

和国授予的最高奖赏。盖乌斯·马略、苏拉、卢修斯·科尔内利乌斯·秦纳和盖乌斯·帕皮里乌斯·卡尔博秉承以前辛布里人和条顿人及几个世纪后的哥特人和汪达尔人的捕猎精神,率领罗马军队对抗罗马。在物质生活极大提高,对外征服如火如荼的时候,罗马轰然倒塌,放任其他民族任意摆布自己,绝望地给阿拉里克一世①或阿提拉②让路。

　　罗马的爱国者面临的问题是在罗马自己的守卫者的重击之下,如何避免罗马共和国解体,这令人非常焦虑和绝望。热爱罗马的公民们能信任的只有军团,但军团极其忠于元帅们。元帅们曾宣誓效忠军队,而非他们并不在意的执政官

---

① 阿拉里克一世(Alaric I, 375—410),西哥特第一位国王,410年率兵入侵罗马,对罗马帝国的衰落产生了决定性影响。——译者注
② 阿提拉(Attila, 406—453),一般指匈奴王阿提拉。434年到453年,他一直是罗马帝国最可怕的敌人。——译者注

和法律。格涅乌斯·庞培·马格努斯是意大利一支强大军队的统帅,后来加入苏拉的阵营。苏拉如虎添翼。格涅乌斯·庞培·马格努斯逝世后,他的儿子格涅乌斯·庞培·马格努斯接管了军队。格涅乌斯·庞培·马格努斯的军队多次大获全胜。在西西里,格涅乌斯·庞培·马格努斯率军击败了盖乌斯·帕皮里乌斯·卡尔博率领的军队,并且在阿非利加海岸取得了胜利,确保元老院占据了优势。苏拉对格涅乌斯·庞培·马格努斯表现出了些许嫉妒,因为格涅乌斯·庞培·马格努

阿拉里克一世

第1章 从反抗苏拉的统治到格涅乌斯·庞培·马格努斯崛起

格涅乌斯·庞培·马格努斯（右）与恺撒（左）

斯年纪轻轻，只是一名骑士，但回到意大利后受到了民众的热烈欢迎，当地执政官甚至授予他军功，称赞他是"伟大的庞培"。虽然年纪轻轻，但格涅乌斯·庞培·马格努斯立即成为苏拉之后罗马共和国最强大的领导人，并且人们迅速感受到了他的强大。

现在，贵族派的领导权落入昆图斯·卢泰修斯·卡塔鲁斯和马库斯·埃米利乌斯·雷必达手中。他们是罗马两大最古老、最尊贵家族的首领。公元前78年，选举昆图斯·卢泰修斯·卡塔鲁斯和马库斯·埃米利乌斯·雷必达任执政官似乎能在短时间内保证贵族派处于优势地位，维持苏拉留下来的寡头政治。但苏拉去世后,他一直保护的党派似乎得到了解脱。然而,贵族派内部产生了分歧,一些人想要趁机掌权。马库斯·埃米利乌斯·雷必达雄心勃勃地想要建立自己的派系,效仿苏拉。他曾在苏拉手下担任军官,并在军队中占有一席之地。他的妻子是一位保民官的女儿,因此,他与马略派有了联系。与此同时,他与格涅乌斯·庞培·马格努斯有着千丝万缕的关系。正是格涅乌斯·庞培·马格努斯的影响力让他获得了执政官一职。但目前,他还无法控制格涅乌斯·庞培·马格努斯的力量。苏拉去世后,马库斯·埃米利乌斯·雷必达曾公然表达了对苏拉政绩的蔑

苏拉的葬礼

米尔维安桥

视,甚至威胁说要颁布自己的法律。但他高估了自己的力量。格涅乌斯·庞培·马格努斯背叛了他,转而利用自己的影响力和力量支持昆图斯·卢泰修斯·卡塔鲁斯。元老院希望避免冲突,要求昆图斯·卢泰修斯·卡塔鲁斯和马库斯·埃米利乌斯·雷必达发誓不会自相残杀。任职期间,马库斯·埃米利乌斯·雷必达没有采取行动。但一踏入自己的领地——高卢的纳尔榜南西斯,他就制订了计划,召集大量马略派成员,通过承诺归还苏拉部下侵占的土地获得了意大利人的支持。在阿尔卑斯山脉南侧的首领马库斯·朱尼厄斯·布鲁图的帮助下,他率军进入苏拉曾经大肆屠杀当地居民的埃特鲁亚,召集剩余居民反抗压迫者。元老院惊慌失措,谴责马库斯·埃米利乌斯·雷必达的行为。一些焦躁不安、心怀不满的老兵们集结起来攻击格涅乌斯·庞培·马格努斯。在罗马以北几英里的米尔维安桥,两支罗马军队相遇。马库斯·埃米利乌斯·雷必达溃败,被迫逃往撒丁岛,不久因病去世。与此同时,格涅乌斯·庞培·马格努斯追击马库斯·朱尼厄斯·布鲁图到阿尔卑斯山脉南侧。但元老院对马库斯·埃米利乌斯·雷必达的失败和去世感到满意,免去了对其追随者的惩罚。昆图斯·卢泰修斯·卡塔鲁斯是罗马最可敬的领袖之一,永远彬彬有礼,谦逊大度。

与昆图斯·卢泰修斯·卡塔鲁斯相比,马库斯·埃米利乌斯·雷必达刚愎自用,自私自利,背叛了自己的党派,违背了曾经发下的誓言。他的出身和地位让他有了不切实际的幻想,但他没有足够的能力和影响力实现自己的幻想。他的部队外强中干,松散无度,在元老院的多次打击下迅速溃败。谨慎的马略派也不与

马库斯·朱尼厄斯·布鲁图

昆图斯·塞多留与蛮族首领

他合作。马库斯·埃米利乌斯·雷必达的去世没有造成任何影响。马库斯·培培纳·文托率领军队抵达西班牙,击败了马略派中另一位骁勇善战的将领——昆图斯·塞多留。

昆图斯·塞多留出生在萨宾,曾参加了盖乌斯·马略对辛布里人的战争。后来,他在西班牙人中颇受欢迎。昆图斯·塞多留行事谨慎,罗马的两个竞争党派对他赞赏有加。苏拉获胜后,他退回意大利。虽然对重振盖乌斯·马略的军队感到绝望,但他设法为生活在伊比利亚半岛西部野蛮居民中的马略派修建了避难所。昆图斯·塞多留感到前途渺茫,因为自己的周围都是伊比利亚人。苏拉派盖乌斯·安尼乌斯前去追杀昆图斯·塞多留,将昆图斯·塞多留逼到了大海对面的毛里塔尼亚。昆图斯·塞多留虽然勇敢，但无法获得成功，只能在盖乌斯·马略的军队里扮演一个略显神秘的角色。据说，对盖乌斯·马略的军队感到绝望后，昆图斯·塞多留曾计划撤到大西洋中央的"天赐之岛"。不过，与阿非利加人结盟后，他击败了盖乌斯·安尼乌斯率领的罗马军队。卢西塔尼亚人再次向昆图斯·塞多留寻求帮助，伊比利亚半岛西边的部落再次聚集在昆图斯·塞多留周围。西班牙苏拉军队的首领是软弱无能、优柔寡断的梅特卢斯·塞勒尔。苏拉逝世后，其军队士气大减。与此同时，昆图斯·塞多留机警敏捷，精神抖擞，一次次打败了对手，宣布伊比利亚半岛独立，并在伊比利亚半岛建立了一个自由国家。这是罗马历史上从未出现过的创举。如果史料记载属实，那么昆图斯·塞多留有一个大胆的想法，即用罗马的方式教育西班牙青年，在伊比利亚半岛西部建立一个强大的共和国，抵御亚得里亚海人的入侵。但意大利人身上似乎有一种根植于内心深处的强大叛国精神。格涅乌斯·庞培·马格努斯到达意大利后，坚持

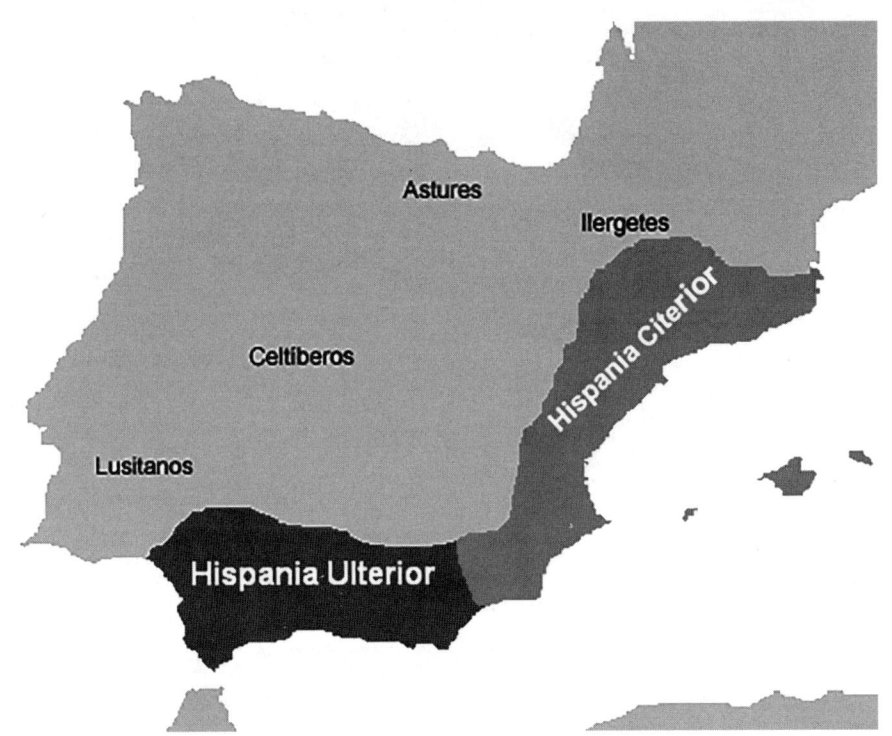

昆图斯·塞多留统治伊比利亚半岛时期的远西班牙和近西班牙

米特里达梯六世

要将昆图斯·塞多留逐出意大利。昆图斯·塞多留悄然改变了计划，再次自诩为一个国家党派的首领，将马略派的利益放在首位，将伊比利亚半岛上的原住民视为盟友或下属。本都国王米特里达梯六世提出想和他联手，分别从东西两侧进攻罗马，形成像大西庇阿和汉尼拔那样的联盟。没有一个统治阶级能抵抗强大联盟的攻击。昆图斯·塞多留宣称绝不会让任何外族踏上罗马的土地。

在昆图斯·塞多留的罗马追随者心中，关于昆图斯·塞多留的传说是这样的。昆图斯·塞多留是马略派的首领，总是救人于危难中，享受着一切荣耀与赞美。元老院想出一个办法对付昆图斯·塞多留，派出年轻勇猛的将领格涅乌斯·庞培·马格努斯代替精疲力尽的梅特卢斯·塞勒尔。但格涅乌斯·庞培·马格努斯发现，与昆图斯·塞多留交手非常危险。他曾多次与昆图斯·塞多留正面交锋。在库列拉河畔的一次交锋中，如果没有梅特卢斯·塞勒尔的及时帮助，格涅乌斯·庞培·马格努斯一定会损失惨重。格涅乌斯·庞培·马格努斯转攻为守，向元老院请求援助。在这种尴尬境地中，他只有在对手失误时才能松一口气，好像失去了智慧和能力。昆图斯·塞多留因多次意料之外的胜利而沾沾自喜，开始鄙视受自己欺骗的人，假装自己崇拜超自然力量，并将一只通身雪白的雌鹿带在身边，称这只白鹿是精灵，经常向白鹿咨询。他的罗马追随者与西班牙人发生争执时，他总是偏袒罗马追随者，甚至允许罗马追随者屠杀西班牙首领的孩子。

货币上的格涅乌斯·庞培·马格努斯

此前，他曾假借教育之名将一些西班牙首领的孩子当作人质。后来，罗马追随者与西班牙人的矛盾日益尖锐。昆图斯·塞多留无法从自己下属的阴谋中脱身。马库斯·培培纳·文托发动兵变，暗杀了米特里达梯六世，但没有能力巩固自己的地位。格涅乌斯·庞培·马格努斯对马库斯·培培纳·文托发起进攻，杀死了马库斯·培培纳·文托。元老院的元老让最忠诚的罗马人在伊比利亚半岛殖民，将伊比利亚半岛变成了维护罗马寡头制的桥头堡。途经高卢南部前往罗马城时，格涅乌斯·庞培·马格努斯试图与纳尔榜南西斯和普罗温西亚的首领结盟，并向其

格涅乌斯·庞培·马格努斯的凯旋仪式

承诺了在罗马西部的利益。元老院对此次卓有成效的征服非常满意,为尚未被封为贵族的年轻骑士格涅乌斯·庞培·马格努斯举行了凯旋仪式,认可了其军衔,但没有提到任何奖赏。梅特卢斯·塞勒尔也参加了格涅乌斯·庞培·马格努斯的凯旋仪式。

在元老院一位昏庸将领的领导下,罗马共和国即将失去一个重要行省。然而,格涅乌斯·庞培·马格努斯为罗马共和国守住了该行省。一位执政官似乎要

卡普阿角斗士训练场遗址

给格涅乌斯·庞培·马格努斯一次立功的机会。意大利中部的战争正在蔓延。斯巴达克斯率领一群角斗士，摆脱了卡普阿角斗士训练场的囚禁，夺取大量武器后逃到了维苏威火山口附近。斯巴达克斯是一个来自色雷斯的战俘。他聚集了卡普阿的逃亡奴隶和匪徒，试图起义。罗马共和国立即调遣军队镇压斯巴达克斯等人。奴隶们击败了卡普阿的长官克洛迪乌斯，很快壮大了力量。驻扎在意大利中部的苏拉的部下坐立不安，甚至说要放弃自己的农田，重回已经陷落的城市。在接下来的三年中，斯巴达克斯的力量逐渐壮大到四万人，一些人甚至认为壮大到了十万人。斯巴达克斯将坎帕尼亚地区洗劫一空，几乎成为伊比利亚半岛南部地区的统治者。然而，意大利人不愿与奴隶和匪徒接触。斯巴达克斯发现自己无法举全国之力反抗罗马，明白自己的事业毫无获胜希望。于是，他率领部下拼尽全力冲破了阿尔卑斯山脉的屏障，抵达伊比利亚半岛北部行省。在伊比利亚半岛北部行省，斯巴达克斯大批属下被捕。斯巴达克斯的属下被胜利冲昏了头脑，贪婪地劫掠，蹂躏了意大利的很多地区。罗马政府派执政官率军团前去镇压起义者，却遭遇惨败。与此同时，格涅乌斯·庞培·马格努斯身处西

厮杀后休息的角斗士

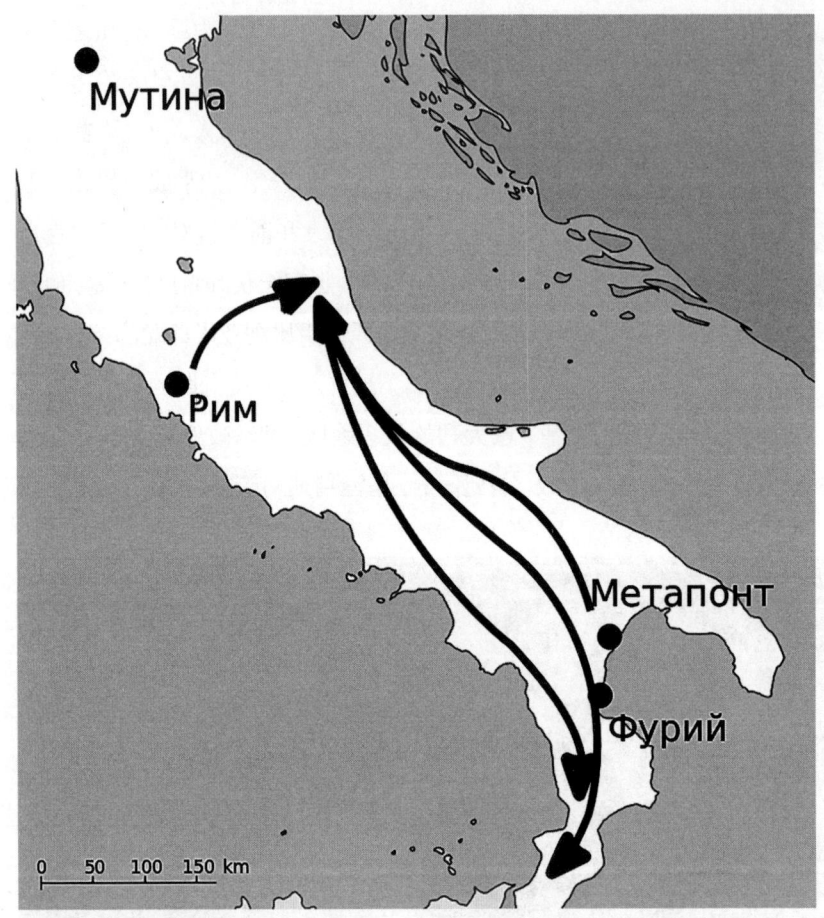

斯巴达克斯起义示意图

班牙,卢修斯·李锡尼·卢库勒斯在东方,两人都无法参战。因此,马库斯·李锡尼·克拉苏成为元老院的不二人选。马库斯·李锡尼·克拉苏的影响力极大,但其影响力主要来自惊人的财富,而不是突出的成就。因此,他被人冠以"富豪"的别名。但他有大批盟友和手下。正是这些人将他推上了执政官的位置。现在,他的盟友和手下强烈呼吁罗马政府,为马库斯·李锡尼·克拉苏配备强大的军队夺回意大利。由于缺乏纪律,起义的奴隶们士气低迷。马库斯·李锡尼·克拉苏将奴隶们逼到了伊比利亚半岛边缘。在利基翁,奴隶们与一支来自西西里的强盗舰队谈好价钱,打算乘船前往西西里,但遭到背叛。斯巴达克斯对西西里的强盗极其失望，只能强行冲破马库斯·李锡尼·克拉苏的防线，尽力保住剩下的人。强大的起义军令罗马烦恼不已，元老院担心罗马城遭到起义军的攻击，于是下令强召格涅乌斯·庞培·马格努斯和卢修斯·李锡尼·卢库勒斯回来镇压奴隶起义。马库斯·李锡尼·克拉苏也后悔自己不够谨慎，让奴隶们落入了政敌手中。因此，他做好迎战的准备，将斯巴达克斯围困在山里，但依然无法消磨斯巴达克斯的意志。格涅乌斯·庞培·马格努斯平定了西班牙的叛乱后，快马加鞭回到意大利，夺走了马库斯·李锡尼·克拉苏的部队，轻易捕获了斯巴达克斯。

斯巴达克斯起义失败

斯巴达克斯起义者被屠杀

罗马人将此次胜利的桂冠戴在了格涅乌斯·庞培·马格努斯头上。马库斯·李锡尼·克拉苏深受屈辱。元老院开始怀疑功勋卓著的格涅乌斯·庞培·马格努斯能否一直忠于自己。

然而，罗马有一位比马库斯·李锡尼·克拉苏能力更出众的将军。格涅乌斯·庞培·马格努斯在意大利西部的势力受到东部卢修斯·李锡尼·卢库勒斯的制衡。卢修斯·李锡尼·卢库勒斯率领罗马共和国的军队，与米特里达梯六世顽强抗争。多年来，罗马在希腊和小亚细亚的统治一直处在危险中，不断遭到本都国王米特里达梯六世的攻击。遭到苏拉的打击后，不屈不挠的米特里达梯六世奋起反击英勇无畏且纪律严明的罗马军团。由于米特里达梯六世的存在，元老院有了派遣最杰出的将领和强大的军队常驻东部行省的借口,从而保护贵族派和罗马共和国。曾经担任要职的卢修斯·李锡尼·卢库勒斯受到高度赞誉。同时,他的财富、出身和能力也让他在民事事务中担任要职。公元前74年,正与昆图斯·塞多留交战时,卢修斯·李锡尼·卢库勒斯开始担任罗马执政官。当保民官们在另一位执政官卢修斯·奥里利厄斯·柯塔的支持下,试图恢复苏拉创立的制度时,卢修斯·李锡尼·卢库勒斯离开罗马,担任苏拉驻扎在东部行省

卢修斯·李锡尼·卢库勒斯

军队的统帅。苏拉想要借东部行省的军队巩固罗马的寡头政治。卢修斯·李锡尼·卢库勒斯为贵族派效力，但同时为远离国内纷争，戍守边疆感到满足。他非常熟悉意大利东部的情况，在以前的几次战役中担任过苏拉手下的军官，军事才能出众。后来，他跟随苏拉回到罗马，恰逢放逐时代结束。因此，他的手下没有卷入流血事件。卢修斯·李锡尼·卢库勒斯品味高雅，未受军队粗鲁行事风格的影响。他的文学修养极高，熟知希腊文化。一些贵族将希腊文化融入了勇猛的罗马人中，开始将罗马文化推向高峰。卢修斯·李锡尼·卢库勒斯各方面都非常优秀，足以担任执政官。人们希望他担任罗马最强大军队的统帅，让贵族派继续统治罗马。

卢修斯·李锡尼·卢库勒斯在军事上的胜利充分证明，元老院的选择是正确的。米特里达梯六世从战败中恢复过来，想求助亚美尼亚王国国王提格兰二世，但遭到了拒绝。后来，他重整旗鼓，率军穿过比提尼亚和佛里吉亚，驻扎在色雷斯对面的卡尔西登。在卡尔西登，他包围了卢修斯·奥里利厄斯·柯塔的军队。虽然罗马军队的大部分部队由希腊将领指挥，但米特里达梯六世依然缺乏足够的物资和计谋攻克防卫森严的堡垒。卢修斯·李锡尼·卢库勒斯不打算劫掠被入侵者抛弃的城市，选择一举攻克驻扎在前方的米特里达梯六世的军队。他巧用战术，断绝了米特里达梯六世军队的粮食，避免与其短兵相接。攻占卡尔西登后，米特里达梯六世从卡尔西登撤军，但在库济库斯要塞遭到袭击。在库济库斯要塞，卢修斯·李锡尼·卢库勒斯采用了之前的计谋，米特里达梯六世的军队遭到重创后仓皇逃跑。米特里达梯六世抛下军队从海上逃走，随后改变了逃亡路线。他向亚美尼亚王国国王提格兰二世请求援助。卢修斯·李锡尼·卢库勒斯重整罗马军队，选择用较温和的方式统治饱受罗马苛政之苦的东部行省居民，继续追击米特里达梯六世的军队。他秉持公正，遏制了罗马的暴政，但触犯了罗马和东部行省诸多官员的利益。元老院意识到，卢修斯·李锡尼·卢库勒斯虽然在战场上所向披靡，但在政治管理方面会削弱元老院的统治。此时，骑士阶层和平民重新获得了应有的权益。罗马人在格涅乌斯·庞培·马格努斯、马库斯·李锡尼·克拉苏和其他深受罗马共和国信任的将领的影响下，试图恢复保民官的权力,推翻苏拉的统治。相比以前,元老院明显减少了对卢修斯·李锡尼·卢库勒斯的支持。但此时,卢修斯·李锡尼·卢库勒斯已经在东部行省建立起统治,逐步打压了罗马内外的入侵者。

提格兰二世统治时期的亚美尼亚王国实力强大。当时,卢修斯·李锡尼·卢库勒斯的妻弟普布利乌斯·克洛迪乌斯·普尔喀正前往亚美尼亚王国首都提格雷诺塞塔,劝降米特里达梯六世。提格兰二世从塞琉古王国夺回了帕提亚,并且试图占领美索不达米亚的北部地区,还雇佣聪明的希腊人和叙利亚人制定各种政策发展自己的国家,使人民变得越来越富有。他是东方最强大的专制君主,身边站满附庸国的君主。据说,他被称为"万王之王",其马车旁边常有四名仆人随侍。提格兰二世出生在古老的波斯专制王室。帕提亚的专制君主假装是其后裔,给予了米特里达梯六世帮助,尽管米特里达梯六世不曾给过他任何帮助。因此,罗马必须对付小亚细亚最强大的两支军事力量。卢修斯·李锡尼·卢库勒斯行事大胆谨慎,试图迅速结束战争。亚美尼亚王国的首都坐落在群山中,拥有一道天然屏障,并且冬季漫长寒冷。卢修斯·李锡尼·卢库勒斯必须一举攻克亚美尼亚王国的首都。他有一支训练有素、装备精良的精锐部队。亚美尼亚军队散漫无度,其中最强悍的是一万七千名装甲骑兵。骑兵虽然表面上坚不可摧,但面对罗马军队的长矛和刀剑时,毫无抵抗力。亚美尼亚军队被打乱后,士兵们完全与民众混在一起,陷入绝望中。提格兰二世仓皇逃跑,加速了亚美尼亚军队的惨败。大屠杀随之而来。据说,罗马军队只损失了五名士兵,但亚美尼亚军队的十万名士兵全部战死沙场。

公元前67年,卢修斯·李锡尼·卢库勒斯继续向东挺进。他设法让帕提亚国王退出了与提格兰二世的联盟。帕提亚国王迟疑不决,但卢修斯·李锡尼·卢库勒斯威胁说要率领军队挺进帕提亚在底格里斯河流域的领土。然而,在罗马军营中,不满与懈怠情绪逐渐蔓延开来。军官们认为自己分得的战利品太少,行政官对平分战利品感到不满。卢修斯·李锡尼·卢库勒斯不得不放弃围攻阿尔塔沙特的计划。阿尔塔沙特是亚美尼亚最远的要塞,位于阿拉克塞斯河沿岸。后来,卢修斯·李锡尼·卢库勒斯攻克尼西比斯后,下令撤退。米特里达梯六世逃过一劫。与此同时，罗马城内动荡不安，骑士阶层要求获得行省的所有财政收入。在格涅乌斯·庞培·马格努斯的支持及西西里行政长官盖乌斯·韦雷斯贪污事件爆发的情况下，卢修斯·李锡尼·卢库勒斯获得了一支新的力量。他在东部行省的领导权即将被夺去，因为他在东部行省反抗罗马的暴政，给予了行省人民希望。

第 2 章

从格涅乌斯·庞培·马格努斯崛起到镇压西西里亚海盗

精彩看点

格涅乌斯·庞培·马格努斯受到热烈欢迎——清理审查元老院——西西里海盗——奥卢斯·加比尼乌斯——格涅乌斯·庞培·马格努斯大败西西里海盗——格涅乌斯·庞培·马格努斯进攻东方——罗马在东方扩张的影响——米特里达梯六世的失败及驾崩——罗马在亚细亚的扩张——尤利乌斯·恺撒——保民官科尼利厄斯的提议——尤利乌斯·恺撒成为执政官——尤利乌斯·恺撒弹劾盖乌斯·拉毕里乌斯——尤利乌斯·恺撒成为大祭司

格涅乌斯·庞培·马格努斯从西班牙返回罗马途中，元老院试图讨好他。不过，他还没有正式加入贵族派，因为他更想牵制罗马的所有党派，伺机而动。大败斯巴达克斯显示出格涅乌斯·庞培·马格努斯卓越的军事才能，也表明他是罗马共和国必不可少的人物。终有一天，他会成为执政官管理国家事务。在恢复和平的过程中，尤利乌斯·恺撒作为一颗政治新星冉冉升起。他是盖乌斯·马略的外甥，也是盖乌斯·马略部分权力的继承人。尤利乌斯·恺撒对寡头政府官员们的腐败行为进行了抨击。因此，格涅乌斯·庞培·马格努斯对他怀恨在心。罗马公民也开始抨击尤利乌斯·恺撒。格涅乌斯·庞培·马格努斯决定顺应时事，大力攻击尤利乌斯·恺撒。他鼓励年轻勇敢的演说家马库斯·图利乌斯·西塞罗调查盖乌斯·韦勒斯的罪行。盖乌斯·韦勒斯虽然臭名昭著，但得到部分人的有力支持。贵族派意识到了盖乌斯·韦勒斯一事的重要性，自发聚集到盖乌斯·韦勒斯身边。昆图斯·霍腾西乌斯为盖乌斯·韦勒斯进行辩护。昆图斯·霍腾西乌斯是贵族派最得力的支持者，是罗马最受欢迎的法官，被称为法院的"国王"。贵族派如果能将这件事推迟到下一年，就能从执政官身上获得好处，因为下一年的执政官必须重新选举法官。贵族派步步为营。检察官马库斯·图利乌斯·西塞罗非常年轻，缺乏经验，是一个籍籍无名的"新人"，来自阿尔平兰地区鲜为人知的沃尔西自治市的一个骑士家庭，在罗马毫无影响力。他出色地处理过几次诉讼。苏拉在世时，他对苏拉的统治持明确的反对态度。几年前，他曾在西西里担

马库斯·图利乌斯·西塞罗

任财务官,因清廉和恪尽职守受到称赞。西西里人愿意将案件交给他处理。从一开始,马库斯·图利乌斯·西塞罗就严格遵守审理程序,拒绝延迟任何环节,同时多次申请搜集证据。终于,他成功找到了证据,没有让盖乌斯·韦勒斯逍遥法外。他在罗马深受欢迎,也得到了格涅乌斯·庞培·马格努斯和马库斯·李锡尼·克拉苏的认可。开启审理程序后,昆图斯·霍腾西乌斯谨慎地向马库斯·图利乌斯·西塞罗提出了建议。盖乌斯·韦勒斯放弃了上诉,极不情愿地接受了流放。但马库斯·图利乌斯·西塞罗并不满意,公开发表了演讲,拿出了为整起案件准备的其他材料。盖乌斯·韦勒斯的演讲集被当作其不当为的记录保存了下来。很快，遭到了人们的唾弃。格涅乌斯·庞培·马格努斯和马库斯·李锡尼·克拉苏恢复了骑士阶层在法院中的权利，借此打破了寡头政治的壁垒。在法庭上肆意妄为原本是元老院的特权。元老院经常滥用手中的权力，维护贵族派的利益。格拉古兄弟直接将贵族派转移到了骑士阶层。后来，马库斯·奥勒留将审判权分派给了贵族阶层和骑士阶层，前提是必须限制苏拉的反动政策。昆图斯·卢泰修斯·卡塔鲁斯及其他贵族派的狂热支持者强烈赞同法律改革。然而，一些自大的贵族对此投去了愤怒的目光。

恢复保民官的权力削弱了苏拉为元老院强行争取的一半政治优势，允许骑士进入法院让元老院的政治优势消失殆尽。但格涅乌斯·庞培·马格努斯仍然不满足，试图为平民争取利益，决定将贵族降为平民。自苏拉时代起，罗马从未

格拉古兄弟

朱庇特

进行过人口普查。执政官坚持委派审查员进行人口普查，清点人数，估算财产。所有贵族都要接受审查，其中六十四名贵族被除名。贵族阶层感受到了新的政治制度的严苛。苏拉用大屠杀换来的体制仅持续了八年。

　　与此同时，格涅乌斯·庞培·马格努斯受到罗马民众的热烈欢迎。人们对他担任执政官感到非常开心，为他的上任欢呼喝彩。格涅乌斯·庞培·马格努斯迫使马库斯·李锡尼·克拉苏尊重并臣服自己。贵族们对他宣称的优越感恼怒不已，嫉妒他可以从备受欢迎的派系中获得利益，但不敢贸然与他对立，只能竭尽全力让他站到贵族派一边。据说，格涅乌斯·庞培·马格努斯和马库斯·李锡尼·克拉苏彼此冷眼相待。一位市民称自己在梦中受到朱庇特的嘱托，前来告诫两位执政官不要因个人矛盾而导致国家分裂。格涅乌斯·庞培·马格努斯依然十分傲慢。但马库斯·李锡尼·克拉苏握着格涅乌斯·庞培·马格努斯的手,说:"各位罗马公民,我要给伟大的格涅乌斯·庞培·马格努斯让路。你们曾为他举行过两次凯旋仪式。"格涅乌斯·庞培·马格努斯依然非常冷漠,不再是民众事业的支持者,不再参加广场集会。但他如果出现在公共场合,一定会让民众和阿谀奉承的人跟在身后。他将军营里甚至法庭上的礼仪带到了城市中,刻意采用虚伪的盛大礼仪。毫无疑问,格涅乌斯·庞培·马格努斯与以前的罗马将领一样,试图掌握罗马的统治大权。但他生性冷漠被动,想要等待天赐良机,并且认为诸多迹象表明专制时代已经来临,国家统治权会落到耐心等待的人身上。同时,他谨慎地抓住了能巩固甚至增加自己权势的所有机会。

　　机会很快来临。地中海海盗猖獗,引起了罗马人的担心。地中海的东西海域有很多海盗船。虽然海盗的大本营和据点在西西里海湾,但他们从各海岸征

马库斯·李锡尼·克拉苏

德洛斯岛

募游荡的匪徒。罗马内战使成千上万意大利人和行省居民流离失所,激起了西西里海盗的贪欲。罗马共和国境内的陆地受到军队的控制,但海上无人管理,成为所有海盗竞相争夺的公共领地。西西里海盗达成了某种政治共识,声称跟罗马的统治者与军队统帅达成了交易。昆图斯·塞多留曾和海盗合作,试图在罗马军队无法控制的领地寻找避难所。斯巴达克斯曾与海盗协商穿过梅萨纳海峡。海盗也许曾帮助罗马共和国护送士兵到希腊和小亚细亚,但他们越来越胆大妄为,开始攻击罗马人的船和小型舰队,暗杀甚至绑架罗马公民和高级法官,突袭意大利海岸的农场和郊区,像阿庇安描述的那样屠杀无辜公民。罗马人非常愤慨,却不得不忍受海盗带来的巨大伤害,因为罗马和各行省的统治者发现,自己需要依靠海盗降低德洛斯岛及其他奴隶市场的奴隶价格。然而,当海盗开始攻击从阿非利加和西西里来的运送粮食的船时,他们的行为对罗马构成了巨大威胁。罗马政府注意到了民众的抗议,准备对海盗发起攻击。普布利乌斯·塞尔维利乌斯·瓦蒂亚·伊萨乌里库斯奉命前去镇压海盗。他与海盗交战三次,其间围剿了几名海盗指挥官,将海盗逼到山里。因此,他获得了"伊萨乌里库斯"的头衔,接受了凯旋仪式。在克里特岛,马库斯·安东尼和梅特卢斯·塞勒尔也攻击了海盗,后者因此获得"克雷蒂乌斯"的称号。罗马共和国逐步在偏僻的克里特岛建立了统治,但大部分狡猾的海盗乘船脱逃,找到了更偏僻的藏身之所。

罗马各地经常受到饥荒的威胁,但罗马执政官想要彻底征服入侵者,不管付出什么代价。他们为此放弃了政治上的互相猜疑,打算组建一支不受投票及党派纷争影响的军队。公元前67年,保民官奥卢斯·加比尼乌斯提议,所有经验

马库斯·安东尼

奥卢斯·加比尼乌斯

丰富的政治家和担任过罗马共和国执政官的官员,都应该拥有罗马境内及海上三年绝对统治权。当时,擅长玩弄权术的奥卢斯·加比尼乌斯并没有明说自己想将大权交给什么人,但罗马人都知道,他想将大权交给格涅乌斯·庞培·马格努斯。罗马贵族对奥卢斯·加比尼乌斯充满怨恨,其中一名贵族为了个人利益,在决议中投了反对票。昆图斯·卢泰修斯·卡塔鲁斯提出,将格涅乌斯·庞培·马格努斯送到情况不明的战场的做法非常危险,大声说道:"万一格涅乌斯·庞培·马格努斯遭遇不幸,谁能代替他?"罗马公民幽默地回答道:"你!"昆图斯·卢泰修斯·卡塔鲁斯没有继续反对,决议通过。罗马共和国将大权交给了一个幸运的野心家。五百艘船和十二万名士兵出发了。人们常说,此次投票真正开启了罗马的帝国时代。未来的罗马独裁者尤利乌斯·恺撒也参与了此次战争。

奥卢斯·加比尼乌斯提出的决议通过后，西西里海盗立刻明白恶战在所难免，于是迅速撤离了西西里海岸。大批粮食涌入罗马，粮食价格迅速下跌。罗马公民认为，格涅乌斯·庞培·马格努斯结束了战争。但格涅乌斯·庞培·马格努斯清楚战争尚未结束，也不希望战争结束。他已经获得无上权力，决定好好利用手中的大权。他选择了二十四名身经百战的元老院成员担任指挥官。他将地中海分成十三片海域，每个指挥官负责一片海域。接下来的四十天里，他横扫地中海西部海域，将海盗逼到了对面海域。海盗发现自己无力应对，于是放弃与

尤利乌斯·恺撒

罗马战船

罗马军队正面交锋。很多海盗将领弃甲逃跑，海盗首领不得不亲自上阵指挥。没有逃跑的一百二十名海盗退回西西里沿岸的海湾，用栅栏和堡垒做掩护，但很快遭到围剿。格涅乌斯·庞培·马格努斯烧毁了一千三百多艘海盗船，摧毁了海盗的所有军备仓库，将俘虏囚禁在荒芜的西西里沿岸。九十天时间足以结束战争，罗马军队也确实在九十天内击败了海盗。但做海盗既容易，收益又高。因此，剿灭海盗是很难的。罗马国内如果出现纷争，就会忽视对海域的管控。不久，地中海东部沿岸的海盗再次猖獗。直到公元前67年，黎凡特地区海盗仍然横行。但罗马人并不担心，对现有的一切感到满意，热烈欢迎英雄归来，不仅慷慨给予格涅乌斯·庞培·马格努斯关切和荣耀，还容忍格涅乌斯·庞培·马格努斯冒犯或蔑视其他执政官。梅特卢斯·塞勒尔奉命围剿克里特岛的海盗。但格涅乌斯·庞培·马格努斯要求他放弃此次围剿。梅特卢斯·塞勒尔拒不服从命令。于是，格涅乌斯·庞培·马格努斯派人前去协助梅特卢斯·塞勒尔，征服那些早已被征服的海盗。罗马公民原谅了梅特卢斯·塞勒尔对格涅乌斯·庞培·马格努斯的冒犯。但根据历史记载，梅特卢斯·塞勒尔表现出的对格涅乌斯·庞培·马格努斯的嫉妒之心，即使是他的朋友们也会感到愤怒。

与此同时，在小亚细亚贪婪的税收官及他们在罗马城内的支持者的反对下，卢修斯·李锡尼·卢库勒斯被迫停止行动，撤回了军队。随后，他的军队被分派给了比提尼亚的马尼乌斯·阿奇利乌斯·格拉布里奥和西西里的昆图斯·马西乌斯·雷克斯。米特里达梯六世和提格兰二世乘虚进攻罗马，多次击败罗马军团和分遣部队。卢修斯·李锡尼·卢库勒斯的军队人数遭到削减，无力扭转局势。此外，他的军队拒绝继续追击入侵者。几个国家联合起来进攻罗马行省，罗马军队不得不退回爱琴海。但格涅乌斯·庞培·马格努斯即将到达西西里沿岸。他在罗马城内同党的计划已经成熟。保民官盖乌斯·马尼利乌斯提出，正在与海盗作战的格涅乌斯·庞培·马格努斯目前应该解决罗马共和国最大的敌人米特里达梯六世。二十年来，米特里达梯六世屡次进犯罗马共和国。想要完成这一目标，格涅乌斯·庞培·马格努斯必须在东方拥有无上的统治权，必须在已有的成就基础上，继续扩大军队规模。这是迈向帝国的一步，不过只是一小步。事情进展得很顺利。许多地区的军队团结起来支持盖乌斯·马尼利乌斯的倡议。贵族派警觉起来，犹豫不决。但抗击尤利乌斯·恺撒带领的马略派迫在眉睫。马库斯·李锡尼·克拉苏非常支持扩大统帅权力的倡议。与此同时，马库斯·图利乌斯·西塞罗当选执政官，部分原因是他热情支持比自己强大的人，部分原因是格涅乌斯·庞培·马格努斯、马库斯·李锡尼·克拉苏和尤利乌斯·恺撒都对他赞不绝口，认为他的能言善辩能为自己所用。然而，贵族派仍然十分厌恶马库斯·图利乌斯·西塞罗，觉得他是暴发户，不值得尊敬。昆图斯·卢泰修斯·卡塔鲁斯崇高的精神难以抵挡数量众多的力量。盖乌斯·马尼利乌斯在罗马大肆宣传自己的倡议。元老院极力反对他的倡议。

罗马人认为，格涅乌斯·庞培·马格努斯是一名真正的伪君子，因为面对天降大运他却装作困难重重的样子，甚至坦言后悔拥有荣誉。但格涅乌斯·庞培·马格努斯行动起来的时候从不退缩或迟疑。他立刻开始运用手中的权力，选择值得信赖的将领并指派给他们具体任务。他集结了军队，将罗马在小亚细

弗拉特斯三世

亚的所有盟友和居民召集到自己旁边，在军营里发号施令。同时，他还羞辱卢修斯·李锡尼·卢库勒斯，肆意违背卢修斯·李锡尼·卢库勒斯的命令，打乱了卢修斯·李锡尼·卢库勒斯的计划。格涅乌斯·庞培·马格努斯和卢修斯·李锡尼·卢库勒斯在加拉提亚会合，随后一个前进，一个后退。格涅乌斯·庞培·马格努斯笑里藏刀地侮辱卢修斯·李锡尼·卢库勒斯。但卢修斯·李锡尼·卢库勒斯告诉格涅乌斯·庞培·马格努斯及其部下，他已经沉重打击了叛乱者，格涅乌斯·庞培·马格努斯只需要对其进行最后一击，就像对米特里达梯六世的最后一击那样，或像对斯巴达克斯和昆图斯·塞多留的最后一击那样。然而，格涅乌斯·庞培·马格努斯并没有将眼光局限在击败某一股势力方面。他想彻底控制小亚细亚的局势。亚美尼亚王国和帕提亚王国即将归罗马统治，提格兰二世和弗拉特斯三世的联盟即将被打破。各王国之间产生嫌隙后，其中一些王国就会投靠罗马。幼发拉底河流域的驻军越来越少，随时可以攻克。到时候，地中海东岸就会纳入罗马的版图。格涅乌斯·庞培·马格努斯最后吞并了人口众多的叙利亚地区，并试图干预犹太地区的纷争，在耶路撒冷建立统治。他使用各种暴力手段控制了亚细亚的局势，令人心生厌恶。但必须承认，自有人类记载以来，没有比犹太专制更令人讨厌的历史了。叙利亚衰落后，犹太专制崛起。罗马打乱了叙利亚地区犹太人的统治。建立罗马帝国的过程虽然残暴、沉重，但缓解了被征服地区的苦难，至少平息了被征服地区的内乱。

无论是建立统治，还是推翻某一个王朝，格涅乌斯·庞培·马格努斯都乐在其中。他认为自己是东方的独裁者，是"万王之王"，是第二个薛西斯一世。他从米特里达梯六世手中夺取了本都王国，沿着黑海沿岸追击米特里达梯六世到法西斯岛。此后，他开始向东南挺进，允许战败后意气消沉的对手驻扎在辛梅里安

薛西斯一世

法尔纳克

半岛。辛梅里安半岛是他征服的最远的地区。米特里达梯六世乐于在家族内部施阴谋。他最喜爱的儿子法尔纳克的叛变阻止了他的大胆计划,即通过色雷斯和伊利里亚攻打意大利。米特里达梯六世向格涅乌斯·庞培·马格努斯进军,但惨遭部下抛弃,最终决定服毒自尽。许多记录证实,米特里达梯六世服用过很多解毒剂,因此毒药的药效没有发作。关于米特里达梯六世服毒的故事是古代最精彩的故事之一。现代科学的进步让我们对此存疑。最终,米特里达梯六世死在了高卢俘虏的刀剑下。

米特里达梯六世的死讯传来时,格涅乌斯·庞培·马格努斯还在叙利亚地区。现在,他可以从容北上,摘下胜利果实。在本都王国的阿米苏斯,格涅乌斯·庞培·马格努斯从法尔纳克手中接过了米特里达梯六世的尸体,确信自己已经获胜。按照惯例,他在锡诺普为米特里达梯六世举行了盛大的葬礼,将米特里达梯六世的死讯传到了各地。米特里达梯六世有很多敌人。格涅乌斯·庞培·马格努斯大获全胜,但他的胜利是从精疲力尽的米特里达梯六世手中获得的。他为罗马取得了巨大优势,但很难说他为自己赢得了美誉。作为罗马军队的统帅,他已经声名远播。罗马也愿意将扩张小亚细亚归功于格涅乌斯·庞培·马格努斯。事实上,格涅乌斯·庞培·马格努斯几乎不需要指挥征战。罗马版图内有许多被保护的国家。戴塔鲁斯成为加拉提亚的统治者;阿塔罗斯选择在帕夫拉戈尼亚称王;阿里奥巴尔赞在卡帕多奇亚称王。本都、西西里和叙利亚一定在罗马行省的名单上。此外,罗马支持法尔纳克在博斯普鲁斯的统治和希律一世在巴勒斯坦的统治,将亚美尼亚从帕提亚王国的统治中脱离了出来。接下来,罗马完全控制了上述地区。但这些地区偶尔会脱离罗马的统治。元老院称格涅乌

希律一世

尤利乌斯·恺撒(右)

斯·庞培·马格努斯是爱国者,为罗马作出了巨大贡献。但格涅乌斯·庞培·马格努斯依然设法扩大自己的权势。元老院一直有疑虑,认为小亚细亚的军营里有第二个可以行使寡头特权的苏拉。随着马略派的复兴,罗马城内的矛盾越来越尖锐。但由于强大的军队和凯旋的将军,罗马人仍然充满希望。

格涅乌斯·庞培·马格努斯同意保民官提拔他的支持者,接受了奥卢斯·加比尼乌斯提出的决议赋予他的大权,与贵族派决裂。然而,贵族派不得不承认,一切都是形势所迫,自己也想借机抛弃卢修斯·李锡尼·卢库勒斯。毫无疑问,贵族派期待局势的变化能逼迫军队统帅将公共事业当作自己的职责。一个新的对手正在崛起,贵族派不得不警惕。年轻的尤利乌斯·恺撒成为罗马冉冉升起的新星。他出身于古老的贵族家庭,声称自己的姓氏源自安喀塞斯和女神维纳斯的孙子、埃涅阿斯的儿子尤尔。尤利乌斯·恺撒罗列出了很多伟大的祖先,但其中没有一位祖先曾在罗马历史上留下盛誉。他的出身将自己跟元老院与贵族派联系在了一起,共同组成了罗马共和国最具历史意义的势力。盖乌斯·马略娶了尤利乌斯·恺撒的姑姑。因此,尤利乌斯·恺撒曾追随盖乌斯·马略。尤利乌斯·恺撒的第一次婚姻是在他还是个孩子的时候订下的,对方是卢修斯·科尔内利乌斯·秦纳的女儿。年轻时,尤利乌斯·恺撒对公共事务并不感兴趣,挥霍无度。但他品味高雅,举止大方。尴尬的是,他债台高筑,因恋爱关系混乱而树敌无数。据说,没有女性能无视尤利乌斯·恺撒的魅力。尤利乌斯·恺撒很有魅力,堪比最有能力的政治家。事实上,苏拉天赋异禀,曾警告过小看他的人。在很多方面,年轻时的尤利乌斯·恺撒与盖乌斯·马略很像。但格涅乌斯·庞培·马格努斯从西班牙回来时,曾接触过尤利乌斯·恺撒。当时,格涅乌斯·庞培·马格努斯的事业正值巅峰,认为尤利乌斯·恺撒不过是个可以利用的下属。马库斯·图利乌斯·西塞罗寻找盟友时,认为自己从尤利乌斯·恺撒身上得不到任何

尤利乌斯·恺撒第一任妻子科妮莉亚

好处，罗马也无需畏惧这个优雅的浪荡子。然而，尤利乌斯·恺撒清楚自己的实力，也极具运气。据说，年轻的尤利乌斯·恺撒曾落入小亚细亚沿岸的海盗手中。海盗提出赎金为二十根金条。尤利乌斯·恺撒认为自己的身份高贵，所以坚持赎金不能少于五十根金条。同时，他告诉海盗一定会将绑架自己的人全部绞死，并且很快实现了自己的承诺。他曾在罗兹岛隐居。当时，他在岛上不用处理任何军务。听到米特里达梯六世入侵罗马时，他依靠自己的力量集结了一支军队，抗击米特里达梯六世，并且大获全胜。

接下来的几年，尤利乌斯·恺撒继续观察格涅乌斯·庞培·马格努斯的所作所为，打算在争取民心方面与格涅乌斯·庞培·马格努斯进行一场较量。但他最关心的是支持格涅乌斯·庞培·马格努斯的奥卢斯·加比尼乌斯和盖乌斯·马尼利乌斯等人提出的加强个人权力的措施。这些措施的两个方面符合尤利乌斯·恺撒的计划：第一，让罗马人越来越习惯独裁政府的统治；第二，让所有阶层认为专制统治是大势所趋，同时加深贵族们对逐渐脱离贵族派的人的猜忌。尤利乌斯·恺撒对保民官科尼利厄斯的提议非常满意。科尼利厄斯提议控制贵族向罗马行省随意放高利贷的行为。科尼利厄斯的提议遭到很多人的强烈反对，但公民大会用暴力平息了反对者的声音。然而，科尼利厄斯忽视一位代表元老院利益的同事的反对。于是，有人弹劾科尼利厄斯，继而引发了一场暴乱。盖乌斯·马尼利乌斯冒险为科尼利厄斯进行辩护，并用格涅乌斯·庞培·马格努斯的名义进行威吓。然而，执政官开始动用军队。后来，整起事件进入司法程序。马库斯·图利乌斯·西塞罗在格涅乌斯·庞培·马格努斯及其追随者的煽动下，为盖乌斯·马尼利乌斯辩护，并冒险向格涅乌斯·庞培·马格努斯求情。当时，格涅乌斯·庞培·马格努斯正在东方打仗。马库斯·图利乌斯·西塞罗的辩护非常成功，针对科尼利厄斯的指控被撤销。纵容大规模暴乱的后果十分严重，此后，罗马国内的暴乱越来越频繁。元老院和罗马公民产生冲突，双方均使用了武力。格涅乌斯·庞培·马格努斯凯旋归来的影响一目了然，只有深得罗马民心的对手才能抗衡他的霸权。尤利乌斯·恺撒集中所有力量，试图与格涅乌斯·庞培·马格努斯一决高下。

斗兽场遗址

公元前65年,尤利乌斯·恺撒与贵族派候选人马库斯·卡尔普尔尼乌斯·毕布路斯担任执政官,负责向罗马公民提供娱乐活动。娱乐活动需要投入大量金钱,但同时为尤利乌斯·恺撒提供了一条新思路,即通过获得民众支持获得最高权力。他开始大展身手,花费大量金钱赢得民众的好感,尤其是用大量银质物品装饰斗兽场。尤利乌斯·恺撒虽然早已债台高筑,但用自己的天资和运气作抵押,继续贷款。如果富有的马库斯·卡尔普尔尼乌斯·毕布路斯和尤利乌斯·恺撒一样慷慨,人们就不会认为尤利乌斯·恺撒大方了。挥霍无度并不一定比穷困的冒险更能讨好民众。马库斯·卡尔普尔尼乌斯·毕布路斯喜欢将自己比作波鲁克斯。波鲁克斯和孪生弟弟共同拥有一座神殿,但总是听到人们用

卡匹托尔山

弟弟卡斯托耳的名字称呼神殿,从不用自己的名字。现在,尤利乌斯·恺撒可以利用民众的呼声大胆实施自己的计划。他在街上高举盖乌斯·马略半身像游行的做法彻底激怒了贵族派。此外,他还为战败者塑像,将其作为卡匹托尔山的装饰物,并用自己赢得的战利品装饰。罗马民众欢呼雀跃,贵族派愤愤不平。昆图斯·卢泰修斯·卡塔鲁斯想以侵犯公民权利的罪名惩治尤利乌斯·恺撒。昆图斯·卢泰修斯·卡塔鲁斯不仅是元老院的首领、苏拉政治的继承人,还是被

盖乌斯·马略杀害的贵族的儿子。他指责尤利乌斯·恺撒别有用心,认为尤利乌斯·恺撒正在毁灭罗马共和国,并且不是在暗中进行,而是大张旗鼓地进行。在元老院内,尤利乌斯·恺撒为自己辩护,成功反驳了昆图斯·卢泰修斯·卡塔鲁斯的指控。但他获得赦免不是由于公正的制度或元老院的恩惠,而是由于元老院不敢治他的罪。很快,贵族派打算复仇。尤利乌斯·恺撒卸任行政官时,想要趁埃及法老托勒密十二世驾崩之际占领埃及。因为东方与西方之间的贸易途径埃及,所以埃及被视为世界上最富庶的国家,也成为贪婪的罗马的巨大猎物。负

托勒密十二世

责征服埃及的将领必定会得到丰厚的回报。马库斯·李锡尼·克拉苏和尤利乌斯·恺撒都想成为征服埃及的将领,但元老院忽视了他们的请求。一位叫帕尤斯的保民官要求所有外国人,尤其是受到尤利乌斯·恺撒保护的外国人和波河对岸的高卢人,离开罗马。尤利乌斯·恺撒损失惨重,十分愤怒,打算打击自己的对手。元老院决定暂时搁置征服埃及的计划,认为不能让一笔巨额财富贸然落入一个罗马人手中。

但尤利乌斯·恺撒在法庭上占有一席之地,负责调查谋杀案。他的这一职务具有政治意义,同时他可以充分利用手中的权力。截至目前,他一直通过保持沉默抗议苏拉创立的制度。现在,他要判苏拉有罪。他在苏拉制定的法律面前判处了两个政治犯。这两名政治犯是苏拉的杀人工具。他进一步引导一位保民官指控年迈的元老盖乌斯·拉毕里乌斯杀害了叛国者卢修斯·阿普利乌斯·萨图尼努斯。贵族派命马库斯·图利乌斯·西塞罗和昆图斯·霍腾西乌斯前去为盖乌斯·拉毕里乌斯辩护。但人们似乎为判决过程中显而易见的不公正欢欣鼓舞。因为人们知道,首先,盖乌斯·拉毕里乌斯没有杀人;其次,真正的凶手公开被判无罪;最后,这桩案件发生在三十六年前,罗马经历了沧桑巨变后,这件事早已被世人淡忘。如果没有梅特卢斯·塞勒尔的推波助澜,对盖乌斯·拉毕里乌斯的起诉就会被驳回。在公民大会上,梅特卢斯·塞勒尔突然降下了雅尼库鲁姆山上的旗帜。在古代,降旗表示伊特鲁里亚人将进攻罗马。刹那间,罗马城内的所有事务中断,公民大会解散,所有公民持剑前去守卫城墙。罗马一直留有拘泥于传统习俗的形式。现在,罗马人呐喊着要杀死入侵者,但愤怒过后,发现只是一个恶

卢修斯·阿普利乌斯·萨图尼努斯

作剧，甚至默许了这个恶作剧造成的后果。尤利乌斯·恺撒试图警告和限制元老院的目的达到了。整起事件不了了之。尤利乌斯·恺撒从未打算将这件事发展到不可收拾的地步。

在此次事件中，保民官提图斯·拉比努斯担任尤利乌斯·恺撒的代理人，要求废除科尼利厄斯法。尤利乌斯·恺撒对此十分满意。苏拉正是通过科尼利厄斯法废除了公民提名祭司的权力。目前，大祭司一职空缺。很快，大祭司一职落到了尤利乌斯·恺撒头上。尤利乌斯·恺撒道德败坏，漠视民众的宗教传统，何谈仁慈！但这些都没有阻碍他成为执政官。他敢于利用自己手中的权力，并且延续了罗马祈求人民安康的传统仪式。此外，他打败了昆图斯·卢泰修斯·卡塔鲁斯。昆图斯·卢泰修斯·卡塔鲁斯曾轻蔑地说愿意借给尤利乌斯·恺撒一大笔钱，让尤利乌斯·恺撒通过贿赂得到大祭司一职。尤利乌斯·恺撒声称宁愿四处借钱，也不要一笔足以确保他人衣食无忧的钱财。昆图斯·卢泰修斯·卡塔鲁斯威胁说要以叛国罪弹劾尤利乌斯·恺撒。尤利乌斯·恺撒知道，无论自己是否有罪，对手都没有自己考虑得周全。选举日期来临，他离开家时对母亲说："今天你的儿子要么成为大祭司，要么被流放。"

第 3 章

卢修斯·塞尔吉乌斯·喀提林的阴谋

精彩看点

贵族派领袖——马库斯·波尔基乌斯·加图——马库斯·图利乌斯·西塞罗——卢修斯·塞尔吉乌斯·喀提林的阴谋——马库斯·图利乌斯·西塞罗成为执政官——酝酿阴谋——阴谋暴露——卢修斯·塞尔吉乌斯·喀提林被逐出罗马——卢修斯·塞尔吉乌斯·喀提林被捕——元老院判决叛乱者——处决叛乱者——卢修斯·塞尔吉乌斯·喀提林之死——马库斯·图利乌斯·西塞罗与马库斯·波尔基乌斯·加图之间的论战——阴谋和暴乱——马库斯·图利乌斯·西塞罗投靠尤利乌斯·恺撒——马库斯·李锡尼·克拉苏与尤利乌斯·恺撒结盟——普布利乌斯·克洛迪乌斯·普尔喀亵渎善良女神——格涅乌斯·庞培·马格努斯返回罗马——格涅乌斯·庞培·马格努斯胜利——元老院和民众格涅乌斯·庞培·马格努斯

贵族派可能早已感觉到危机。贵族派虽然希望格涅乌斯·庞培·马格努斯保护自己，与自己一起对抗国内的敌人，但由于无法确保格涅乌斯·庞培·马格努斯是否会伸出援手，也在焦急地准备应战。总的来说，贵族们认为格涅乌斯·庞培·马格努斯不会返回罗马，而是继续率军在外征战。因此，他们只能依靠国内的民兵和摇摆不定的平民。贵族派从马略派手中抢回了阿非利加，控制了高卢和西班牙。贵族派领袖负责管理意大利和罗马。独裁官派苏拉的部下协助贵族派，使其有足够的影响力和军事力量。然而，贵族派缺少一位伟大的领袖。贵族们无论出身多么高贵，财富多么惊人，个人能力多么突出，都缺乏号召力和领导力。其中，昆图斯·卢泰修斯·卡塔鲁斯品德高尚，令人尊敬，但缺乏毅力、决断力和魄力，在对抗马库斯·埃米利乌斯·雷必达时表现得非常平庸。卢修斯·李锡尼·卢库勒斯做事不受拘束，加上曾经受过羞辱，不愿再接触罗马事务。马库斯·李锡尼·克拉苏为人自私，反应迟钝，正在寻找或等待获得绝对权力的机会，但没有人相信他。德西默斯·朱尼厄斯·西拉努斯、卢修斯·李锡尼·穆雷纳或其他人缺乏领导及指挥才能，其经验和级别不足以担当重任。作为演说家，昆图斯·霍腾西乌斯的影响力很大，但无法担当贵族派的领袖。一般来说，拥有巨额财富的贵族更愿意享受奢华的生活，不愿处理公共事务。因此，贵族派中最活跃、精力最充沛的成员并不是拥有巨额财富或身份高贵的成员。最后，马库斯·波尔基乌斯·加图凭借功绩和努力成为贵族派的领袖。但他空有

马库斯·波尔基乌斯·加图

一腔热情，做事不够周全，缺乏判断力。在遇到危机，需要执政官冷静思考时，他往往反应过度，情绪激动。

　　马库斯·波尔基乌斯·加图的曾祖父是一名杰出的法官。他继承了曾祖父的威名、气度和做事原则，受到罗马人的尊敬和信任。他和祖先一样，坚信贵族的使命就是统治罗马，认为作为罗马人和人类的领主，自己有责任征服世界。此外，他相信丈夫对妻子、父母对子女、主人对奴隶有绝对的统治权。实际上，他的脾气比做事原则温和很多，不时体现出的幽默使他冲破了层层偏见，冲淡了强势的行事作风。马库斯·波尔基乌斯·加图出生于公元前95年,见证了同盟者战争的结局。因此,从孩提时代起,他就厌恶妥协。然而,苏拉复仇时采用的血腥手段让他心生反感。苏拉取得了决定性胜利后,马库斯·波尔基乌斯·加图是贵族派中唯一哀叹苏拉手段残忍的人。马库斯·波尔基乌斯·加图用已经过时的严苛方式训练自己,习惯简朴的生活,抗拒一切劫掠行为。他是阿波罗的祭司,也许受到神的召唤,必须克制自身的欲望,追求更高雅的生活。他接受了斯多葛学派的教导,因为斯多葛学派的严苛与他的性格非常相近。他将严格的规则作为行为规范,从未停止努力。如果他失败了,那么也是因为人性的弱点,而非个人的虚荣和反复无常。但不得不承认,总有一些事迫使马库斯·波尔基乌斯·加图和其他人一样,违背自己一直坚持的原则,做出让步。实际上,马库斯·波尔基乌斯·加图坚持的原则成了他最大的弱点,使他高贵的美德变得无用。他虽然相信自己的判断,但成了形式上的旁观者,仍然会感到郁闷,怀疑自己的想法行不通。与马库斯·波尔基乌斯·加图一样的人经常发现自己无法与阳奉阴违的人合作。但当自私懒散、毫无原则的贵族选择马库斯·波尔基乌斯·加图做领袖时,马库斯·波尔基乌斯·加图与民众根本无法达成严肃有效的联盟。

目前,马库斯·波尔基乌斯·加图的统治并不稳固。元老院想推选新晋演说家马库斯·图利乌斯·西塞罗担任执政官,因为马库斯·图利乌斯·西塞罗比较好控制。马库斯·图利乌斯·西塞罗出身于沃尔西的一个普通骑士家庭,并不富有,也没有人脉。贵族派认为,马库斯·图利乌斯·西塞罗会很乐意接受来自贵族派的支持。马库斯·图利乌斯·西塞罗不需要怀疑自己的能力,也不会主动要求贵族派给予回报。一开始,他想追随格涅乌斯·庞培·马格努斯。但格涅乌斯·庞培·马格努斯对他非常冷漠。马库斯·李锡尼·克拉苏也没有在意过他。后来,马库斯·图利乌斯·西塞罗十分崇拜尤利乌斯·恺撒,试图寻求尤利乌斯·恺撒的帮助。但看到尤利乌斯·恺撒的危险计划逐渐展开后,他只能选择寻求元老院和罗马公民的支持。事实上,罗马公民很清楚,罗马共和国正处在危险的阴谋中,并且阴谋很快会爆发。声名狼藉的卢修斯·塞尔吉乌斯·喀提林及其同党的阴谋一直秘而不宣。关于他们的所有信息都来自对手。马库斯·图利乌斯·西塞罗的

马库斯·图利乌斯·西塞罗在元老院的演讲

演讲与盖乌斯·撒路斯提乌斯·克里斯珀斯记录的元老院历史吻合,后来成为罗马作家的主要写作来源。此外,没有任何史料能阐明这段历史。毫无疑问,贵族的利益促使卢修斯·塞尔吉乌斯·喀提林实施了自己的阴谋。然而,不可否认,罗马共和国曾陷入阴谋中无法自拔。

内战结束后,罗马陷入一片混乱,个人欲望和暴力迅速蔓延。卢修斯·塞尔吉乌斯·喀提林的阴谋刺激了人们的犯罪欲望。最高荣誉落入最阴险狡诈的人

手中。同时，来自东方的战利品不断涌入罗马。一个运用财富肆无忌惮贿赂选民的阶级应运而生。罗马共和国的尊严早已被愚蠢的傲慢取代。金钱变得越来越容易获得，也越来越容易失去。统治阶层中的许多人一夜暴富，或者一夜之间一贫如洗。罗马共和国因此变得岌岌可危。但另一个阶级的暴力行为使罗马陷入更大的危险中。一群年轻的没落贵族为了逃避债务，不惜动用武力。他们以几个著名的亡命之徒为首，譬如挥霍无度、人脉宽广的卢修斯·塞尔吉乌斯·喀提

卢修斯·塞尔吉乌斯·喀提林赢得人民支持

林。罗马到处流传着关于卢修斯·塞尔吉乌斯·喀提林的邪恶事件,如他残忍地谋杀了执政官的一个对手,暗杀了自己的兄弟,让自己的儿子与一个富有、放荡的女人结婚等。我们必须承认,卢修斯·塞尔吉乌斯·喀提林虽然最终破产且数罪加身,但曾经赢得了民众的支持和荣誉,成为执政官候选人。此外,谨慎的马库斯·图利乌斯·西塞罗决定与卢修斯·塞尔吉乌斯·喀提林竞选执政官。他曾受到贪污指控,不得不为自己辩护。现在,他被怀疑参加了发动叛乱的阴谋,甚至有传言称他与马库斯·李锡尼·克拉苏和尤利乌斯·恺撒等人有关联。

贵族派并不信任新上任的执政官。但如果只是自己的权势而不是罗马的安全受到阴谋的威胁，那么贵族派愿意原谅马库斯·图利乌斯·西塞罗。当贵族派愿意帮助马库斯·图利乌斯·西塞罗获得执政官一职时，马库斯·图利乌斯·西塞罗企图推翻盖乌斯·费雷斯，争取公民的支持。贵族派竭力将马库斯·图利乌斯·西塞罗与马库斯·安东尼联系起来。但马库斯·安东尼终究只是一个背信弃义的贵族派成员。马库斯·图利乌斯·西塞罗最终成为执政官。他非常得意，以为贵族派真的需要自己。现在，他完全为元老院服务，逐渐远离了格涅乌斯·庞培·马格努斯、马库斯·李锡尼·克拉苏和尤利乌斯·恺撒。保民官塞尔维利乌斯·鲁拉斯代表民众提出了农业法。马库斯·图利乌斯·西塞罗拒绝了这一提案。意大利的公共领地几乎完全脱离了罗马共和国的管辖。苏拉部下将意大利所有可用土地分给贫困的平民作为补偿。但征服高卢和西班牙给罗马带来了足够的土地。塞尔维利乌斯·鲁拉斯认为可以卖掉高卢和西班牙的土地，补助下层公民。人们认为由此减少的收入可以用小亚细亚的贡赋弥补。塞尔维利乌斯·鲁拉斯的提议关乎整个罗马的利益。但从党派角度来看，塞尔维利乌斯·鲁拉斯的提议似乎是尤利乌斯·恺撒的想法。因此，马库斯·图利乌斯·西塞罗和元老院拒绝了塞尔维利乌斯·鲁拉斯的提议。由于这件事，野心勃勃的马库斯·图利乌斯·西塞罗和新朋友紧密捆绑在了一起。

　　与此同时，卢修斯·塞尔吉乌斯·喀提林的阴谋逐渐成熟。马库斯·图利乌斯·西塞罗密切关注着卢修斯·塞尔吉乌斯·喀提林，搜集了能揭露其阴谋的证据。卢修斯·塞尔吉乌斯·喀提林似乎在选择同伙，甚至为内战做准备的同时，决定再次竞选执政官。在阴谋公之于众的时候，他极力克制自己不要诉诸暴力。然而，马库斯·图利乌斯·西塞罗出于对元老院和罗马的考虑，决定将卢修斯·塞尔吉乌斯·喀提林视为反叛者，禁止卢修斯·塞尔吉乌斯·喀提林竞选执政官。他向德西默斯·朱尼厄斯·西拉努斯和卢修斯·李锡尼·穆雷纳请求帮助。德西默斯·朱尼厄斯·西拉努斯和卢修斯·李锡尼·穆雷纳是元老院贵族派的领导人，但都十分尊敬马库斯·李锡尼·克拉苏和尤利乌斯·恺撒，试图确保所有党派领导人都有竞选执政官的权力。只有通过贿赂，卢修斯·塞尔吉乌斯·喀提林

卢修斯·塞尔吉乌斯·喀提林与阴谋参与者盟誓

才有希望打败马库斯·图利乌斯·西塞罗。与此同时,马库斯·图利乌斯·西塞罗颁布法令,规定如果参选人贿赂选民,将被流放十年。卢修斯·塞尔吉乌斯·喀提林陷入绝望。他实施阴谋的准备工作已经完成,武器准备就绪,并且贿赂了苏拉的部下,获得了各地的支持。据说,奥斯蒂亚的舰队整装待发,即将进入罗马城。阿非利加和西班牙的将领也承诺协助卢修斯·塞尔吉乌斯·喀提林。忠心耿耿的东部军团收到叛乱消息前,邻近行省的驻军会被派到意大利。马库斯·安东尼是否会保持忠诚依然是一个未知数。马库斯·图利乌斯·西塞罗决定弄清楚所有问题。叛军由目的不同、影响力不同的一群人组成。盖乌斯·撒路斯提乌斯·克里斯珀斯记录了几位参加叛乱的元老和骑士的名字。公元前71年,普布利乌斯·科尔内利乌斯·雷恩图卢斯·苏拉担任执政官。普布利乌斯·科尔内利乌斯·雷恩图卢斯·苏拉野心勃勃,极度自负,幻想自己是反叛阴谋的领导者,相信女先知西比尔的预言。女先知西比尔曾预言,科尔内利氏族的三个成员将统治罗马。目前,卢修斯·科尔内利乌斯·秦纳和苏拉已经证实这个预言。普布利乌斯·科尔内利乌斯·雷恩图卢斯·苏拉沉醉在缥缈的希望中,甚至打算将武器交给奴隶。面对普布利乌斯·科尔内利乌斯·雷恩图卢斯·苏拉的野心,卢修斯·塞尔吉乌斯·喀提林退缩了。

在这种情况下,马库斯·图利乌斯·西塞罗决定出击。然而,执政官仅凭一己之力就能拯救国家的时代已经过去。库里乌斯的情妇也是叛乱者中的一员。她

女先知西比尔

泄露了叛乱者的阴谋，将马库斯·图利乌斯·西塞罗置于库里乌斯的保护下，防止其被暗杀。得到消息后，马库斯·图利乌斯·西塞罗收到了元老院命令执政官"负责国家安全"的指示。但面对实力强大、牵涉众多的对手，马库斯·图利乌斯·西塞罗的每一步都十分危险。触犯了死刑的公民要么会被处死，要么失去公民权利，但依然拥有起诉的权利。元老院的特权遭到打击，但贵族派受到马库斯·李锡尼·克拉苏和尤利乌斯·恺撒的影响，不会轻易屈服。安抚群众的情绪时，必须说明反叛者的目的不是暗杀一个人，也不是针对罗马的某一个阶级或派系，而是企图与国外势力联手推翻罗马共和国。幸运的是，当时，前任执政官昆图斯·马西乌斯·雷克斯和梅特卢斯·塞勒尔率领部分军团抵达罗马城，要求举行凯旋仪式。两人中的一位立即被派往伊特鲁里亚，前去镇压为阴谋家拉帮结派的马里乌斯。另一位被派到阿普利亚镇压叛乱。匆忙征募的军队被派往皮西努姆镇压叛乱。卡普阿的角斗士要么被转移，要么直接解散。罗马城遭到叛军的围攻。公民们应召入伍，卫兵守城门，街道上每天都有巡逻部队。马库斯·图利乌斯·西塞罗担任军队统帅，指挥作战。一旦叛乱者被正式定罪，马库斯·图利乌斯·西塞罗就会动用一切力量将民众的愤怒转移到叛乱者身上。

　　马库斯·图利乌斯·西塞罗首先要做的是将卢修斯·塞尔吉乌斯·喀提林逐出罗马，让他接受外国势力的处置。公元前63年11月7日，马库斯·图利乌斯·西塞罗的任期即将结束。在帕拉蒂诺山的朱庇特神殿，他召集元老们召开了会议。卢修斯·塞尔吉乌斯·喀提林出现在朱庇特神殿。元老们十分震惊和愤慨，纷纷远离卢修斯·塞尔吉乌斯·喀提林的座位。马库斯·图利乌斯·西塞罗早已准备好发表演讲，准备宣布叛乱者卢修斯·塞尔吉乌斯·喀提林有罪，揭露卢修斯·塞尔吉乌斯·喀提林的阴谋及其意图、要刺杀的对象及具体行动。但他不敢审判卢修斯·塞尔吉乌斯·喀提林，不敢宣布卢修斯·塞尔吉乌斯·喀提林犯的罪是随意使用暴力。当卢修斯·塞尔吉乌斯·喀提林前往伊特鲁里亚时，马库斯·图利乌斯·西塞罗唯一的机会降临。毫无疑问，卢修斯·塞尔吉乌斯·喀提林试图进行独裁统治。然后，当马库斯·图利乌斯·西塞罗大胆说出自己收集到的证据时，卢修斯·塞尔吉乌斯·喀提林中了圈套。事实上，只要卢修斯·塞尔吉乌

马库斯·图利乌斯·西塞罗谴责卢修斯·塞尔吉乌斯·喀提林

斯·喀提林的朋友和同党保持沉默,他就在劫难逃。卢修斯·塞尔吉乌斯·喀提林愤怒地冲出朱庇特神殿,大声喊道,既然已经失败,他就要烧毁罗马城。夜幕降临,正如马库斯·图利乌斯·西塞罗期待的那样,卢修斯·塞尔吉乌斯·喀提林仓皇地离开罗马,逃往伊特鲁里亚寻找同党。

卢修斯·塞尔吉乌斯·喀提林成了罗马人的公敌,遭到众人的讨伐。但他身后有很多同党。马库斯·图利乌斯·西塞罗想将叛乱者一网打尽。机会近在咫尺。阿尔卑斯山脉附近的阿洛布罗基人派使者前往罗马控诉罗马官员的暴虐。但阿洛布罗基使者遭到元老院的无视,带着失望和愤怒准备回家。与此同时,叛乱者的间谍找到阿洛布罗基使者,说服其与伊特鲁里亚人一同起义,反抗罗马统治。然而,阿洛布罗基人似乎想通过背叛叛乱者赢得元老院的好感。他们毫不犹豫地这样做了。马库斯·图利乌斯·西塞罗命令阿洛布罗基使者派间谍监视叛乱者,让叛乱者以书面形式写出对阿洛布罗基人的承诺。然后,马库斯·图利乌斯·西塞罗在叛乱者返回伊特鲁里亚途中，用手中的犯罪证据拦截了叛乱者。现在，他可以站在元老院面前，要求元老们在判决书上签字和盖章。叛乱者十分愤怒。但马库斯·图利乌斯·西塞罗没有给叛乱者逃跑的机会，派军严加看管叛乱者。同时，他对兴奋的民众说，被捕的人与叛军有关系。罗马民众已经准备好迎战高卢人和伊特鲁里亚人。在国家面临危险的时候，越迅速果断越好。

　　卢修斯·塞尔吉乌斯·喀提林的阴谋终于水落石出。贵族派试图指控尤利乌斯·恺撒是叛乱者的同伙。贵族派内最温和的成员之一昆图斯·卢泰修斯·卡塔鲁斯也催促马库斯·图利乌斯·西塞罗尽快指控尤利乌斯·恺撒。但马库斯·图利乌斯·西塞罗坚定地拒绝了。他可能确信尤利乌斯·恺撒是无辜的，不相信能力出众、受人爱戴的尤利乌斯·恺撒会勾结叛乱者，或者参与两党之间的争斗。相反，他试图证明自己毫不怀疑尤利乌斯·恺撒，于是单独关押了一名罪犯。但他还没有克服最大的困难。九名叛乱者被告发，其中五人遭到监禁，但罪名还没有确定。贵族派认为，按照罗马的法律，触犯"最高法令""威胁国家安全"的卢修斯·塞尔吉乌斯·喀提林应该被判处死刑。审判过后，一些大胆的人杀害了多名叛军嫌疑人，并获得了元老院的支持。但平民极力反对贵族派滥用权力，认为按照法律规定，除了公投，任何人不能擅自宣判死刑，国家也不能阻止公民通过选择流放逃避惩罚。实际上，马库斯·图利乌斯·西塞罗将叛乱者和外国势力联系起来，宣布他们是"全民公敌"，剥夺了所有叛乱者的公民权利。然而，利用执政官的权力擅自判处死刑是非常大胆的举动。元老院将剑交到马库斯·图利乌斯·西塞罗手中。但马库斯·图利乌斯·西塞罗谨慎地将剑退了回去。他再次召集元老们召开了会议。虽然街上有巡逻部队，支持寡头政府的人也在密切关注会场外的情况，但马库斯·图利乌斯·西塞罗还是委派德西默斯·朱尼厄斯·西拉努斯传达自己的意见。德西默斯·朱尼厄斯·西拉努斯大胆提出判处叛乱者死刑。所有领事和经验丰富、地位显赫的元老都表示支持德西默斯·朱尼厄斯·西拉努斯的提议。马库斯·李锡尼·克拉苏缺席了此次会议。据说，尤利乌斯·恺撒担心反对势力力量强大，让自己的追随者投赞成票。但一向胆小的保民官投了反对票，主张不应该判处叛乱者死刑，应该监禁叛乱者并没收其财产。他认为这样的惩罚比死刑更重。保民官的演讲让胆小懦弱和优柔寡断的与会人员印象深刻。所有人陆续表示同意保民官的建议，包括马库斯·图利乌斯·西塞罗的弟弟昆图斯·图利乌斯·西塞罗。德西默斯·朱尼厄斯·西拉努斯开始为自己的提议辩解。马库斯·图利乌斯·西塞罗想要扭转局势，不想留下任何后患。但他对元老院的影响一直十分有限。元老院并不相信马库斯·图利乌斯·西塞罗，因为他太在意自己的安危，可能会为了自己的利益将元老院牵涉其中。贵族派往往自私懦弱。在贵族派中，马库斯·波尔基乌斯·加图虽然人微言轻，但强烈建议处死卢修斯·塞尔吉乌斯·喀提林。最后时刻，如果马库斯·波尔基乌斯·加图没有说服贵族派，那么贵族派很可能会抛弃马库斯·图利乌斯·西塞罗。最终，马库斯·波尔基乌斯·加图宣布判处卢修斯·塞尔吉乌斯·喀提林死刑。骑士们不耐烦地等待着判决结果，对尤利乌斯·恺撒阻碍正义的行为感到愤怒。在康科德的集会广场，当尤利乌斯·恺撒说出自己的意见时，遭到了骑士们的围攻。一些年轻的贵族强行带走了尤利乌斯·恺撒，其中包括盖

康科德的集会广场

乌斯·斯克里波尼乌斯·库里奥。后来，在尤利乌斯·恺撒的政治生涯中，盖乌斯·斯克里波尼乌斯·库里奥扮演了重要角色。

马库斯·图利乌斯·西塞罗派军前来保护自己，不允许军队有任何延迟，同时亲自前往帕拉蒂诺山，将普布利乌斯·科尔内利乌斯·雷恩图卢斯·苏拉带到了卡匹托尔山下。剩下的叛乱者由法官带往图利亚努姆监狱关押。叛乱者即将被处决。首先绞死的是普布利乌斯·科尔内利乌斯·雷恩图卢斯·苏拉，其次是加塞加斯、奥卢斯·加比尼乌斯、斯塔提里乌斯、切帕留斯等声名显赫的人。马库斯·图利乌斯·西塞罗亲眼看着这些人被绞死。当他穿过广场回家的时候，向焦急等待他的人低语道："他们还活着。"人们接受了现实，没有人鼓掌，人群一片寂静。

迅速处决叛乱者拯救了罗马共和国，但叛国行为仍然存在。卢修斯·塞尔吉乌斯·喀提林逃跑了。他的秘密谋反演变成了大规模起义。虽然危机四伏，但马库斯·图利乌斯·西塞罗预估了危机，对自己的控制力充满信心。他和元老院陷入了激烈的争斗。同时，为了让元老院意识到自己真正能调动的力量和贵族拥有的特权，他鼓励元老院与罗马各派系对抗，甚至将伟大的格涅乌斯·庞培·马格努斯当作贵族派中的一员，而非其首领。格涅乌斯·庞培·马格努斯已经离开罗马。因此，元老院需要面对的是盖乌斯·马略的阴谋及其野心。贵族派只相信自己，认为只要揭露了叛乱者的阴谋，杀掉大部分叛军首领，就会削弱其实力，最终轻而易举地消灭所有叛乱者。临时招募的军队镇压了意大利大部分地区的起义，只剩下负隅顽抗的伊特鲁里亚。然而，为了获得盖乌斯·安东尼的支持，马库斯·图利乌斯·西塞罗收买了盖乌斯·安东尼，让他管理马其顿地区。优柔寡断的盖乌斯·安东尼名义上率军对抗卢修斯·塞尔吉乌斯·喀提林，但实际统领军队的是更值得信赖的盖尔斯·塞克斯提乌斯·卡尔维努斯和马库斯·佩特莱乌斯。此外，在叛军后方，忠心耿耿的梅特卢斯·塞勒尔战斗切断了卢修斯·塞尔吉乌斯·喀提林从内高卢招募的援军，时刻准备拦截撤退的叛军。卢修斯·塞尔吉乌斯·喀提林召集了两万人，但军队装备不足，纪律散漫。他对目前的战事感到绝望，但依然通过计谋打败了罗马军队。拖延会导致致命结果。卢修斯·塞

卢修斯·塞尔吉乌斯·喀提林的尸体被发现

尔吉乌斯·喀提林招募的军队抛弃了他。盖乌斯·安东尼通过装病掩饰自己的野心,但越来越多的对手向他涌来。卢修斯·塞尔吉乌斯·喀提林走投无路,只能凭一己之力对抗罗马军队。最终,他和几个忠诚的追随者战死沙场。有人在一堆尸体中发现了卢修斯·塞尔吉乌斯·喀提林的尸体,于是将他的头带回罗马交给了元老院。皮斯托亚战役结束后,贵族派沉浸在胜利的喜悦中,准备对抗格涅乌斯·庞培·马格努斯,并且对尤利乌斯·恺撒和马库斯·李锡尼·克拉苏充满蔑视。贵族派充分利用了马库斯·图利乌斯·西塞罗的才能,然后适时抛弃了马库斯·图利乌斯·西塞罗。

公元前63年12月5日,叛乱者被处以死刑。公元前62年3月,卢修斯·塞尔吉乌斯·喀提林战死。其间,德西默斯·朱尼厄斯·西拉努斯和卢修斯·李锡尼·穆雷纳担任执政官。塞尔维乌斯·苏尔比基乌斯·鲁弗斯是一名能力出众的法官,在公元前63年夏季的选举中落选。随后,他指控当选的卢修斯·李锡尼·穆雷纳

任执政官的尤利乌斯·恺撒

行贿。马库斯·图利乌斯·西塞罗只能尽力平息国内派系之间的斗争。与此同时,马库斯·波尔基乌斯·加图对卢修斯·李锡尼·穆雷纳的不当行为表示不满,坚决支持塞尔维乌斯·苏尔比基乌斯·鲁弗斯提出的诉讼。马库斯·图利乌斯·西塞罗十分老练地避开了争论,尽量用幽默的语气回应马库斯·波尔基乌斯·加图,引发了哄堂大笑。马库斯·波尔基乌斯·加图对击败自己的演说家没有心怀不满,只是幽默地评价道:"看看我们机智的执政官。"

公元前62年,尤利乌斯·恺撒当选执政官。格涅乌斯·庞培·马格努斯仍然十分关心罗马国内的局势,让自己的亲信梅特卢斯·尼波斯·伊纽尔担任保民官。马库斯·波尔基乌斯·加图怀着厌恶离开了罗马城,在途中遇到了准备前去参加竞选的前任执政官马库斯·图利乌斯·西塞罗,于是决定阻挠马库斯·图利乌斯·西塞罗的计划。他参加了公民大会,与自己的对手一起担任保民官。与此同时,尤利乌斯·恺撒越来越受到人们的爱戴。贵族派对此十分恐慌。普布利乌斯·科尔内利乌斯·雷恩图卢斯·苏拉及其同党的大胆举动遭到惩罚后,贵族派很担心前去监视普布利乌斯·科尔内利乌斯·雷恩图卢斯·苏拉的马库斯·波尔基乌斯·加图的人身安全。一次,由于尤利乌斯·恺撒在元老院议事厅里逗留的时间比平时长,元老们立即包围了议厅,吵闹着要求尤利乌斯·恺撒出面。尤利乌斯·恺撒毫不畏惧,继续打击元老院的领袖。元老院最有能力的昆图斯·卢泰修斯·卡塔鲁斯已经被派去重建暴乱过后的罗马。昆图斯·卢泰修斯·卡塔鲁斯也许期待自己的名字能被刻在新建的国家纪念碑上。但他很快遭到了尤利乌斯·恺撒的指控。尤利乌斯·恺撒发动民众,要求由格涅乌斯·庞培·马格努斯取代昆图斯·卢泰修斯·卡塔鲁斯。他可能只是虚张声势。贵族派竭力抵制。昆图斯·卢泰修斯·卡塔鲁斯如愿将名字刻在了国家纪念碑上。贵族派对尤利乌斯·恺撒的行为感到十分愤怒,也对隐藏的阴谋感到惊慌。为了格涅乌斯·庞培·马格努斯一派的利益,梅特卢斯·尼波斯·伊纽尔主动和尤利乌斯·恺撒结盟。马库斯·图利乌斯·西塞罗曾经是元老院最得力的"武器"。但现在,他站在了元老院的对立面。在卸任演讲中,马库斯·图利乌斯·西塞罗骄傲地宣称自己一直热爱着罗马。但梅特卢斯·尼波斯·伊纽尔粗暴地打断了他,说道:"他谴责我们的公民,公民不会听他说话。"他要求马库斯·图利乌斯·西塞罗遵守誓言,不要做任何违反法律的事情。马库斯·图利乌斯·西塞罗喊道:"我发誓,我拯救了罗马。"贵族们为他欢呼鼓掌,马库斯·波尔基乌斯·加图称赞他是"罗马之父",民众也为他欢呼。梅特卢斯·尼波斯·伊纽尔威胁元老院要召回格涅乌斯·庞培·马格努斯,假装要攻击尚未被逮捕的卢修斯·塞尔吉乌斯·喀提林,实际上是要扩大自己的影响力。马库斯·波尔基乌斯·加图誓死反对这个提议。并挑起了一场暴乱。梅特卢斯·尼波斯·伊纽尔利用马库斯·波尔基乌斯·加图的轻率之举，宣称自己的尊严受到侵犯，为了人身安全只能逃到元老院，最后从中获益。元老院谴责梅特卢斯·尼波斯·伊纽尔失职，并且法律规定保民官不得擅自离开罗马城。与此同时，尤利乌斯·恺撒的工作被迫中断。马库斯·图利乌斯·西塞罗拒绝辞职，甚至诉诸武力。

尤利乌斯·恺撒结束执政官生涯后，开始担任大祭司，入住雷吉亚①。他冷静地等待着自己的错误决策可能带来的后果。很快，民众聚集在尤利乌斯·恺撒周围，要求贵族派追随尤利乌斯·恺撒的脚步。同时，马库斯·图利乌斯·西塞罗开始谨慎行事。维提乌斯是马库斯·图利乌斯·西塞罗派到卢修斯·塞尔吉乌斯·喀提林身边的间谍，坚称尤利乌斯·恺撒参与了卢修斯·塞尔吉乌斯·喀提林的阴谋。但元老院表示不相信。马库斯·图利乌斯·西塞罗亲自安抚了马库斯·李锡尼·克拉苏，让他恢复了对贵族派的信心。不过，贵族派对马库斯·李锡尼·克拉苏依然很冷漠。元老院不够谨慎，没有意识到马库斯·李锡尼·克拉苏是贵族派的核心人物，也没有意识到他拥有惊人的财富和强大的号召力，是对抗格涅乌斯·庞培·马格努斯的最佳人选。但马库斯·李锡尼·克拉苏似乎不太受欢迎。他出身于一个古老的贵族家族，曾经提出要尊重罗马的旧贵族。他的姓氏似乎提醒人们，他的家族曾在公开审问和公民大会上获得了决定性胜利。但和自己最大的两个对手不同，他没有忠诚的追随者。马库斯·图利乌斯·西塞罗的奉承得到了格涅乌斯·庞培·马格努斯的微笑和尤利乌斯·恺撒的感激。尤利乌斯·恺撒谨慎地安抚了卢修斯·塞尔吉乌斯·喀提林幸存下来的朋友。马库斯·图利乌斯·西塞罗没有给性格冷漠的马库斯·李锡尼·克拉苏留下任何好印象。但他仍然尽力维持贵族派和骑士阶级之间的政治联系。然而，贵族派的顽固使他的努力几乎付之东流。贵族派看不起骑士阶层。税收官请求马库斯·波尔基乌斯·加图废除自己与财政部之间签订的一份协议，但马库斯·波尔基乌斯·加图拒绝了。贵族派和骑士阶级之间的矛盾越来越尖锐。后来，马库斯·图利乌斯·西塞罗与尤利乌斯·恺撒站到了一起。实际上，尤利乌斯·恺撒非常鄙

---

① 雷吉亚（Regia）位于古罗马广场，是一座古罗马建筑，曾经是罗马帝国君主的住所，后来成为罗马大祭司的公署。——译者注

视马库斯·图利乌斯·西塞罗,拒绝了贵族派递出的橄榄枝。但贵族派可能真的欣赏尤利乌斯·恺撒的优点。

贵族派对马库斯·李锡尼·克拉苏一直很冷漠。因此,马库斯·李锡尼·克拉苏逐渐向尤利乌斯·恺撒靠拢。此时,格涅乌斯·庞培·马格努斯即将返回意大利。他和马库斯·李锡尼·克拉苏之间积怨已久,都将对方视为直接对手,认为对方是自己仕途上的最大障碍。然而,贵族派拒绝帮助马库斯·李锡尼·克拉苏竞选执政官,将马库斯·李锡尼·克拉苏推向了格涅乌斯·庞培·马格努斯一派。但格涅乌斯·庞培·马格努斯一派认为马库斯·李锡尼·克拉苏是卢修斯·塞尔吉乌斯·喀提林的同党,将马库斯·李锡尼·克拉苏推向了尤利乌斯·恺撒。马库斯·李锡尼·克拉苏借给尤利乌斯·恺撒很多钱,成功与尤利乌斯·恺撒结盟。与此同时,尤利乌斯·恺撒债台高筑,但依然花钱如流水。在夺取权力的过程中,他的每一步都耗资巨大。现在,他担任一个行省的市政官,成功控制了西班牙周围的地区,但无力支付开销。他向所有朋友和盟友借钱,说自己只需要两百万金币。马库斯·李锡尼·克拉苏的钱包是尤利乌斯·恺撒最后的希望。与此同时,马库斯·李锡尼·克拉苏也十分乐意充当尤利乌斯·恺撒的金库,因为大胆的尤利乌斯·恺撒是他唯一的盟友。

尤利乌斯·恺撒多次得到了命运的眷顾。此时,元老院对他的打击反倒使他的追随者紧紧团结在了一起。但一个意外事件可能会让尤利乌斯·恺撒一派分裂。普布利乌斯·克洛迪乌斯·普尔喀是一个放荡的年轻人,极受民众欢迎。在纪念善良女神的仪式上,他身穿女装进入了尤利乌斯·恺撒家里。但在这种场合,所有男性禁止进入大祭司家中。一个女仆发现了普布利乌斯·克洛迪乌斯·普尔喀,然后尖叫起来。普布利乌斯·克洛迪乌斯·普尔喀被赶了出去。该事件可能只是一场恶作剧。但尤利乌斯·恺撒的对手知道后,谴责说这是一起严重的公共丑闻。元老院十分惊慌。有人前去询问尤利乌斯·恺撒。尤利乌斯·恺撒的妻子庞培娅似乎也是该事件的参与者。元老院严肃审讯了当事人。人们希望尤利乌斯·恺撒惩处普布利乌斯·克洛迪乌斯·普尔喀。但普布利乌斯·克洛迪乌斯·普尔喀是尤利乌斯·恺撒的朋友,也是贵族派的宠儿。元老院下令,在

庞培娅

判决出来前,普布利乌斯·克洛迪乌斯·普尔喀不得离开罗马。尤利乌斯·恺撒只能牺牲妻子挽救盟友。因此,他与庞培娅离婚,并且骄傲地宣称不是因为庞培娅有罪,而是因为尤利乌斯·恺撒的妻子不能受到怀疑。随后,他赢得了很多人的支持。民众非常赞赏尤利乌斯·恺撒的大度,贵族也向他投去微笑——可能不是发自内心的。通过尤利乌斯·恺撒的斡旋,马库斯·李锡尼·克拉苏借钱给普布利乌斯·克洛迪乌斯·普尔喀,使普布利乌斯·克洛迪乌斯·普尔喀得以用行贿法官的方式逃过了惩罚。

格涅乌斯·庞培·马格努斯急忙回到自己管辖的行省,对罗马内部的纷争感到满意。在他返回罗马城前,罗马城一直处在动荡状态。实际上,格涅乌斯·庞培·马格努斯的举动非常冒险,但尤利乌斯·恺撒的预测也十分准确。格涅乌斯·庞培·马格努斯率军返回罗马城。只要他率军出现在罗马城门口,他提出的任何要求就都会得到满足。他可能会要求举行凯旋仪式，或者要求元老院认可自己多年来的战果。元老院由于忌惮格涅乌斯·庞培·马格努斯手中的权势，不敢拒绝他的任何要求。但格涅乌斯·庞培·马格努斯有更长远的打算，认为自己可以成为苏拉的继承人，在罗马实行独裁统治。他可以效仿曾经交往过的东方君主，学习东方君主的治国原则和方法。他可能非常渴望王权，尽管称霸的时机还未成熟。但此刻，任何反抗他的行为都是徒劳的。在罗马共和国，军队统帅就是国家首领。尤利乌斯·恺撒非常了解格涅乌斯·庞培·马格努斯的性格，打算谨慎地走好每一步。格涅乌斯·庞培·马格努斯没有篡位者的气质，也没有篡位的天分。但不能说他不会诉诸武力，或者只依靠国家制度和爱国精神夺取权力。无论手中有多少荣耀和权力，他都会欣然接受。如果可以获得合法授予的权力，那么他可能愿意以牺牲罗马战士或诉诸武力的方式为代价。但他生性迟钝，缺少年轻人的野心和激情。他很早就功勋卓著，一路平步青云，轻而易举地得到了自己想要的一切。因此，他认为好运会一直伴随自己，坚信"如果注定要当国王，就一定会加冕"。他相信自己可以轻易地得到上帝恩惠实。因此，他解散了布林迪西的军队，只带着几名军官和一个瘦弱的护卫前往罗马城。他认为只要自己穿着盛装出现在城门口，就会有人给他开门，元老院也会为他举行凯旋仪式，因为他值得受到这样的待遇。贵族们正洋洋自得。格涅乌斯·庞培·马格努斯进入意大利时，卢修斯·塞尔吉乌斯·喀提林去了亚平宁山脉的海湾。卢修斯·塞尔吉乌斯·喀提林倒台后，人们认为危险已经彻底消除，罗马不需要能力出众的军队统帅了。此时，贵族才授予卢修斯·李锡尼·卢库勒斯迟到三年的凯旋仪式，同时授予梅特卢斯·塞勒尔凯旋仪式，但没有授予格涅乌斯·庞培·马格努斯凯旋仪式。格涅乌斯·庞培·马格努斯在城墙外徘徊，不时在战神广场上向民众发表演讲，吹嘘自己的功绩，称自己给予了所有政党和个人应有的奖惩，刻意贬低马库斯·图利乌斯·西塞罗，以此表达心中的不平。他将马库斯·图利乌斯·西塞罗视为主要竞争对手，并且很快获得了人们的认可，对自己声称的胜利感到满意。

公元前62年9月，元老院授予了格涅乌斯·庞培·马格努斯凯旋仪式。格涅乌斯·庞培·马格努斯期待凯旋仪式会持续三天,但元老院只安排了两天。他可能抱怨贵族们的戒备让自己无法表达积蓄已久的情感。但他依然可以炫耀自己获得的八百艘船、一千个要塞、三百座城市、向三十九个城市殖民的特权,以及向罗马财政部门上交两万根金条、将罗马附属国的贡赋翻倍等。

此次凯旋仪式是格涅乌斯·庞培·马格努斯的第三次凯旋仪式。第一次是征服阿非利加,第二次是在欧罗巴打败昆图斯·塞多留。全世界都称赞格涅乌斯·庞培·马格努斯的英勇。但从战车上下来后,他发现自己在罗马城内没有任何朋友和盟友。卢修斯·李锡尼·卢库勒斯无法忍受格涅乌斯·庞培·马格努斯的迟钝性格,开始攻击格涅乌斯·庞培·马格努斯,并且贬低他的功劳。元老院对格涅乌斯·庞培·马格努斯十分冷漠,甚至充满敌意。曾经崇拜过格涅乌斯·庞培·马格努斯的马库斯·图利乌斯·西塞罗也宣布与其决裂。格涅乌斯·庞培·马格努斯曾维护过卢修斯·阿夫拉涅乌斯的利益。但现在,卢修斯·阿夫拉涅乌斯也不认可他的所作所为。马库斯·波尔基乌斯·加图和梅特卢斯·塞勒尔开始反对格涅乌斯·庞培·马格努斯。接着,罗马城爆发暴乱。保民官盖乌斯·弗拉维斯想为自己的部下争取土地,宣称自己的尊严受到侵犯,格涅乌斯·庞培·马格努斯应该被立即送入监狱。元老们本来坚持让元老院的首领与格涅乌斯·庞培·马格努斯一起分担罪责,但格涅乌斯·庞培·马格努斯惊慌失措,再次妥协,不再提出任何要求。格涅乌斯·庞培·马格努斯因在下属面前丢脸而感到羞愧。遭到贵族的拒绝后,他转而靠近罗马民众,试图获得民众的支持。罗马民众曾经十分钦佩格涅乌斯·庞培·马格努斯取得的巨大成就,经常看他演讲。但他的演讲常常无法打动人心,他的行为也不像尤利乌斯·恺撒那样优雅。毫无疑问,格涅乌斯·庞培·马格努斯拥有很多资源,但没有可以交心的朋友,没有忠诚的追随者,也没有坚决支持他的党派。没有人甘愿为他效劳或随他出生入死。

第 4 章

前三巨头

精彩看点

尤利乌斯·恺撒平定远西班牙——尤利乌斯·恺撒竞选执政官——尤利乌斯·恺撒力促马库斯·李锡尼·克拉苏与格涅乌斯·庞培·马格努斯和解——前三巨头的统治——前三巨头各自的政见——罗马贵族的统治——马库斯·图利乌斯·西塞罗和马库斯·波尔基乌斯·加图——尤利乌斯·恺撒担任执政官——尤利乌斯·恺撒执政期间的暴力措施——尤利乌斯·恺撒获得民众支持——马库斯·图利乌斯·西塞罗身处险境——尤利乌斯·恺撒的政策——尤利乌斯·恺撒治理联合省五年——普布利乌斯·克洛迪乌斯·普尔喀威胁弹劾马库斯·图利乌斯·西塞罗——马库斯·图利乌斯·西塞罗遭到流放——马库斯·波尔基乌斯·加图对抗塞浦路斯国王——前三巨头击败普布利乌斯·克洛迪乌斯·普尔喀并召回流放中的马库斯·图利乌斯·西塞罗——马库斯·图利乌斯·西塞罗返回罗马城

尤利乌斯·恺撒已经四十岁，从未在军队服役或率军打仗，只有一个下级军衔。现在，他治理罗马的一个行省，试图凭借强大的军事力量占领西班牙，扩张罗马的领土，镇压边境上的骚乱。他有两个短期目标：第一个是减轻自己的债务压力，筹集资金以备不时之需；第二个是培养一批优秀的军队指挥官和士兵，组建一支强大的军队。他掌握着罗马的几个军团。路西塔尼亚的部落掠夺成性，难以征服。尤利乌斯·恺撒率领军队抵达大西洋沿岸，渡过杜罗河和米尼奥河，深入罗马军队从未踏入过的区域，将当地人驱赶到了赫米尼安山区的峡谷。随后，他率领一支装配简陋的船队仓促行动，向加利西亚海岸上土著人的岩石堡垒发起进攻，并在一次战役中平定了远西班牙地区。公元前61年冬，尤利乌斯·恺撒忙着解决远西班牙的财政问题。他表现出为外省人减轻债务负担，实际上满足了罗马居民——外省人的债权人——的利益要求。他获得的战利品和征收的贡赋满足了贪婪的部下，并且偿还了自己国内的所有债务。虽然时间短暂，但这段时期依然成了尤利乌斯·恺撒职业生涯中的重要转折点。他对自己的军事才能充满信心，培养了一批忠心耿耿的部下和拥护者，同时走出了经济困境。当他胜利凯旋时，已经蜕变成一位成熟的野心家与统帅。

由于选举临近，四十多岁的尤利乌斯·恺撒果断辞去了远西班牙的行省总督一职。当时，他的继任者还未上任。他要求元老院为自己举行凯旋仪式。但他更大的目标是成为罗马的执政官。因此，他决定参加竞选。按照法律规定，参加

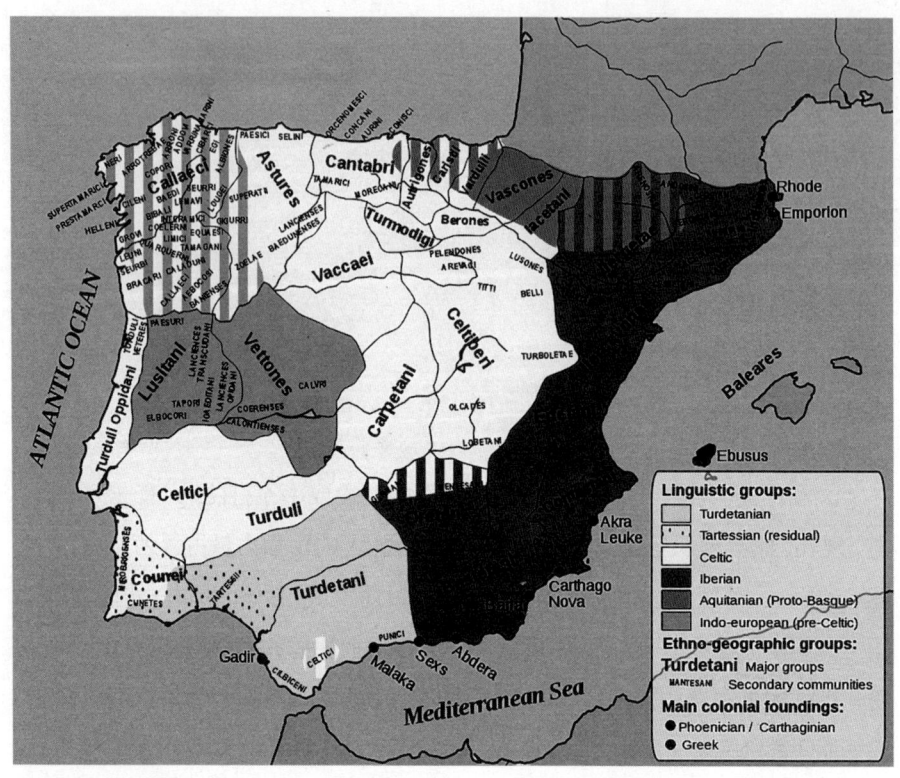

罗马时期的西班牙地区

竞选的地方行政长官必须在三个指定场合出现，但想要举行凯旋仪式的将领不能进入罗马城内。这一规定严格划定了军人与平民的界限，但后来经常被人们忽略。卢修斯·李锡尼·卢库勒斯承认尤利乌斯·恺撒也许会遵守这一规定。但在竞选执政官时，贵族们选择忽视法律条文，因为他们坚信尤利乌斯·恺撒会放弃竞选。他们急于将尤利乌斯·恺撒排除在外，拒绝为尤利乌斯·恺撒颁赐予桂冠和镀金战车。但贵族派不应该轻视尤利乌斯·恺撒的要求。尤利乌斯·恺撒放弃了凯旋仪式，遣散了士兵，以一个普通公民的身份参加竞选。人们对他表示赞赏，纷纷投了赞成票。此外，其他利益集团也开始支持广受欢迎的尤利乌斯·恺撒。贵族派不得不给尤利乌斯·恺撒一个职务。

担任执政官后，尤利乌斯·恺撒不仅展现出了惊人的自制力，还发挥出了自己的特殊才能，即利用别人的优势为自己服务。他打算与两个最强大的对手结盟。回到罗马后，尤利乌斯·恺撒要做的第一件事就是力促马库斯·李锡尼·克拉苏与格涅乌斯·庞培·马格努斯和解。但马库斯·李锡尼·克拉苏与格涅乌斯·庞培·马格努斯互相猜忌，很难和解。格涅乌斯·庞培·马格努斯曾粗鲁地摘下了马库斯·李锡尼·克拉苏身上的桂冠。马库斯·李锡尼·克拉苏对此耿耿于怀。此外，格涅乌斯·庞培·马格努斯一直鄙视马库斯·李锡尼·克拉苏。马库斯·李锡尼·克拉苏认为格涅乌斯·庞培·马格努斯既不慷慨大度，也没有远见，不愿与他再次合作。元老院的反对使格涅乌斯·庞培·马格努斯受挫。格涅乌斯·庞培·马格努斯愤怒地退出了政治舞台，对朋友和对手都置之不理。

尤利乌斯·恺撒将自己的抱负告诉了格涅乌斯·庞培·马格努斯和马库斯·李锡尼·克拉苏，说服他们与自己合作。格涅乌斯·庞培·马格努斯和马库斯·李锡尼·克拉苏冰释前嫌，与尤利乌斯·恺撒结成联盟，形成前三巨头统治，成为罗马共和国历史上的一个标志性事件。事实上，后三巨头也取得了成功。但与后三巨头不同，前三巨头是一个由三人组成的定期管理政府事务的委员会，没有任何法律依据，只是一个自发的联盟或一种默契。利益相关各方通过默契相互约束，共同推进各自的特殊目标，将罗马共和国的根本问题留给未来。此外，在法学家和政治家眼中，前三巨头同盟是一种"统治"或"专制"，酝酿一个没有法律依据的篡权阴谋。因此，无论是真正的爱国者还是伪爱国者，都曾公开抨击前三巨头同盟。将"统治"一词应用于前三巨头同盟成为卢坎关于内战修辞诗的一个基调。由于尤利乌斯·恺撒，前三巨头同盟的契约构想充满忧患，最终导致了严重后果。尤利乌斯·恺撒的能力和行动使前三巨头同盟的计划得以执行。在实施计划的过程中，他没有背叛盟友，并且利用自身优势积累了大量财富。与尤利乌斯·恺撒的财富相比，格涅乌斯·庞培·马格努斯和马库斯·李锡尼·克拉苏相形见绌。因此，尤利乌斯·恺撒的地位是前三巨头同盟中最高的。

尤利乌斯·恺撒的抱负确实与格涅乌斯·庞培·马格努斯和马库斯·李锡尼·克拉苏不同。格涅乌斯·庞培·马格努斯和马库斯·李锡尼·克拉苏都想在罗马共和国中占有一席之地，以防受到法庭和元老院的攻击。他们也许以苏拉为榜样，虽然不曾倾向暴力和流血，但都表现出冷酷和残暴。马库斯·李锡尼·克拉苏曾将数千名战俘钉在十字架上。在与马略派的较量中，格涅乌斯·庞培·马格努斯牺牲了许多杰出的公民。卢坎曾说自己"舔过苏拉之剑"，意在提醒我们，老虎永远不会忘记血的味道。但无论如何，为了攫取利益和抓牢手中的权力，前三巨头都会不择手段。如果独裁政权向他们伸出橄榄枝，那么他们即使没有勇气僭越罗马共和国的法律和传统，也会欣然接受。他们还没有意识到，按照罗马共和国的精神治理国家的时代已经过去。无论旧的政治体制是否依然存在，古代罗马都已经一去不复返。尤利乌斯·恺撒不像格涅乌斯·庞培·马格努斯和马库斯·李锡尼·克拉苏那样迷信法律，可以公开宣称罗马共和国是"一个没有灵魂的躯体"。对外征服已经将罗马变成了一个帝国。政府有必要征求广大民众的意见，不能只征求少数征服者的意见。并入罗马共和国的所有国家和部落认为，专制是所有制度中最自然、最合法的。尤利乌斯·恺撒决心成为伟大罗马的意志的诠释者，坚信世界需要一个独裁者，也相信世界会创造一个符合其利益的独裁者。民众无论如何看待尤利乌斯·恺撒的个人品德，都必须承认在危机时刻，国家需要一个引导大众的天才，带领人们实现理想。

因此，在前三巨头中，民众毫不犹豫地支持尤利乌斯·恺撒。民众对罗马贵族的地位不感兴趣。罗马贵族自称古代法律和传统的捍卫者，实际上是在维护自己的特权，用其他民族的鲜血换取财富，像一群暴君一样统治世界。与此同时，贵族们虽然可以独享征服世界的战利品，但抵不住日渐衰弱的趋势。他们占据了众多优势，如果拥有才能和美德，一定可以对抗前三巨头中的任何一个，甚至是前三巨头同盟。但他们大多骄奢淫逸，被放纵的生活腐蚀。虽然昆图斯·卢塔提乌斯·卡图卢斯没有杰出的领导能力，但他的去世意味着前三巨头失去了最可敬的领导者。在贵族派中，卢修斯·李锡尼·卢库勒斯处在政治麻木状态，没有人比他更出名。西庇阿、格涅乌斯·科尔内利乌斯·雷恩图卢斯和马库斯·克劳迪亚斯·马塞勒斯都是徒有其名，没有伟大之处。

实际上，还有两个重要人物拒绝领导贵族派。他们是马库斯·图利乌斯·西塞罗和马库斯·波尔基乌斯·加图。这两个人都很诚实，目的明确，认为罗马共

马库斯·克劳迪亚斯·马塞勒斯

和国可以通过秉持古老的传统挽救江河日下的统治，罗马共和国也会继续延续下去。但他们不了解真实情况。马库斯·波尔基乌斯·加图被迷信蒙蔽，成为无知的牺牲品。马库斯·图利乌斯·西塞罗被哲学遮住了双眼，成为学识的牺牲品。他们都活在自己的世界里，与同时代人的截然不同。马库斯·波尔基乌斯·加图坚定果断，马库斯·图利乌斯·西塞罗富有激情，并且能激起他人的热情。他们本来可以为保护罗马共和国做许多事情，实际上也做了很多，但这些事情不足以保护罗马共和国。此外，他们始终没有得到一个公平的机会。贵族派对马库斯·图利乌斯·西塞罗和马库斯·波尔基乌斯·加图不抱任何信心,藐视马库斯·波尔基乌斯·加图的勇气和马库斯·图利乌斯·西塞罗的口才。正如我们知道的那样,马库斯·波尔基乌斯·加图是次等贵族,马库斯·图利乌斯·西塞罗是"新人"。他们时而奉承其他贵族,时而阻挠贵族派的计划。

除了获得格涅乌斯·庞培·马格努斯和马库斯·李锡尼·克拉苏的大力支持,尤利乌斯·恺撒还得到了富有的卢修斯·鲁克乌斯的赞助。卢修斯·鲁克乌斯愿意支付尤利乌斯·恺撒的大部分开销。为了对抗这一强大组合,贵族们派出了马库斯·卡尔普尔尼乌斯·毕布路斯。马库斯·波尔基乌斯·加图被迫作出让步。尤利乌斯·恺撒和马库斯·卡尔普尔尼乌斯·毕布路斯当选执政官。但事实证明,贵族派的候选人无法与人民的候选人匹敌。尤利乌斯·恺撒颁布了《土地法》,将公有土地分配给需要的人,从而赢得了民众的支持。他通过战争得来的战利品为罗马提供了购买土地的资金。尤利乌斯·恺撒的《土地法》缓和了社会矛盾。他想要与贵族派达成和解,但贵族派拒绝和解。马库斯·图利乌斯·西塞罗对贵族派的态度感到失望,同时被尤利乌斯·恺撒的才能折服,意识到了多次提交给元老院的提议的公正性。贵族们教唆马库斯·波尔基乌斯·加图反对尤利乌斯·恺撒的提议。尤利乌斯·恺撒命自己的属下威胁马库斯·波尔基乌斯·加图,并对此感到满意,但没有将威胁付诸行动。

在担任执政官期间,尤利乌斯·恺撒采取了一系列暴力措施。面对贵族派的攻击,他极其武断,拒绝与元老院商议,宣称各地的公民会议有权制定法律。召集人们投票分配土地时,他谨慎地用格涅乌斯·庞培·马格努斯的武装力量震慑敌对势力。实际上,马库斯·卡尔普尔尼乌斯·毕布路斯并不缺乏胆略。贵族派命马库斯·卡尔普尔尼乌斯·毕布路斯与马库斯·波尔基乌斯·加图和卢修斯·李锡尼·卢库勒斯一起攻击尤利乌斯·恺撒,以天象不利为借口解散了公民大会。但迷信的时代已经过去。人们将马库斯·卡尔普尔尼乌斯·毕布路斯打倒在地。两个保民官都受了伤,卢修斯·李锡尼·卢库勒斯差点儿被杀。当时,马库斯·波尔基乌斯·加图虽然逃过一劫,但最后还是被击垮了。尤利乌斯·恺撒完成了格拉古兄弟的伟大计划,证明自己是盖乌斯·马略名副其实的接班人。贵族

朱利亚

派对他的能力赞叹不已,元老院承认了他的"壮举"。与此同时,盲目软弱的格涅乌斯·庞培·马格努斯也被尤利乌斯·恺撒折服,牵起尤利乌斯·恺撒的女儿朱利亚的手,与尤利乌斯·恺撒结成了更紧密的联盟。

  尤利乌斯·恺撒担任执政官时期是罗马极其重要的一段时期。当时,民众的观点得以表达。贵族派因失败而羞愧难当,不再参与任何公共行动。马库斯·卡尔普尔尼乌斯·毕布路斯将自己关在房间里,宣布不再参与接下来的所有事情。在公民会议上,尤利乌斯·恺撒的同僚提出了一些举措,旨在规范法庭,约束执政官,扩大罗马各省的人口规模。一开始,尤利乌斯·恺撒宣称自己是外省的保护人。现在,他实现了早年的诺言。人们称赞他的自由主义行为不是出于民众的自由主义倾向,而是向民众憎恶的派别发出挑战,并且认为自己心目中的英雄应该被冠以"执政官尤利乌斯·恺撒"的称号。

  保民官马库斯·福沃尼乌斯性格暴躁,虽然不如马库斯·波尔基乌斯·加图

马库斯·图利乌斯·西塞罗

有能力，但一直坚持与马库斯·图利乌斯·西塞罗的阴谋作斗争。马库斯·图利乌斯·西塞罗摇摆不定。现在，他想要依附元老院，但元老院的冷淡使他感到惊慌和恼怒。为了使自己免受普布利乌斯·克洛迪乌斯·普尔喀阴谋的迫害，他只能去讨好有权有势的执政官。针对马库斯·图利乌斯·西塞罗在卢修斯·塞尔吉乌斯·喀提林事件中的行为，普布利乌斯·克洛迪乌斯·普尔喀威胁要弹劾马库斯·图利乌斯·西塞罗。实际上，马库斯·图利乌斯·西塞罗还在吹嘘自己担任执政官时的功绩，甚至请求卢修斯·卢塞尤斯在当代历史作品中赞扬他的功绩。但他觉得自己正在走下坡路。他有理由担心，因为贵族们如果认为将他丢给对手是有利的，那么就会毫不犹豫地这样做。骑士们声称，最初，马库斯·图利乌斯·西塞罗热情地支持他们，但事实证明他并不忠诚。他们也许有理由质疑马库斯·图利乌斯·西塞罗的诚意。显然，从各方面来看，马库斯·图利乌斯·西塞罗的不懈努力并没有稳固自己的地位。由于没有显赫的家世和人脉关系，也没有大量追随者，更没有强有力的军事支持，"阿尔平兰的市民"一定对马库斯·图利乌斯·西塞罗很失望，因为他没有带领罗马共和国走出内战的阴影。现在，马库斯·图利乌斯·西塞罗在房间里焦虑不安，试图通过阅读和写作转移注意力，安慰自己有能力避开各派领导人的诱惑。他拒绝在分配公共土地的委员会中担任职务，但希望得到一个具有安全感和尊严的职位。他开玩笑地说，这是他唯一能接受的贿赂。但他的对手普布利乌斯·克洛迪乌斯·普尔喀一直在极力讨好敌对派系的领导人。一切都预示着马库斯·图利乌斯·西塞罗会遭到攻击，但他没有能力采取防御措施。

在危急时刻，人们发现了一个似乎会危及尤利乌斯·恺撒生命的阴谋，对尤利乌斯·恺撒的好感持续增加。盖乌斯·维提乌斯·鲁菲努斯曾经指控尤利乌斯·恺撒与卡卢修斯·塞尔吉乌斯·喀提林串通。后来，他因携带匕首被捕。据说，马库斯·波尔基乌斯·加图和其他贵族曾唆使盖乌斯·维提乌斯·鲁菲努斯暗杀尤利乌斯·恺撒和格涅乌斯·庞培·马格努斯。然而，贵族们反驳说这是盖乌斯·维提乌斯·鲁菲努斯捏造的阴谋。盖乌斯·维提乌斯·鲁菲努斯被捕入狱，几天后死在了狱中。人们的"疑心病"变得越来越严重，很多大人物或多或少牵连其中。但这个问题并没有得到进一步解释。公众的情绪一直非常激动，现在变得比以前更激动。与此同时，尤利乌斯·恺撒毫不动摇地向着自己的目标努力，从未想过放弃。贵族们因反对尤利乌斯·恺撒竞选执政官受挫，打算将一个微不足道的任务——监管意大利的道路和森林——强加给尤利乌斯·恺撒，企图以此抵消自己的失败。但他们的一切努力都是徒劳。掌管一个"省"可能会让懒散的贵族阶层感到满足。一个辞去执政官一职的人也许宁愿在家里找一份轻松的工作，也不愿在一个遥远的地方担任行政长官，经历艰险。但尤利乌斯·恺撒的观点与众不同，他也不应该被一般人的观点蒙蔽。通过征服远西班牙，他已经解决了自己眼前的需要，不愿意为了掠夺再次出征。但他决心通过一支强大的军队巩固自己的地位。格涅乌斯·庞培·马格努斯试图组建一支自己的军队，但后来放弃了。尤利乌斯·恺撒本来也可以组建军队，但他的地位不允许他这样做。作为执政官，他是安全的，也有能力保护自己。但无论何时，他一

尤利乌斯·恺撒渡过卢比孔河

旦失去现有的优势,就很容易成为政党争斗的牺牲品。事实上,他已经拔出一把剑。公元前49年,他渡过卢比孔河,在法尔萨利阿和蒙达取得了胜利,然后收起了所有武器。他决定离开罗马,在国外战场上聚集力量和资源,在适当的时候拿出武器击败所有敌人。毫无疑问,尤利乌斯·恺撒志向远大。在国内的混乱局势和元老院的无能与官员的腐败中,他看到一个自由国家即将出现。于是,他试图开拓和巩固一些微不足道的省份。但他的首要目标是巩固自己的地位，然后凭借天赋和能力逐渐超越之前的目标。

与此同时，尤利乌斯·恺撒凭借计谋、行动和慷慨赢得了民众的爱戴。罗马各地对元老院派来的委员会置若罔闻。尤利乌斯·恺撒的追随者徒劳地反对元老院派来的委员会。因此，尤利乌斯·恺撒开始率领五个军团掌管由阿尔卑斯山脉南侧领地和伊利里亚组成的联合省，为期五年。最近，联合省对阿尔卑斯山脉北侧种族的军事行动感到震惊。在卢修斯·塞尔吉乌斯·喀提林发动叛乱时，阿洛布罗基人已经投入战斗。赫尔维西亚人从莱茵河和罗纳河的源头出发，准

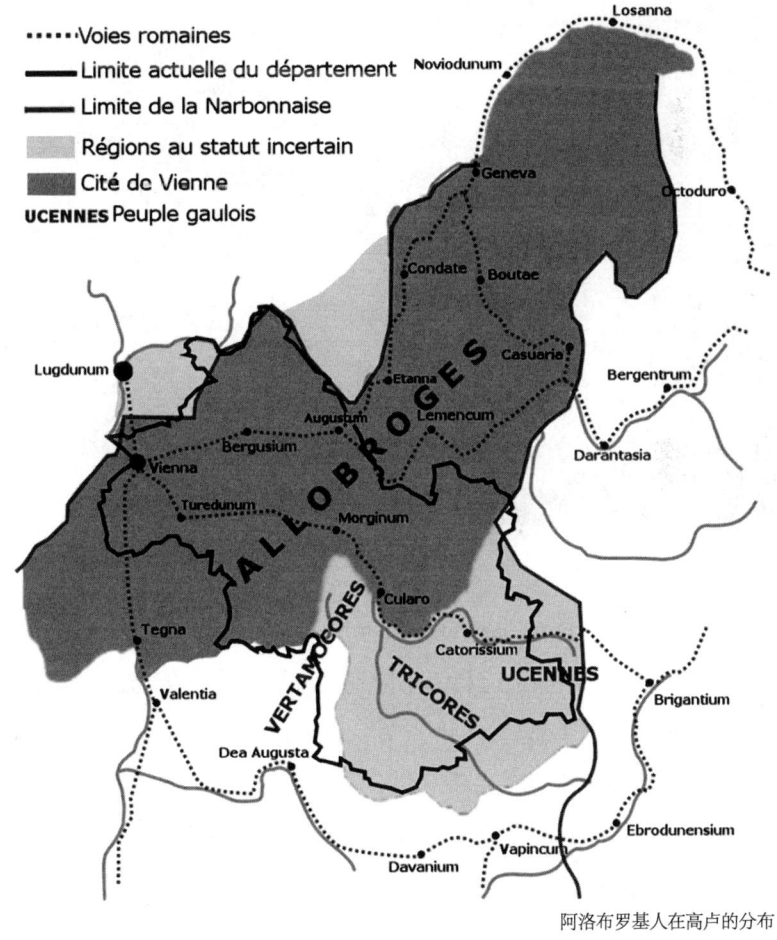

阿洛布罗基人在高卢的分布

赫尔维西亚人

备向西大规模迁徙。威胁到赫尔维西亚人的大规模迁移预示着一场革命的爆发。因此,在呼吁采取预防和镇压措施时,尤利乌斯·恺撒的行为引起了民众的质疑。我们不知道革命是如何发生的,也不知道尤利乌斯·恺撒的朋友们发挥了何种作用,更不知道格涅乌斯·庞培·马格努斯为何会去帮助尤利乌斯·恺撒,以及贵族派是否遭到了迷惑或胁迫。但尽管如此,马库斯·波尔基乌斯·加图还是发出了愤怒的警告。由于人们不断向元老院施压,元老院兼并了阿尔卑斯山脉以北的行省。现在，尤利乌斯·恺撒的西部总督职位可以与已经向格涅乌斯·庞培·马格努斯野心让步的东部总督职位媲美。与《马尼利安法》类似的法案不可能长期存在。再次出现的令人震惊的戏剧性事件注定是一场悲剧。

尤利乌斯·恺撒没有立即出城。他也许会假装自己在为众多税赋事务忙碌。但毫无疑问，在去高卢前，他会认真观察国内事务。新执政官奥卢斯·加比尼乌斯和卢修斯·卡尔普尔尼乌斯·皮索·凯索尼努斯都是前三巨头的拥护者，但人品很差，都是不择手段的政客。我们对他们的了解主要来自马库斯·图利乌斯·西塞罗。马库斯·图利乌斯·西塞罗曾激烈地抨击奥卢斯·加比尼乌斯和卢修斯·卡尔普尔尼乌斯·皮索·凯索尼努斯。现在，普布利乌斯·克洛迪乌斯·普尔喀以保民官的身份声名鹊起。人们对他的质疑也大大减少了。普布利乌斯·克洛迪乌斯·普尔喀甘愿做前三巨头的工具，为前三巨头的计划服务。由于贵族派下令，一个平民家庭接纳了他。这样一来，他就可以向平民法庭提起诉讼。为了有效控制元老院各派系手中的权力，他宣称自己是曾经被指控为卢修斯·塞尔吉乌斯·喀提林同伙的复仇者。就像从前大胆的保民官一样，他拒绝元老院为保障国家安全授予执政官特权。在法律规定范围内，这种违法行为从来没有减少，或许也不可能减少。普布利乌斯·克洛迪乌斯·普尔喀威胁要弹劾马库斯·图利乌斯·西塞罗。格涅乌斯·庞培·马格努斯和马库斯·李锡尼·克拉苏得意地隔岸观火。如果尤利乌斯·恺撒对马库斯·图利乌斯·西塞罗仁慈一点儿，马库斯·图利乌斯·西塞罗就可以在目前所在地的政府或其他地方任职，从而避开即将到来的风暴。但马库斯·图利乌斯·西塞罗希望通过自己的雄辩拯救国家，拒绝退出政坛，并且相信自己有能力自救。贵族们忘恩负义，不愿为马库斯·图利乌斯·西塞罗辩护。人们可以随意攻击马库斯·图利乌斯·西塞罗。

普布利乌斯·克洛迪乌斯·普尔喀的攻击采取了公众决议的形式。虽然他没有指明罪魁祸首，但显然罪魁祸首就是马库斯·图利乌斯·西塞罗。元老院设法保护马库斯·图利乌斯·西塞罗，但依然是徒劳的。保民官在人民面前指控马库斯·图利乌斯·西塞罗。马库斯·图利乌斯·西塞罗不能冒险提出一项制裁，因为制裁可能会被视为一种专制。他恳求朋友们施以援手。很多同情他的骑士穿着黑衣服跟在他身后，挨家挨户发表演说。元老院也为他辩护，并且提出了一项法令，宣布对他的攻击将为公众带来灾难。但执政官对此进行了干预。普布利乌斯·克洛迪乌斯·普尔喀号召人民起来反抗，在街上引发了骚动，声称自己的派系是最强大的。马库斯·图利乌斯·西塞罗曾全力保护格涅乌斯·庞培·马格努斯，现在却遭到格涅乌斯·庞培·马格努斯冷落。普布利乌斯·克洛迪乌斯·普尔喀决心召集弗拉米尼安地区的民众开会。尚未离开意大利的尤利乌斯·恺撒参加了会议。执政官提醒与会人员，他会投票反对死刑，并且一再谴责死刑是一种非法的暴力行为。与此同时，他以一贯的温和态度劝阻普布利乌斯·克洛迪乌斯·普尔喀肆意报复他人，尽管他的劝阻可能起不到什么作用。马库斯·图利乌斯·西塞罗走投无路只能逃走，逃脱公众的谴责。但普布利乌斯·克洛迪乌斯·普尔喀仍在继续打压马库斯·图利乌斯·西塞罗。他收到了没收马库斯·图利乌斯·西塞罗财产的命令。马库斯·图利乌斯·西塞罗必须放弃图斯库鲁姆的房子，将其交给自己的死对头。他在帕拉蒂诺山上的房子将被夷为平地，以便修建自由女神像。

然而，卢修斯·塞尔吉乌斯·喀提林的同伙还没有开始报仇。马库斯·波尔基乌斯·加图曾经严厉谴责卢修斯·塞尔吉乌斯·喀提林的同伙，但现在还没有受到任何人身或名誉方面的攻击。在赞助人的支持下，普布利乌斯·克洛迪乌斯·普尔喀为马库斯·波尔基乌斯·加图设计了一个圈套，并且以一份体面的工作为幌子，企图削弱马库斯·波尔基乌斯·加图的声望。保民官似乎对埃及法老托勒密十二世怀恨在心，鼓动人民反对托勒密十二世任命他的小儿子为继承人。托勒密十二世的遗产十分丰厚，胜利者可以得到很多战利品，但受害者都是无辜的。普布利乌斯·克洛迪乌斯·普尔喀心地恶毒，通过人民的投票将一项不公平的任务强加给了马库斯·波尔基乌斯·加图。马库斯·波尔基乌斯·加图可能会因此抵挡不住诱惑。他将接受人民的指控视为一种荣誉，为蛮横邪恶的人服务。执行任务时，他虽然将仁慈和严厉结合在了一起，但始终没有放弃自己的任务。此外，有记录表明，在不体面的任务中，马库斯·波尔基乌斯·加图没有受到任何腐败行为的玷污。

与此同时，前三巨头对马库斯·图利乌斯·西塞罗的离开感到欣喜。普布利乌斯·克洛迪乌斯·普尔喀辉煌的政治生涯没有超过一年。尤利乌斯·恺撒与马库斯·图利乌斯·西塞罗同时离开了罗马城。普布利乌斯·克洛迪乌斯·普尔喀本来可以韬光养晦，不去冒犯一个精力充沛、意志坚定的领导人，但他冒犯了冷酷无情的格涅乌斯·庞培·马格努斯。格涅乌斯·庞培·马格努斯怀疑普布利乌斯·克洛迪乌斯·普尔喀试图暗杀自己。在前三巨头联盟的情况下，普布利乌斯·克洛迪乌斯·普尔喀的一名奴隶被抓。这名奴隶的衣服下面藏着一把匕首，并且承认自己是奉主人之命执行一项刺杀任务。此外，普布利乌斯·克洛迪乌斯·普尔喀行事不端，很多人认为民众的态度会威胁他的人身安全。格涅乌斯·庞培·马格努斯采取了退出公众视线的自保措施，却在家里遭到了暴徒袭击。卢修斯·卡尔普尔尼乌斯·皮索·凯索尼努斯公开支持普布利乌斯·克洛迪乌斯·普尔喀。因此，格涅乌斯·庞培·马格努斯采取了强硬措施，将另一位执政官奥卢斯·加比尼乌斯从其同僚中分离出来，利用奥卢斯·加比尼乌斯的影响力拉拢元老院各派系，随后获得了下一年执政官候选人资格。前三巨头支持马库斯·图利乌斯·西塞罗复辟，并且羞辱马库斯·图利乌斯·西塞罗的对手。普布利乌斯·克洛迪乌斯·普尔喀未能连任保民官。新上任的所有法官都愿意召回马库斯·图利乌斯·西塞罗。新执政官普布利乌斯·科尔内利乌斯·雷恩图卢斯·斯皮恩特尔和梅特卢斯·尼波斯·伊纽尔上任后，立即提出了召回马库斯·图利乌斯·西塞罗的建议。普布利乌斯·克洛迪乌斯·普尔喀的所有行为被视为非法，他谎称平民接纳了自己。马库斯·图利乌斯·西塞罗的法案被视为违宪，因为这部法案实际上是一项特权，是针对公民个人的法令。此外，普布利乌斯·克洛迪乌斯·普尔喀用暴力手段非法反对马库斯·图利乌斯·西塞罗提出的的法案，并且武装了一群暴徒。贵族们准备通过武力对抗普布利乌斯·克洛迪乌斯·普尔喀，鼓动提图斯·安尼乌斯·麦洛带领角斗士走上街头。七个月来，罗马城内充斥着胆大妄为的暴徒。现在正是让格涅乌斯·庞培·马格努斯召集老兵控制敌对派系的绝佳机会。但格涅乌斯·庞培·马格努斯犹豫不决，等待着元老院的召唤。元老院不会牺牲来之不易的独立状态，宁愿保持无政府状态也不愿屈服。

直到公元前57年8月4日，尤利乌斯·恺撒和格涅乌斯·庞培·马格努斯才终于聚首，经过商议后决定召回马库斯·图利乌斯·西塞罗。

马库斯·图利乌斯·西塞罗的归来相当于一场胜利的游行。他从布林迪西登陆到进入罗马城，受到了意大利人的热烈欢迎。马库斯·图利乌斯·西塞罗在描述自己的回归时说，市民们为之前支持普布利乌斯·克洛迪乌斯·普尔喀感到羞愧，以加倍的热情欢迎罗马共和国真正的救星——"共和国之父"。我们没有任何理由质疑这段描述的真实性。然而，我们希望马库斯·图利乌斯·西塞罗可以从最近的失败中吸取一些教训，应该警惕众人空洞的奉承和贵族虚伪的青睐。他曾是罗马人的偶像、贵族的傀儡。人们对他的评价并不公正，也不钦佩他的功绩。在公共事务中，他一定觉得没有充分发挥自己的才能和美德。他的失败部分是由于地位劣势，但很大程度上是由于性格软弱、单纯。因此，他试图调和各利益集团和阶级的梦想破灭了。罗马共和国注定会灭亡。马库斯·图利乌斯·西塞罗只是暂时救国家于水火中。他一生的伟大事迹注定会被载入史册，遭到流放只是一次辉煌的失败。现在，他对公共事务感到厌倦甚至厌恶，越来越远离公众生活。卢修斯·李锡尼·卢库勒斯、昆图斯·卢泰修斯·卡塔鲁斯、昆图斯·霍腾西乌斯也曾对公共事务感到厌烦。但马库斯·图利乌斯·西塞罗的抱负依然很远大，与其开明的天才头脑相称。现在，他致力于文学工作，试图在伟大思想家的哲学思辨中寻求慰藉。

第 5 章

前三巨头同盟瓦解

精彩看点

尤利乌斯·恺撒征服高卢——尤利乌斯·恺撒首次征战和击退苏维汇人——尤利乌斯·恺撒入侵不列颠——格涅乌斯·庞培·马格努斯的特殊使命——尤利乌斯·恺撒重回卢卡——尤利乌斯·恺撒任期延长五年——前三巨头的地位和卡雷战役——尤利乌斯·恺撒身处险境——提图斯·安尼乌斯·麦洛杀死普布利乌斯·克洛迪乌斯·普尔喀——格涅乌斯·庞培·马格努斯担任唯一执政官——审判提图斯·安尼乌斯·麦洛——韦辛格托里克斯的英勇反抗——格涅乌斯·庞培·马格努斯的措施——尤利乌斯·恺撒管理高卢尤利乌斯·恺撒在高卢征兵

曾经领导罗马军团的杰出将领描述了征服高卢的故事。他的叙述风格真实简洁,在罗马共和国的征服史上留下了独特一笔。从尤利乌斯·恺撒对高卢战争的评论中,我们看到了罗马共和国的军事战术和行政政策,同时了解到古代或现代最伟大的帝国的建立过程及组织和维持模式。实际上,尤利乌斯·恺撒的评

罗马军团的鹰旗

高卢地区示意图

论是罗马征服史的缩影，但就其目的来说，只需要在有关前三巨头的历史中将其作为一章简要提及就足够了。尤利乌斯·恺撒的评论体现了自己的目标及完成目标的方式。公元前58年，尤利乌斯·恺撒掌管高卢，直到公元前49年，为了征服罗马，他离开了高卢。在接连不断的战役中，尤利乌斯·恺撒损失了很多兵力，同时耗费了巨额军费。但毫无疑问，对方的损失更惨重。尤利乌斯·恺撒征服高卢后，高卢人再也没有像其他民族那样通过反抗崛起。但高卢被征服主要是因为征服者的开明政策，而不是令人恐惧的武器。

很早以前，高卢人就是罗马最强大的对手之一。罗马人永远不会忘记北方的野蛮人曾经进入并烧毁了自己的家园。实际上，两个世纪里，高卢人已经逐步撤退。然而，他们不时会挑起战争或引发骚乱，威胁罗马共和国。罗马人一步步将高卢人驱逐到亚平宁山脉附近，赶到波河流域，并且在波河流域征服了居住在阿尔卑斯山脉附近的部落。罗马从海上向山外高卢推进，在马西利亚和阿基埃西提亚建立了殖民地，由此深入内地，最终建立了普罗温西亚。普罗温西亚是罗马在阿尔卑斯山脉之外建立的第一个军事属地。在阿尔卑斯山脉和罗纳河之间，罗马又建立了一个行省。该行省从地中海一直延伸到大西洋，罗马人称其为"纳尔榜高卢"。现在，罗马人已经不再害怕高卢人。高卢人虽然勇敢好战，但失去了早期的攻击力量或联合力量，并且在很大程度上被各部落间的仇恨和各敌对党派间的嫉妒分裂。罗马人瞧不起阿洛布罗基人的阳奉阴违，因为阿洛布罗基人曾假装参与了卢修斯·塞尔吉乌斯·喀提林发动的革命。但北方民族正在进行另一场运动。赫尔维蒂人决心从狭窄贫瘠的土地上进行大规模迁徙，穿过高卢中部，前往广阔肥沃的大西洋海岸定居。内陆地区的部落非常惊慌，因为一场骚乱很可能在所难免。罗马行省的边界面临危险。罗马人认为有必要采取

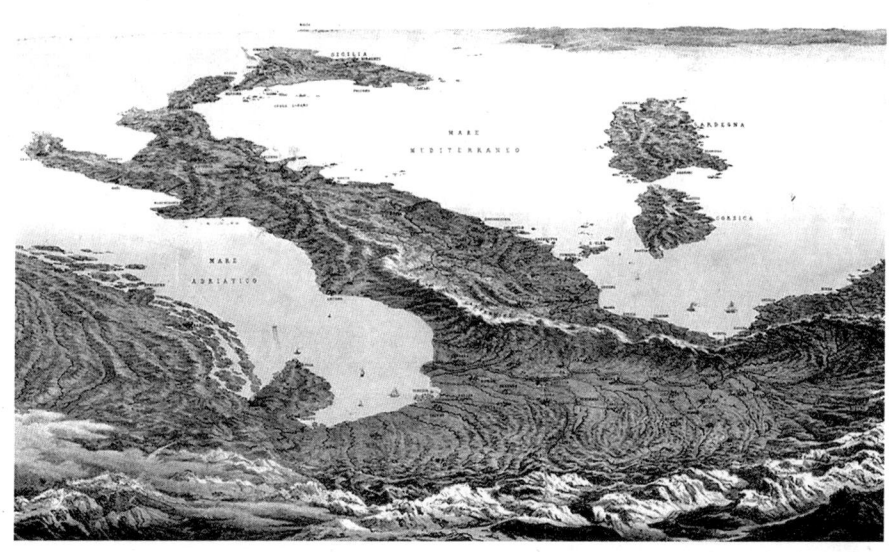

亚平宁山脉与波河流域

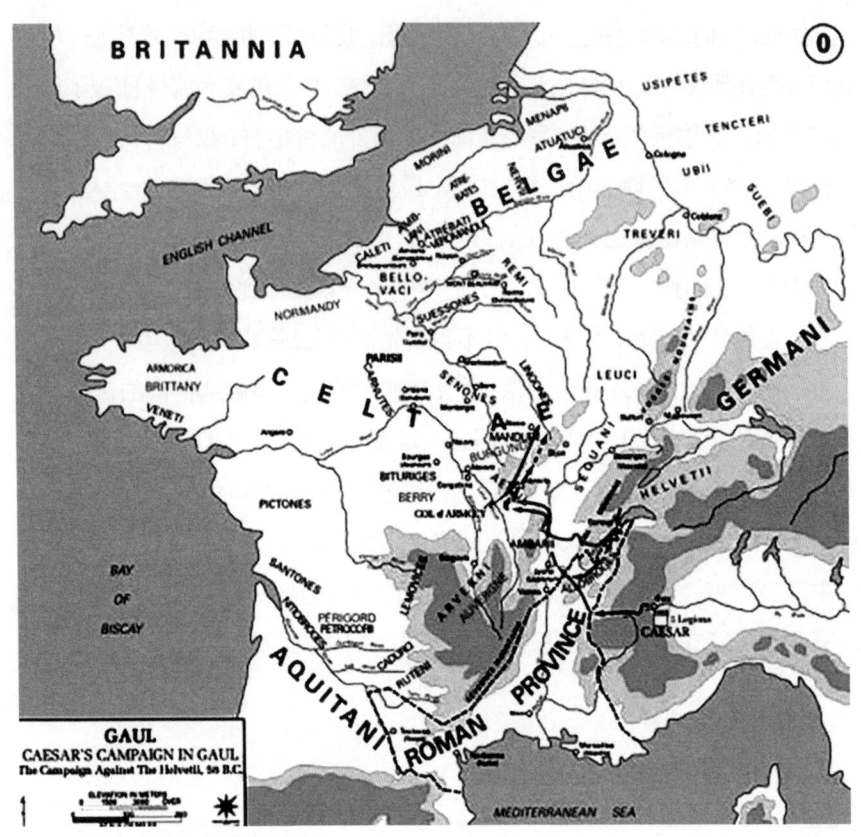

尤利乌斯·恺撒追击赫尔维蒂人示意图

措施阻止赫尔维蒂人的迁徙运动。尤利乌斯·恺撒立即翻过阿尔卑斯山脉,与赫尔维蒂人进行了谈判,同时加固了罗纳河的堤岸。赫尔维蒂人原本打算从日内瓦穿过罗纳河,但尤利乌斯·恺撒迫使他们选择了一条更崎岖的道路,最后进入了高卢中部的埃杜维。在崎岖的小路上,尤利乌斯·恺撒紧追赫尔维蒂人,先将赫尔维蒂人赶到了萨恩河畔,然后将其赶到了比布拉克特附近,最后在比布拉克特击垮了赫尔维蒂人。随后,他开始驱逐苏维汇人。苏维汇人是一个日耳曼部落,在首领阿里奥维特斯的率领下越过莱茵河,向贝桑松挺近。尤利乌斯·恺撒打败了赫尔维蒂人和苏维汇人,征服了高卢比较安定的部落,并且开始与一些部落结盟,挑起了另一些部落之间的纷争。他遵循罗马征服者的一贯政策,不断前进,最终征服了高卢。

高卢中部的埃杜维和阿维尔尼及东北部的雷米都打算毁灭高卢,同时支持尤利乌斯·恺撒成为高卢东部边境的保护者,希望尤利乌斯·恺撒对抗躁动不安的日耳曼人。公元前57年,在默兹河和摩泽尔河附近,尤利乌斯·恺撒瓦解了贝尔格部落的联盟。公元前56年,尤利乌斯·恺撒击溃了阿莫里凯的海军力量,并且削弱了拉芒什海峡两岸的大部分敌对势力。与此同时,他的属下战胜了阿基塔尼亚部落。公元前55年,尤利乌斯·恺撒基本上平定了高卢,但他的军团依然需要继续前进。罗马军官们渴望得到更多战利品。尤利乌斯·恺撒需要维持一个庞大的军事机器,因此,他愿意为此使用各种手段。他越过了高卢的边界线,在宽阔湍急的莱茵河上架起了一座桥,将自己的势力渗透到了日耳曼人的森林中。迄今为止,这是罗马军队做出的最大努力。尤利乌斯·恺撒的入侵计划收效

在比布拉克特取得胜利后,尤利乌斯·恺撒与赫尔维蒂人进行谈判

尤利乌斯·恺撒在不列颠登陆

甚微。随后,他率军转往另一个地方。公元前55年秋,他率领两个军团登陆不列颠海岸。经过几场小规模战役,尤利乌斯·恺撒打败了肯特人。但与此同时,由于潮水和风暴的影响,罗马军团的船遭受了巨大损失。尤利乌斯·恺撒匆忙率军撤到高卢。然而,他丝毫没有气馁。公元前54年夏,他再次入侵不列颠,并且击败了对手,影响了泰晤士河的航运。我们有理由相信,尤利乌斯·恺撒当时深入到了赫特福德郡的维鲁拉米恩。关于尤利乌斯·恺撒的一个重要发现表明,尤利乌斯·恺撒的一支部队曾向维鲁拉米恩以北推进了几英里。然而,尤利乌斯·恺撒不愿意在不列颠定居,因为这会削弱他在高卢的影响力。因此,他满心欢喜地带着战利品撤退了。罗马人为尤利乌斯·恺撒率领的军队感到自豪,热切地听着关于罗马英雄的报告。在罗马共和国,尤利乌斯·恺撒变得越来越成熟,并且不断敦促支持他的党派应对即将到来的危机。

在竞选执政官的过程中,尤利乌斯·恺撒密切关注着罗马城内的局势发展。每一季的军事行动结束后,他会前往他所在省南界的卢卡,因为法律禁止统治者在保留其指挥权的情况下进入意大利。尤利乌斯·恺撒与来自罗马的朋友聚集在卢卡,商定最有利于他们共同利益的措施。由于尤利乌斯·恺撒的缺席,前

罗马军团在不列颠海岸与肯特人交战

三巨头同盟已经松散。格涅乌斯·庞培·马格努斯和马库斯·李锡尼·克拉苏出现分歧,都在追求各自的私人利益,希望迅速获得至高无上的权力。马库斯·图利乌斯·西塞罗投靠了格涅乌斯·庞培·马格努斯。由于罗马城内玉米短缺,马库斯·图利乌斯·西塞罗建议元老院派给格涅乌斯·庞培·马格努斯一项特殊任务,为罗马供应生活必需品。现在,罗马共和国内的权力垄断日益明确。元老们赞同马库斯·图利乌斯·西塞罗的提议。格涅乌斯·庞培·马格努斯再次获得了最高权力,可以在罗马的任何地方征收物资,自行决定商品价格。他任命的官员变得越来越富有,他手中的权力将延续五年。马库斯·图利乌斯·西塞罗也接受了格涅乌斯·庞培·马格努斯的委任。然而,征收物资的计划不过是一个托词,其真实目的是将格涅乌斯·庞培·马格努斯放在罗马共和国的舵手位置上。但公元前61年,格涅乌斯·庞培·马格努斯因粗心或无能错失了大权,未能壮大自己的力量。当时,他发现自己比以往任何时候都更容易暴露在贵族的阴谋和暴徒的暴力之下。因此,他要求元老院授予自己权力,但最后以失败告终。现在,元老院对他的任命成了他争取派系支持的优势。罗马共和国迟迟没有接受埃及法老的遗产,确实令人感到费解和怀疑。关键时刻,埃及法老托勒密十二世遭到臣民的驱逐。元老院建议恢复托勒密十二世的统治,但需要罗马军队的协助。帮助托勒密十二世恢复统治的战争无疑会为格涅乌斯·庞培·马格努斯赢得名誉、权力和金钱。元老院希望派出自己的党派。为了格涅乌斯·庞培·马格努斯的利益,执政官普布利乌斯·科尔内利乌斯·雷恩图卢斯·斯皮恩特尔和一些保民官出面干预,声称预言显示,埃及法老托勒密十二世不能复辟。因此,人们认为预言表明罗马不能使用武力。但普布利乌斯·科尔内利乌斯·雷恩图卢斯·斯皮恩特尔依然很担心,因为包括军队在内的所有任命都还没有确定下来。

然而,即使格涅乌斯·庞培·马格努斯要求亲自率军出征,也无济于事。由于煽动者引发的骚乱,元老院无法做出任何决定。罗马再次成为内部骚乱的牺牲品,贵族们大多支持提图斯·安尼乌斯·麦洛。关键时刻,阿尔班山上的朱庇特雕像被闪电击中,引起了人们的普遍恐慌,预示着灾难即将到来。普布利乌斯·克洛迪乌斯·普尔喀似乎挑起了格涅乌斯·庞培·马格努斯和马库斯·李锡尼·克拉苏之间的纷争。与此同时，元老院召回了尤利乌斯·恺撒。手无寸铁的尤利乌斯·恺撒面临被弹劾和流放，甚至死亡的结局。

公元前56年年底，尤利乌斯·恺撒重返卢卡，就像公元前57年冬天那样。卢卡的各级官员纷纷赶来迎接尤利乌斯·恺撒，约有一百二十名侍从和二百名官员。所有人都被尤利乌斯·恺撒的和蔼可亲和慷慨大方折服，并且迅速得出结论，认为共和统治即将结束，取而代之的是专制统治。致命的危机已经到来，罗马共和国的机器再也不能发挥作用了。执政官和保民官、元老院和罗马公民彼此牵制，政府机构陷入瘫痪。公元前55年的选举受阻，执政官们以不吉利为借口对选举进行了干预，禁止各部落集会。与此同时，执政官放弃了所有职务，身穿丧服，拒绝出席任何大场面，也不参加阿尔班山的庄严仪式，就像权力被暴徒剥夺了一样。当执政官一职出现空缺时，正式的继任者还没有被选出。公元前55年成为一段过渡期。罗马国内暴乱频仍，国外相对和平。奥卢斯·加比乌斯不顾元老院的反对，自告奋勇将托勒密十二世推上了埃及法老的宝座。与此同时，失去耐心的候选人无视过渡期的法律规定，诱使保民官不定期召集人民。当贵族派为自己提名的候选人行贿拉票时，年轻的马库斯·李锡尼·克拉苏带着一支由退伍老兵组成的部队从高卢赶来，平息了所有反骚乱。新执政官格涅乌斯·庞培·马格努斯和马库斯·李锡尼·克拉苏通过暴力手段获得了执政官一职，他们的朋友也保住了各自的职位。从塞浦路斯归来后，马库斯·波尔基乌斯·加图没有沾染任何铜臭味。现在，他要求担任执政官一职，却被元老院拒绝了。他感到十分难堪，但臭名昭著的普布利乌斯·瓦提尼乌斯让他更加难堪，因为在前三巨头的帮助下，普布利乌斯·瓦提尼乌斯居然凌驾于他之上。

尤利乌斯·恺撒说服自己的支持者控制彼此之间的嫉妒。在盖乌斯·特雷博尼乌斯的帮助下，他为自己的支持者保住了西班牙和叙利亚的政权。作为回报，通过支持者的协助，尤利乌斯·恺撒将自己的任期延长了五年。尤利乌斯·恺撒征服的一半地区暂时安定下来，但没有完全组织起来。尤利乌斯·恺撒期待自己对军队产生重要影响，同时期待对手迅速失势。贵族们对一项致命措施的抵抗是犹豫的，而非坚决的。马库斯·波尔基乌斯·加图因暴力行为失去了很多权力。马库斯·福沃尼乌斯是卢修斯·李锡尼·卢库勒斯、塞尔维利乌斯·鲁拉斯和科尔内利乌斯·兰图鲁斯所在派系中最活跃的支持者,但现在逐渐疏远了自己之前支持的派系。保民官之间爆发了一场小规模冲突。冲突双方阻断了公共道路,封锁了市政大楼的门。马库斯·波尔基乌斯·加图站在人们的肩膀上,试图强行进入会议地点,并且宣称召开会议不利于当前的形势。然而,回应他的是暴徒手中的棍棒和骤雨般的石头。在冲突中,剑和匕首闪着银光,乐善好施的人们被赶出竞技场,流血事件随处可见。前三巨头孤注一掷的政策引发了暴乱。在这场暴力冲突中,格涅乌斯·庞培·马格努斯的脸被划伤,长袍被鲜血浸湿。回家途中,他年轻的妻子朱利亚前来迎接他,但由于惊吓过度突然早产,不幸离世。

格涅乌斯·庞培·马格努斯虽然在公共事务中表现得很冷淡,但在家庭中一直是个富有责任感的人。朱利亚的死对他影响很大。因此,在维护自己的利益时,他可能显得比以往任何时候都迟钝。然而,朱利亚的死也许是一件好事,因为这件事结束了格涅乌斯·庞培·马格努斯与对手之间的情感纠缠。作为一个重要委员会的领袖和一支罗马大军的统帅,格涅乌斯·庞培·马格努斯拥有至高无上的地位。因此,在与尤利乌斯·恺撒的争斗中,他占据了巨大优势,因为尤利乌斯·恺撒正在远方进行一场漫长而危险的战争。与此同时,马库斯·李锡尼·克拉苏盲目地参加了一场艰苦的远征。尤利乌斯·恺撒征服了高卢,但贝尔格部落再次武装起来。在罗马国内,尤利乌斯·恺撒的对手热切希望他战败或战死沙场。在就任叙利亚行省总督时,马库斯·李锡尼·克拉苏曾打算向帕提亚人开战,但他年事已高,加上长时间远离战场,可能会在一次战役中向强大的对手屈服。实际上,罗马贵族毫不畏惧马库斯·李锡尼·克拉苏,但担心马库斯·李锡尼·克拉苏会在国外取得成功,于是怂恿法庭谴责他的行为是叛国行为,激起了人们对他的反对。但马库斯·李锡尼·克拉苏并没有被可怕的预兆吓倒。一到叙利亚政府所在地,他就指挥军队向幼发拉底河挺进。在返回营地过冬之前,他率军进入了奥斯若尼地区,占领了当地的一些城镇,并且在城镇中派驻了罗马军队。当帕提亚人抱怨马库斯·李锡尼·克拉苏的无端入侵行为时,马库斯·李

帕提亚人

锡尼·克拉苏回答道，他将在塞琉古亚给予帕提亚人答复。完成准备工作后，他率领几个军团穿过了幼发拉底河和底格里斯河之间的干旱地区。帕提亚人佯装不再抵抗罗马军队，派一位军官为罗马军队做向导，将其带到了早已准备好的埋伏圈中。在马库斯·李锡尼·克拉苏的领导下，罗马军队已经筋疲力尽，士气低落。当士兵们心灰意冷准备返回时，帕提亚人的轻骑兵团包围了他们。罗马军队受到重创。最后，在卡雷附近，罗马军队遭到毁灭性打击。在尤利乌斯·恺撒的军队中，一位勇敢的年轻军官——马库斯·李锡尼·克拉苏的儿子——被杀。马库斯·李锡尼·克拉苏悲痛欲绝，同时羞愧难当，认为谈判比冒险出逃更稳妥。帕提亚人欺骗并俘虏了马库斯·李锡尼·克拉苏。在一次徒劳的营救行动中，马库斯·李锡尼·克拉苏被帕提亚人杀害。马库斯·李锡尼·克拉苏的主力部队被俘，随后被带到了内陆地区，只有一小部分部队被盖乌斯·卡修斯·朗基努斯救

盖乌斯·卡修斯·朗基努斯

回,回到了叙利亚边境地区。卡雷战役是罗马军队遇到的最可怕的灾难之一。据说,在卡雷战役中,罗马军队中有两万人被杀,一万人被俘,军官们也受到了帕提亚人的蔑视和嘲弄。帕提亚人砍下马库斯·李锡尼·克拉苏的头,将熔化的金子倒进了贪婪的罗马人口中。但罗马俘虏似乎得到了善待,并且在帕提亚人的领地定居了下来。

　　罗马城内的大多数市民似乎对眼前的混乱局面不感兴趣。他们中很少有人喜欢或尊敬马库斯·李锡尼·克拉苏。对他们来说,战场似乎遥不可及。直到后来,面对混乱局面,市民们才意识到事态的严重性。毫无疑问,贵族派和罗马市民的目光主要集中在高卢执政官身上。局势变得越来越危急。尤利乌斯·恺撒第二次远征不列颠回来后,发现高卢地区异常平静。他在亚眠召开了一次会议,深信高卢人是忠诚的。他原本打算在卢卡过冬,但卢瓦尔河和莱茵河之间的部落密谋了一场大规模叛乱,正在等待尤利乌斯·恺撒的离开。然而,叛乱提前爆发了。尤利乌斯·恺撒当时正在卢卡附近。他将自己关在房间里,避开了外面军队面临的危急情况。马库斯·图利乌斯·西塞罗的弟弟昆图斯·图利乌斯·西塞罗是尤利乌斯·恺撒军队中的一名指挥官。为了将外面的情况告诉尤利乌斯·恺撒，他将一个刻有希腊文的铁坯扔进了尤利乌斯·恺撒的房间里。尤利乌斯·恺撒展现出了卓越的军事才能，很快平定了叛乱。他为厄勃隆尼斯人树立了一个英雄榜样。厄勃隆尼斯是辛布里地区的一个部落。尤利乌斯·恺撒将厄勃隆尼斯人视为异类，诱使高卢人盲目敌视厄勃隆尼斯人。随着好战的特雷沃部落的战败，尤利乌斯·恺撒似乎彻底平定了高卢。但高卢地区依然危机四伏，尤利乌斯·恺撒并没有完全征服高卢。与此同时，尤利乌斯·恺撒在罗马的地位岌岌可危。他在罗马的朋友和对手都怀疑他能否在战争中幸存下来。

公元前53年，罗马经历了一段长达六个多月的过渡期。竞选执政官的候选人公然行贿，促使元老院和最优秀的法官联合起来，推迟了选举。最后，马库斯·波尔基乌斯·加图开始恐慌起来，敦促格涅乌斯·庞培·马格努斯担任独裁官，并要求元老院尽快安排选举。三巨头拉拢了很多优秀的贵族。格涅乌斯·庞

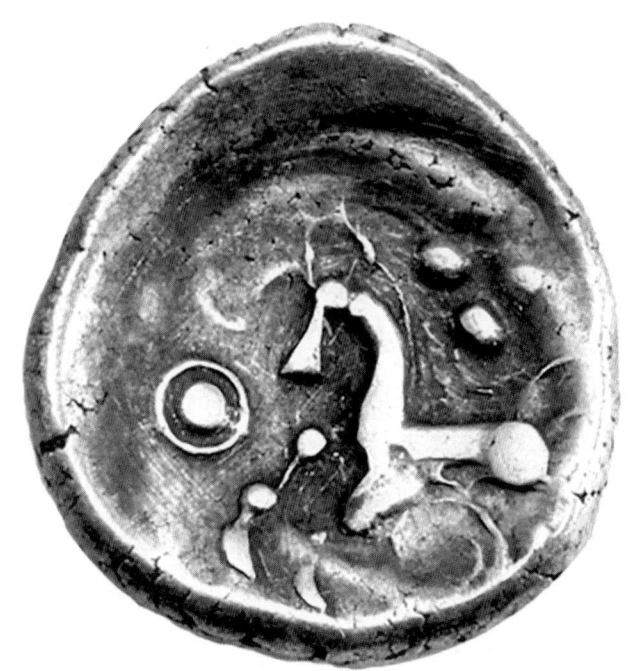

厄勃隆尼斯人的货币

梅特卢斯·西庇阿

培·马格努斯出面调停,选举格涅乌斯·多米提乌斯·卡尔维努斯和马库斯·瓦莱里亚·梅萨拉·鲁弗斯为执政官。贵族们称赞格涅乌斯·庞培·马格努斯是贵族派特殊利益的捍卫者。然而,随后一年的选举再次遭遇危机,出现了一个过渡期。毫无疑问,格涅乌斯·庞培·马格努斯可以控制混乱局面,但他似乎助推了此次危机。提图斯·安尼乌斯·麦洛、梅特卢斯·西庇阿和普劳提乌斯·阿比修斯要求执政官拿起武器。罗马城内每天都会发生暴乱,流血事件时有发生。在这个充满暴力的时代,一起谋杀事件引发了轰动,迫使元老院采取了强力镇压措施。公元前52年1月,在前往阿庇安的路上,提图斯·安尼乌斯·麦洛与妻子一同坐在马车中,身边还有一名随从。按照惯例,提图斯·安尼乌斯·麦洛的马车后面跟着一队角斗士。在距罗马城几英里的博维莱附近,提图斯·安尼乌斯·麦洛遇到了骑着马的普布利乌斯·克洛迪乌斯·普尔喀。普布利乌斯·克洛迪乌斯·普尔喀身边有一小队武装人员。因此,后来发生的事并不是预谋好的,因为普布利乌斯·克洛迪乌斯·普尔喀经常与武装随从一起出行。提图斯·安尼乌斯·麦洛和普布利乌斯·克洛迪乌斯·普尔喀并不想引发冲突，但他们的随从发生了争吵。在打斗中，受伤的普布利乌斯·克洛迪乌斯·普尔喀躲在路边的一间木屋里。提图斯·安尼乌斯·麦洛非常愤怒，袭击了木屋，将普布利乌斯·克洛迪乌斯·普尔喀拖出来杀死了。普布利乌斯·克洛迪乌斯·普尔喀横尸路上，直到一个路过的人将尸体带回罗马城。这起事件激怒了民众，继而引发了暴乱。暴民点燃了元老院的长凳、书籍和文件。焚烧普布利乌斯·克洛迪乌斯·普尔喀尸体的火焰从一座房子蔓延到另一座房子，直到蔓延到靠近广场的一个地方。暴民们开始袭击几个贵族的府邸，尤其是提图斯·安尼乌斯·麦洛的府邸。然而，提图斯·安尼乌斯·麦洛已经做好准备，用暴力手段击退了暴民。骑士和元老们派兵镇压暴乱。经过几天的强力镇压，罗马城终于恢复了平静。

　　混乱的公共事务已经威胁到社会安定，罗马元老院必须采取必要的安全措施。一些和平主义者不敢坚持任命一位执政官，另一些人死守着虚幻的宪法形式，还有一些人像马库斯·图利乌斯·西塞罗一样，逃离了罗马城。罗马城内，暴徒控制了街道，腐败的法院没有能力控制局面。以前代表民众利益的党派已经四分五裂，为了私利想方设法谋求权力。政坛上很少有真正的爱国者，或对寡头集团的阴谋施加压力的人。正如我们看到的那样，马库斯·波尔基乌斯·加图虽然勇气可嘉，但对罗马共和国的传统政治感到绝望。他看到公民的自由受到两种威胁，一种是国内的无政府状态，另一种是国外无休止的战争。当他四处寻找保护者时，发现即使是马库斯·图利乌斯·西塞罗宣称是"好人"的人中，也存在一些懦弱自私的人。因此，他决定选择一个人保护罗马共和国，但罗马共和国的法律已经形同虚设。他说："我们最好自己选择一位君主，而不是等待无政府状态强加给我们一位暴君。"但实际上，罗马在这件事上别无选择。到目前为止，只有一个人有能力统治整个罗马。经过近三个月的过渡期后，马库斯·卡尔普尔尼乌斯·毕布路斯提议，任命格涅乌斯·庞培·马格努斯为唯一执政官。马库斯·波尔基乌斯·加图赞同马库斯·卡尔普尔尼乌斯·毕布路斯的提议。他们也许希望建立一种比独裁温和一些的统治。格涅乌斯·庞培·马格努斯即使对法律知之甚少，也能恢复罗马城内的秩序，并且找到办法迫使尤利乌斯·恺撒交出高卢的控制权，解散高卢强大的军队，同时镇压叛乱，抑制一些人的野心。表面上看，这些事可以通过一年的专制统治实现。格涅乌斯·庞培·马格努斯年事已高，变得懒散而虚荣，也许会被人利用，然后惨遭抛弃。如果唯一执政官是元老院的秘密计划，那么元老们不会考虑到自己即将开创的先例将催生一些新事物，从而为不可避免的君主制铺平道路。

一个月内，提图斯·安尼乌斯·麦洛不定期走进办公室里。局势动荡不安，当权者必须采取强有力的措施恢复社会秩序。格涅乌斯·庞培·马格努斯发誓要让马库斯·波尔基乌斯·加图做顾问，为了人民的自由统治整个罗马。在任命顾问一事上，他没有和尤利乌斯·恺撒商量。现在，他终于摆脱了以前的盟友，将全部精力投入到自己支持的政策上。他曾两次取得领导权，但两次都没有抓住机会，因为他一直与影响力和能力上不如自己的人保持距离。现在，他担任执政官，没有同僚，地位高于所有罗马公民。与其他权力相比，军权的价值要重要得多。提图斯·安尼乌斯·麦洛指挥驻扎在西班牙的罗马军队和驻扎在罗马城门口的军队，没有人能夺走他手中的军队。与此同时，他准备召回尤利乌斯·恺撒，并满足民众的要求。在八十一名法官面前，提图斯·安尼乌斯·麦洛被审讯。他请马库斯·图利乌斯·西塞罗为自己辩护。马库斯·图利乌斯·西塞罗准备宣称提图斯·安尼乌斯·麦洛是无辜的，并为提图斯·安尼乌斯·麦洛大胆的自卫行为辩护，因为提图斯·安尼乌斯·麦洛的行为帮助罗马共和国走出了困境。当马库斯·图利乌斯·西塞罗站起来讲话时，听到人群发出愤怒的叫喊声。与此同时，格涅乌斯·庞培·马格努斯为了恐吓马库斯·图利乌斯·西塞罗，带来了一支部队。马库斯·图利乌斯·西塞罗有些害怕，结结巴巴地说了一段简短无力的辩护词，然后坐了下来。审判团判提图斯·安尼乌斯·麦洛犯有谋杀罪，打算将他流放到马西利亚。后来，马库斯·图利乌斯·西塞罗出版了之前准备的辩护演讲稿。据说，虚荣心促使他将辩护演讲稿寄给了提图斯·安尼乌斯·麦洛。但提图斯·安尼乌斯·麦洛嘲讽地回应道："我觉得自己很幸运，因为马库斯·图利乌斯·西塞罗的论点没有得到证实，否则我现在就不会在这里享受美味的鲻鱼了。"

格涅乌斯·庞培·马格努斯正处在人生的巅峰期。除了君主称谓，他得到了自己想要的一切。制造骚乱的暴徒已经四散而逃，罗马城再次恢复了平静。人民的基本生活逐渐得到保障，贵族们默许了格涅乌斯·庞培·马格努斯的统治，人民也对他的统治感到满意。格涅乌斯·庞培·马格努斯唯一害怕的对手远在国外，并且陷入困境无法摆脱。尤利乌斯·恺撒几乎没有避开叛乱者的最后攻击。国内的对手也对他没有任何敬畏，但他的失败不能简单地归咎为一次背信弃义的行为。在与对手打交道时，马库斯·波尔基乌斯·加图毫不犹豫地要求将尤利乌斯·恺撒交给高卢人，以保全罗马共和国的荣誉。然而，他的要求被元老院拒绝或回避了。但可以确定的是，尤利乌斯·恺撒面临着内忧外患。公元前53年年底，第二次平定高卢后，尤利乌斯·恺撒像往常一样，在卢卡关注着意大利的局势。但高卢人有了新的阴谋。在高卢中部的塞纳河和加伦河之间，突然爆发的叛乱迅速蔓延。此次叛乱是由德鲁伊教挑起的。德鲁伊教是一个宗教派别，深受卡尔尼特人推崇，与高卢各地的统治阶级关系密切。在卢瓦尔河畔的热纳布斯，或者更确切地说是日安，罗马商人的势力已经十分强大，因为南方和北方

加伦河

德鲁伊人

之间的交通都是沿着河流建设的,河道中间形成的弯道是南北交通的枢纽。热纳布斯的人口不断增加。罗马入侵者大吃一惊,很快遭到了高卢人的屠杀。阿维尔尼人的部落首领韦辛格托里克斯领导了一场起义,他是高卢起义战争中唯一获得了声望的人。"韦辛格托里克斯"也许是一个头衔,而不是人名。但我们不应该忽略韦辛格托里克斯,因为即使在他的对手的评论中,他也是一位伟大的军事天才。他领导的起义无论多么短暂,都是罗马军事史上最关键的战争之一。在戈维亚,他指挥高卢人重创了罗马入侵者,切断了罗马军队撤退到意大利的道路。事实上,在这一点上,韦辛格托里克斯取得了成功。一旦尤利乌斯·恺撒从高卢人手中逃脱,就会落入国内政敌的手中。韦辛格托里克斯如果没有放走尤利乌斯·恺撒,就可能永远无法摆脱尤利乌斯·恺撒。与此同时,尤利乌斯·恺撒别无选择,只能去征服阿尔卑斯山脉地区的部落,或被阿尔卑斯山脉地区的

韦辛格托里克斯

德鲁伊人

部落击垮。但他的大部分军队在塞纳河以北。他的副将提图斯·拉比努斯制止并击败了攻击韦辛格托里克斯的部落,帮助他与韦辛格托里克斯联合,共同抵御其他攻击。在后来的交战中,尤利乌斯·恺撒获胜。韦辛格托里克斯带领溃败的八万战士去了阿莱西亚。尤利乌斯·恺撒穷追不舍,包围了韦辛格托里克斯的大部队及许多手无寸铁的逃犯。在两军交战中,很多逃犯饿死了。韦辛格托里克斯的军队试图突破封锁线,最终因缺粮而兵力大减。英勇的韦辛格托里克斯献出了宝贵的生命,但保全了自己部落。在残酷的战争中,庞修斯·彼拉多和一个波斯人战死。公元前50年,危机过去了,尤利乌斯·恺撒征服了阿尔卑斯山脉、莱茵河和大海之间的地区,第八次担任执政官。勇敢的起义者被尤利乌斯·恺撒

韦辛格托里克斯的大部队被包围

韦辛格托里克斯向尤利乌斯·恺撒投降

残酷地征服了。根据罗马历史学家普鲁塔克的记载,在尤利乌斯·恺撒发起的八场战争中,他攻占了八百多座城市,打败了三百多个小国家,遇到了三百万武装人员,杀死了一百万武装人员,俘虏了一百多万武装人员。

格涅乌斯·庞培·马格努斯虽然已经获得绝对领导权,但没有提出有力的公众福利措施。元老院赋予了他广泛的权力,希望他能想办法为罗马城提供粮食,但他没有试图解决当下的经济危机。因此,大部分市民陷入了贫穷和堕落中。格涅乌斯·庞培·马格努斯执政期间留下的问题有:殖民地建立的问题、外国人的特权问题,以及受法律和社会压迫的债务人的经济问题。后来的独裁者处理了这些问题。格涅乌斯·庞培·马格努斯坚决反对贿赂,采取了一些治标不治本的政治措施。他甚至不愿以身作则,遵守自己制定的法律。他禁止有权势的罪犯在法官面前使用特权。然而,他娶了一位地位很高的富人的女儿,当他的岳父被传讯时,他为自己的岳父辩护。因此,他的岳父被判无罪。法律规定,离职五年后,一个行省的总督才能重新治理一个行省。但这项法律无论多么重要,都不可能被严格遵守。格涅乌斯·庞培·马格努斯违反了这项法律,延长了自己的总督任期。作为罗马的执政官,他规定,只要对方不在罗马城内,任何人不能提起公诉。这一规定无疑是针对尤利乌斯·恺撒的。格涅乌斯·庞培·马格努斯开始忌妒尤利乌斯·恺撒的军事成就,为了自己的利益推选尤利乌斯·恺撒担任执政官。此外,为了使尤利乌斯·恺撒尽快结束高卢的战争,他对现行法律提出了异议。

最终,尤利乌斯·恺撒征服了高卢,平定起义的工作也取得了重大进展。在高卢,尤利乌斯·恺撒实行的政策与以往不同。阿尔卑斯山脉两侧地区都由驻军和罗马殖民地控制,罗马军队征用了其中的部分土地。罗马公民愿意用国内的安全换取在国外冒着生命危险经营的土地,但罗马共和国的传统政策无法延伸到尤利乌斯·恺撒控制的高卢。尤利乌斯·恺撒也不希望将罗马的传统引入外省,他的目的是将高卢人融入罗马,使高卢人真正接受罗马的统治。使高卢人成为罗

罗马历史学家普鲁塔克

在高卢的罗马军队

马公民的第一步是减轻罗马对高卢人的压迫。因此，他没有以殖民地的形式管理高卢，保留了高卢人的法律和宗教传统。他允许大多数高卢人拥有一定的自由，保留了高卢的法院和政府机构，但由罗马代理人担任管理者。与此同时，他减轻了高卢的省级赋税，给予一些部落首领和城市荣誉与特权。因此，宽厚仁慈的尤利乌斯·恺撒赢得了许多高卢人的支持。在与阿维尔尼人的战争中，他看到自己之前被夺走的剑悬挂在阿维尔尼人的神殿中，但他没有收回剑，带着亲切的微笑说这把剑是神圣的。

在幅员辽阔的高卢，尤利乌斯·恺撒还有一个敌人。在纳尔榜高卢，罗马元老院建立了一个利益据点，但遭到了尤利乌斯·恺撒的抵制。自从格涅乌斯·庞培·马格努斯率领军队穿过纳尔榜高卢，前去对抗昆图斯·塞多留，驱赶马塞利亚人的残部，元老院的代理人就开始遍布高卢南部，推行元老院制定的政策。事实上，尤利乌斯·恺撒回到罗马后，格涅乌斯·庞培·马格努斯任命马库斯·丰提乌斯和其他人管理高卢，直到尤利乌斯·恺撒回到高卢。高卢的新管理者决定取消尤利乌斯·恺撒之前制定的政策。后来，尤利乌斯·恺撒竭尽全力争取马塞利亚人的支持，扩大了马塞利亚人名义上可以控制的领土范围。他用土地和其他物品回报忠实的追随者，将管理权交在他们手中，无论是罗马人还是外省人。与此同时，他已经开始为将来的战争做准备。无论兵营驻扎在什么地方，当地最好战的人纷纷应征入伍，他们的好战精神促使他们为一位英勇慷慨的将军效劳。事实上，应征入伍的士兵主要是高卢人，罗马共和国没有为尤利乌斯·恺撒提供军队。尤利乌斯·恺撒向格涅乌斯·庞培·马格努斯借了一支特遣部队。有人让尤利乌斯·恺撒投降，他便立刻投降，完全听凭自己的意志行事。他率领的军团是第七军团、第八军团和第九军团。这几个军团很可能是昆图斯·凯基利乌斯·梅特卢斯·西庇阿在山内高卢集结的。当时，尤利乌斯·恺撒封锁了阿尔卑斯山脉地区，以对抗卢修斯·塞尔吉乌斯·喀提林。第十军团是他在阿尔卑斯山脉地区组建的，以控制阿洛布罗基人。第十一军团和第十二军团是尤利乌斯·恺撒第一次攻打赫尔维西亚人时仓促征召的。第十三军团和第十四军团是在高卢征召的，以对抗比利时人的大联盟。

尤利乌斯·恺撒的第十三军团和第十四军团被厄勃隆尼斯人击败了。后来，尤利乌斯·恺撒在高卢进行了第十四次和第十五次征兵。他的军队中只有一小部分士兵拥有真正的罗马或意大利血统。毫无疑问，大多数士兵是从被赋予"拉丁姆权利"的高卢土著居民中征召来的，因此，他们受到了特殊优待。然而，这支半罗马化的军队中有许多外国士兵。外国士兵配备着与罗马士兵相同的武器，接受同样的训练，共同经历危险、接受荣誉。作为辅助兵力的外国军队并不亚于罗马的正规军队。因此，尤利乌斯·恺撒毫不犹豫地组建了高卢军团，用头盔上的云雀形状区分高卢士兵和罗马士兵，这就是阿劳达军团的由来。云雀一般代表喧闹活泼的人。于是,高卢士兵很自豪地将云雀作为自己的象征。高卢士兵也许很愿意摆脱教士和贵族们的专制统治,接受军队纪律的约束,无论军队管理多么严格,他们都能适应。尤利乌斯·恺撒试图赢得战士们的爱戴,在他之前,没有任何一位罗马将军愿意这样做。与尤利乌斯·恺撒同时代的人认为,在征服高卢的战争中,尤利乌斯·恺撒的士兵从未叛变过。他们吃苦耐劳的精神比战场上众所周知的勇猛更令对手惧怕。此外,他们永远不会叛变,一旦被捕,就会反抗到底。据说,格涅乌斯·庞培·马格努斯和卢修斯·李锡尼·卢库勒斯经常遭到自己军队的袭击。在尤利乌斯·恺撒的努力下,高卢被彻底征服了。迄今为止,征服高卢是罗马最伟大的一次征服。早些时候,高卢人确实打败过罗马军队,但尤利乌斯·恺撒扭转了形势。终有一天,高卢军队将征服罗马,确立尤利乌斯·恺撒的统治。

第 6 章

尤利乌斯·恺撒与元老院决裂

精彩看点

元老院质疑尤利乌斯·恺撒的地位——马库斯·图利乌斯·西塞罗担任西里西亚总督——尤利乌斯·恺撒通过行贿获得支持——元老院加强兵力——盖乌斯·斯克里波尼乌斯·库里奥拒绝罢免尤利乌斯·恺撒——格涅乌斯·庞培·马格努斯病倒——尤利乌斯·恺撒的诉求——元老院动摇——盖乌斯·斯克里波尼乌斯·库里奥敦促尤利乌斯·恺撒行动——保民官逃往尤利乌斯·恺撒的阵营——尤利乌斯·恺撒诉诸武力——格涅乌斯·庞培·马格努斯与尤利乌斯·恺撒对抗——奢靡与罪恶——君主制不可避免——盖乌斯·撒路斯提乌斯·克里斯珀斯写给尤利乌斯·恺撒的信——尤利乌斯·恺撒获得支持

公元前51年，格涅乌斯·庞培·马格努斯按照法律规定，放弃了执政官一职，与岳父昆图斯·凯基利乌斯·梅特卢斯·西庇阿联合，成功恢复了罗马城内的秩序，树立了纯洁正义的形象。在他的支持下，元老院恢复了部分权利。为了保持自己的形象，他为两位贵族争取到了公元前51年的执政官职位。塞尔维乌斯·苏尔比基乌斯·鲁弗斯是一个温和谦逊的人。马库斯·克劳迪亚斯·马塞勒斯是一个维护格涅乌斯·庞培·马格努斯个人利益的粗暴贵族，促成了马库斯·波尔基乌斯·加图的失败，认为马库斯·波尔基乌斯·加图是一个令人厌恶的入侵者。与此同时，尤利乌斯·恺撒击败了韦辛格托里克斯，迫使元老院为他颁布了"请愿书"或公开的感谢令。马库斯·克劳迪亚斯·马塞勒斯坚决要求召回尤利乌斯·恺撒。寡头政治中最强大的党派对格涅乌斯·庞培·马格努斯现在所处的地位充满信心，全力支持他。但该党派的暴力行为使其支持者感到不安，担心不久前的骚乱会卷土重来。尤利乌斯·恺撒的对手找到了发泄不满的其他方式。尤利乌斯·恺撒接受了波河北岸的高卢人的投诚，在科摩建立了殖民地。科摩殖民地从格涅乌斯·庞培·马格努斯手中获得了"自由的权利"，相当于获得了管辖权和其他许多特权。马库斯·克劳迪亚斯·马塞勒斯为了激怒尤利乌斯·恺撒，用一些借口将科摩殖民地的管理者抓起来，用棍棒殴打。科摩殖民地的管理者不是罗马人，以前似乎也没有当过地方长官，于是，他获得了豁免权。马库斯·克劳迪亚斯·马塞勒斯可能没有违反法律，科摩殖民地的管理者也避免

罗马城复原图

了被鞭笞的痛苦。然而,罗马人承认,即使是外国人,受到鞭笞也是一种侮辱。尤利乌斯·恺撒和罗马城内的朋友们都认为,马库斯·克劳迪亚斯·马塞勒斯的行为是对受人爱戴的科摩殖民地管理者的蓄意侮辱。

尤利乌斯·恺撒谨慎地利用了反对者的打压。他知道,贵族们的傲慢无礼使他更受罗马公民的欢迎,并且格涅乌斯·庞培·马格努斯也没有表现出应有的威严。此外,他也许愿意让罗马公民们将他和他领导的暴力派系区分开来。公元前51年年底,马库斯·图利乌斯·西塞罗离开罗马城,来到自己的府邸,假装在为罗马城寻找供给。与此同时,他的竞争对手结束了第八场战役,并且组建了军队,获得了资源。马库斯·图利乌斯·西塞罗和地位显赫的密友一起追求文学和哲学,慢慢调养每况愈下的身体。贵族们似乎一心要自取灭亡,竭力赶走经验丰富的马库斯·图利乌斯·西塞罗,说服马库斯·图利乌斯·西塞罗辞去了现有职务,从公元前51年8月起接管西里西亚政府。马库斯·图利乌斯·西塞罗虽然被排除在了元老院之外,并遭到了好战分子的蔑视,但仍然希望罗马的所有阶层联合起来,再次将他召回罗马拯救国家。当然,他如果不听从贵族们的命令,就不能继续为罗马服务。幸运的是,他在西里西亚担任总督的短暂生涯为他赢得了荣誉。在西里西亚,他留下了光辉正直的榜样形象。虽然没有受过军事训练,但在指挥军队对抗入侵者时,他自贬身份亲自参战,最终成了西里西亚的绝对统治者。然而,由于机会太少,他的成功显得微不足道。他的行为再次充分展现了与生俱来的虚荣心,因为在回到罗马后他苦苦恳求元老院授予他荣誉。

马库斯·克劳迪亚斯·马塞勒斯曾敦促元老院召回尤利乌斯·恺撒。格涅乌斯·庞培·马格努斯获得许可,可以在不退出政坛的情况下为执政官提出诉讼。但公元前51年9月月底,元老院宣布他所在行省的继任者将于公元前50年3月得到任命。这一政策展现了元老院软弱与无奈。尤利乌斯·恺撒虽然非常愤怒,但有了为自己辩护的时间。两名法官出面否决了格涅乌斯·庞培·马格努斯颁布的法令。塞尔维乌斯·苏尔比基乌斯·鲁弗斯对此表示不满,但元老院中许多受人尊敬的贵族仍然反对采取强硬措施。格涅乌斯·庞培·马格努斯离开了罗马城,假装前往他管辖的行省,暗地里却密切关注着罗马城内的激烈竞争。现在,他受到一些影响,不再坚持这种偏激行为。他支持马库斯·克劳迪亚斯·马塞勒斯当选下一年的执政官,从而为元老院争取一个强大党派的支持。但在一定程度上,格涅乌斯·庞培·马格努斯削弱了支持元老院的力量,让保罗斯·埃米利乌斯任命了其同事。众所周知,这位同事为了一大笔钱将自己卖给了尤利乌

罗马城广场遗址

斯·恺撒,并用这笔钱在广场上建了一座富丽堂皇的神殿。在新保民官中,尤利乌斯·恺撒的另一个朋友被认为是尤利乌斯·恺撒用高卢的黄金买来的。斯克里博尼厄斯·古里奥是一位地位显赫、坚定地支持自己政党的元老的儿子。他早年因放荡臭名昭著,是当时最放荡不羁的年轻人中的一员。他虽然穷困潦倒,毫无原则,但是一个性格温和的年轻人。此外,他是马库斯·图利乌斯·西塞罗的得意门生,对自己同时代的人感到绝望。他常常满怀热情,对新一代怀有希望和信念的人寄予厚望,但没能抵挡住尤利乌斯·恺撒的诱惑。现在,他得到了一个重要职位,准备投身自己热爱的事业。

毫无疑问，尤利乌斯·恺撒的对手非常清楚尤利乌斯·恺撒收买支持者时花的钱，以及管理行省和组建军队的花费。他们希望尤利乌斯·恺撒被高卢人打败，以为尤利乌斯·恺撒的钱财已经耗尽，自己可以出钱获得外省人甚至罗马军队的支持。伊壁鸠鲁派的提图斯·庞波尼乌斯·阿提库斯非常看重金钱，而不是政治。他为五十个人清算私人债务时，他的对手令他的境遇非常尴尬。提图斯·庞波尼乌斯·阿提库斯命人在亚里西亚修建了一座豪华别墅，以此回击对手对他微不足道的打击。重要的是，他的对手依靠的是格涅乌斯·庞培·马格努斯七个军团的力量。格涅乌斯·庞培·马格努斯的军团虽然驻扎在西班牙，但即使

古罗马军团

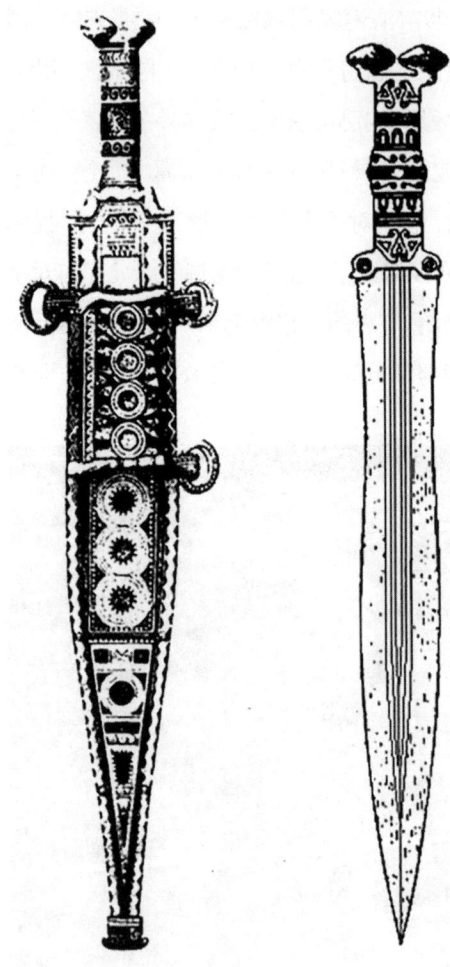

古罗马军团士兵的佩剑

前往高卢的路线被封锁了，他的军团也可以迅速乘船渡过海洋。与此同时，叙利亚行省的总督要求获得增援部队，以抵抗帕提亚人。元老院下令向叙利亚增派两个军团。罗马共和国的军备资源主要掌握在格涅乌斯·庞培·马格努斯和尤利乌斯·恺撒手中。元老院要求格涅乌斯·庞培·马格努斯和尤利乌斯·恺撒各派出一个军团，支援叙利亚。格涅乌斯·庞培·马格努斯曾借给尤利乌斯·恺撒一个军团。现在，他要求尤利乌斯·恺撒归还军团。元老院坚持让格涅乌斯·庞培·马格努斯派出一个军团。于是，高卢的两个军团撤出，但到达意大利时被元老院留在了意大利边境附近，以加强元老院的军事实力。尤利乌斯·恺撒将军团慷慨地给了元老院。但最终，元老院展示出的是软弱而不是力量。与此同时，格涅乌斯·庞培·马格努斯及其支持者完全没有预见即将发生的事，热烈谈论着可能获得的成功。有人问格涅乌斯·庞培·马格努斯的士兵，如果格涅乌斯·庞培·马格努斯的对手坚决要求得到执政官一职，同时拒绝放弃军队指挥权，他们会怎么做。他们回答道："如果我的儿子拿着棍子来打我，我该怎么办？"

古罗马军团的重装步兵

公元前50年的前两个月，罗马国内的主要事务是接待外国使者和管理行省。公元前50年3月1日，之前被搁置的问题再次出现。这一问题是罗马共和国本身一直存在的问题。尤利乌斯·恺撒的政治生涯注定会在公元前49年12月的最后一天结束。但贵族们急于求成，不想再花近两年时间等待尤利乌斯·恺撒下台。从前，拖延可能使尤利乌斯·恺撒陷入危险。但现在，由于征服了高卢，拖延只会巩固他的地位。最近，元老院一直回避关于罢免尤利乌斯·恺撒的提议。马库斯·克劳迪亚斯·马塞勒斯站出来重新煽动民众，但保罗斯·埃米利乌斯故意拖延了时间，盖乌斯·斯克里波尼乌斯·库里奥也对马库斯·克劳迪亚斯·马塞勒斯进行了威胁。看来，格涅乌斯·庞培·马格努斯似乎是因怯弱或者拖延而遭到了冷落。一般来说，罢免官员需要几个月的宽限时间。因此，马库斯·克劳迪亚斯·马塞勒斯不得不将讨论罢免尤利乌斯·恺撒的会议期限延长到公元前50年11月。虽然一位执政官选择保持沉默，但元老院的大多数人会投票赞成罢免尤利乌斯·恺撒。与此同时，盖乌斯·斯克里波尼乌斯·库里奥已经取代了马库斯·克劳迪亚斯·马塞勒斯的位置，并且在一个安抚性演讲中对马库斯·克劳迪亚斯·马塞勒斯赞不绝口，暗示如果罢免尤利乌斯·恺撒，那么格涅乌斯·庞培·马格努斯也可能被罢免。如果罢免格涅乌斯·庞培·马格努斯的决议被否决，他坚持认为罢免尤利乌斯·恺撒的决议也应如此。马库斯·克劳迪亚斯·马塞勒斯不再压抑自己的情绪，谴责尤利乌斯·恺撒是一个土匪，并敦促元老院宣布尤利乌斯·恺撒为罗马的公敌，企图迫使尤利乌斯·恺撒放下武器。与朋友们商量后，盖乌斯·斯克里波尼乌斯·库里奥很有把握地说，他的建议会得到元老院的大力支持，坚持应该立即投票表决罢免尤利乌斯·恺撒。当元老们清点选票时，解除格涅乌斯·庞培·马格努斯和尤利乌斯·恺撒武装的动议以压倒性的多数票通过。盖乌斯·斯克里波尼乌斯·库里奥对结果很满意，知道自己可以从赞助人那里得到好处。人们在战神广场上热烈欢迎盖乌斯·斯克里波尼乌斯·库里奥，并在道路上撒满了鲜花，以表示对其胜利的祝贺。可以肯定的是，格涅乌斯·庞培·马格努斯不会交出军团，尤利乌斯·恺撒也有权保留自己的军队指挥权。马库斯·克劳迪亚斯·马塞勒斯怒火中烧，苦不堪言，准备采取暴力措施。他抗议道,当十个武装军团在阿尔卑斯山脉出现时,他不会听从煽动者的高谈阔论,而是召唤一个士兵保卫罗马共和国。

与此同时,格涅乌斯·庞培·马格努斯行动迟缓,无所作为,对反对者的高压手段置若罔闻。他离开了罗马城,从一座别墅辗转到另一座别墅,从西里西亚回来后前往塔伦特姆面见马库斯·图利乌斯·西塞罗。格涅乌斯·庞培·马格努斯和马库斯·图利乌斯·西塞罗谈论了目前的局势,互相建立了信任。格涅乌斯·庞培·马格努斯身体状况不佳,无疑在关键时刻没有发挥出应有的能力。他的朋友和盟友都对他的病情感到担忧。不久,格涅乌斯·庞培·马格努斯的病情传开了。有人说格涅乌斯·庞培·马格努斯在奈阿波利生了热病,病入膏肓。关于格涅乌斯·庞培·马格努斯生命垂危的消息引起了意大利人的热烈讨论,消息从一个城市传到另一个城市。格涅乌斯·庞培·马格努斯的追随者挤满了神殿,为神献上祭品,祈求格涅乌斯·庞培·马格努斯尽快康复。格涅乌斯·庞培·马格努斯的病情使公众的热情高涨。当他出乎意料地恢复了健康时,人们立即向他表示祝贺。返回罗马后,人们纷纷祝福他。的确,人类向来目光短浅、不切实际。罗马的道德家们惊呼,伟大的格涅乌斯·庞培·马格努斯不应受到疾病的考验,不应受到偶然事件的影响。各城市和各民族纷纷祈祷,祈求神明保佑他们心中的英雄,使其免遭失败和死亡的威胁。格涅乌斯·庞培·马格努斯和他的追随者一样盲目,以为自己的影响力很大,不再怀疑自己的财力,也不再怀疑自己之前的名声带来的不利影响。没有人告诉他这些称赞是多么空洞,他的军队即将放下武器,意大利将不战而败。格涅乌斯·庞培·马格努斯的支持者会以同样的热情欢迎高卢的征服者。马库斯·图利乌斯·西塞罗喃喃自语道:"如果一个党派的领袖每年至少病倒一次,那么这个党派的前景如何?"格涅乌斯·庞培·马格努斯正在将手中的权力转移到国外,马库斯·图利乌斯·西塞罗的幻想破灭了。

事实上,高卢军团依然留在山外高卢的军营,但尤利乌斯·恺撒正在向罗马靠近。现在,在阿尔卑斯山脉南侧,尤利乌斯·恺撒取得了进展。但严格来说,在高卢,尤利乌斯·恺撒经历了一场持久战。他假装讨好高卢人,为马库斯·安东尼提出诉讼,在元老院的制约下度过了公元前50年的夏天。罗马的民众热烈欢迎尤利乌斯·恺撒的归来。各城设宴献祭，庆祝尤利乌斯·恺撒的凯旋。公元前50年秋，尤利乌斯·恺撒从内高卢匆匆赶回特雷沃，召集军队举行了一场阅兵仪式，借此表明决心，要求元老院满足他的一切要求，譬如选举他担任执政官，授予他荣誉，为他和他的士兵提供土地和金钱。他说："反对我的人都是阴谋家，企图夺走我的权力。"然后，他把手放在剑上说："这样能保全他们。"与此同时，马库斯·图利乌斯·西塞罗从西里西亚返回，向尤利乌斯·恺撒表示祝贺。尽管尤利乌斯·恺撒的成功微不足道，但毫无疑问，在所有军事荣誉中，最伟大的荣誉往往只需要付出很小的代价。现在还不是羞辱尤利乌斯·恺撒的时候，但马库斯·波尔基乌斯·加图粗暴地反对尤利乌斯·恺撒提出的要求。元老院故意同意了马库斯·波尔基乌斯·加图提出的反对意见。马库斯·图利乌斯·西塞罗请求格涅乌斯·庞培·马格努斯帮助他，但格涅乌斯·庞培·马格努斯试图用空洞的赞美取悦他。尤利乌斯·恺撒一方面热烈赞扬格涅乌斯·庞培·马格努斯，另一方面表示愿意为格涅乌斯·庞培·马格努斯效劳。因此，他轻而易举地平息了反对自己的声音，迅速解决了眼前的危机。

与此同时，元老院没有为即将到来的选举做任何准备。马库斯·克劳迪亚斯·马塞勒斯向格涅乌斯·庞培·马格努斯提出申请，并敦促格涅乌斯·庞培·马格努斯将军队集中到西部地区，称自己会一直保持沉默。格涅乌斯·庞培·马格努斯自负地回答道："我只能在意大利的土地上培养军团。"他依靠的是退伍军人，其中也许有苏拉的儿子。他给了退伍军人土地，并没有意识到退伍军人其实没有能力协助他。然而，贵族们凭借自信，按照自己支持的执政官的指示，在最近的投票中赞成立即罢免尤利乌斯·恺撒，同时允许格涅乌斯·庞培·马格努斯保留手中的权力。投票结果的不公正性显而易见。尤利乌斯·恺撒即使屈服，也不会被打倒。作为托加地区的候选人，他不可能前往罗马城申请执政官一职。他的生命暂时受到了威胁。对他来说，即使退隐，放弃可以确保他安全的职位，他也不会更安全。盖乌斯·斯克里波尼乌斯·库里奥再次对贵族们的行为表示不满。而平民们一眼就看出了形势发展，用热烈的掌声回馈盖乌斯·斯克里波尼乌斯·库里奥的努力。元老院很惊慌，逐渐开始动摇。在另一个选区，马库斯·克劳

阿尔卑斯山

迪亚斯·马塞勒斯的竞选被多数票否决了。马库斯·克劳迪亚斯·马塞勒斯感到很困惑，怒气冲冲地解散了元老院，大声说："你已经获胜了，但尤利乌斯·恺撒将成为你的主人。"

几天后，即公元前50年12月月初，有消息称尤利乌斯·恺撒的军团正穿过阿尔卑斯山脉。罗马人对此感到很震惊。执政官急忙召集元老院，提议派驻扎在卡普阿的军团前来保卫罗马城。盖乌斯·斯克里波尼乌斯·库里奥嘲笑元老们的惊慌，声称消息不是真的，至少目前为止不是真的。但马库斯·克劳迪亚斯·马塞勒斯反驳道，他无法与最高委员会就国家安全问题进行协商，将冒险用自己的方式拯救国家。他庄严地率军来到罗马城，在政党领袖的陪同下，找到了格涅乌斯·庞培·马格努斯。在格涅乌斯·庞培·马格努斯的住所，他将剑交到格涅乌斯·庞培·马格努斯手中，请求格涅乌斯·庞培·马格努斯指挥意大利的所有军团拯救罗马共和国。格涅乌斯·庞培·马格努斯接受了马库斯·克劳迪亚斯·马

尤利乌斯·恺撒在拉文纳扎营

塞勒斯的请求,装出一副温和态度补充道:"如果没有更好的选择,我愿意接受你的请求。"但他不赞成加征税收,拒绝将东部和西部的军团召回到罗马。他一方面对政治事务非常淡漠,一方面又希望尤利乌斯·恺撒公然攻击他,以证明他拥有非凡权力的假设是正确的。现在,尤利乌斯·恺撒离开了波河北岸,驻扎在拉文纳。在拉文纳,他只有一个军团,但毫无疑问,其他军团都在前来支援的路上。然而,很难相信尤利乌斯·恺撒突然旧病复发,马库斯·克劳迪亚斯·马

塞勒斯也因中风而受到影响。盖乌斯·斯克里波尼乌斯·库里奥非常关心尤利乌斯·恺撒的行动,假装自己的人身安全受到了威胁。为了抗议元老院的号召,并宣布罗马共和国的统治已经结束,他突然离开了罗马城,来到了尤利乌斯·恺撒的住处。人们认为,盖乌斯·斯克里波尼乌斯·库里奥和尤利乌斯·恺撒都是寡头政治的受害者。政治氛围十分紧张。盖乌斯·斯克里波尼乌斯·库里奥迫切想要行动。随着新一年的到来,尤利乌斯·恺撒头脑清醒,正在等待合适的时机。盖乌斯·卡修斯·朗基努斯和马库斯·安东尼是尤利乌斯·恺撒最忠实的属下,

尤利乌斯·恺撒与他的军团

将接替他担任保民官。马库斯·克劳迪亚斯·马塞勒斯和科尔内利乌斯·兰图卢斯会成为执政官，后者的暴力程度不亚于前者，最终的斗争将不可避免。尤利乌斯·恺撒决定行动。他命令盖乌斯·斯克里波尼乌斯·库里奥回到罗马，在他法定任期届满十个月前，告诉元老院自己愿意妥协，只保留内高卢和伊利里库姆地区的军团。如果元老院拒绝他的要求，格涅乌斯·庞培·马格努斯也不愿意让步，那么他会毫不犹豫地下达进军命令。由于元老院拒绝接受尤利乌斯·恺撒最后的条件，尤利乌斯·恺撒宣布将与罗马作战，为自己及其支持者报仇。

公元前49年的第一天，包含尤利乌斯·恺撒提出的要求的信被送往元老院和新执政官手中，但送信人被拒之门外。盖乌斯·卡修斯·朗基努斯和马库斯·安东尼谨慎地将目前的形势告诉了罗马公民，并且坚持认为元老院应该考虑尤利乌斯·恺撒的要求。随后引发了一场激烈的辩论。执政官宣布"国家处在危险之中"，并拒绝向"手中拿着武器的叛军"妥协。最终，元老院采纳了昆图斯·凯基利乌斯·梅特卢斯·西庇阿的提议，称除非尤利乌斯·恺撒交出高卢的军队和管理权，否则他将成为罗马的公敌。法官们反对元老院的做法，宣称人民已经批准并延长了尤利乌斯·恺撒的任期，只有人民才能合法地罢免尤利乌斯·恺撒。然而，众人对法律规定置若罔闻。法院的主张获得了绝大多数人的支持。于是，法院正式提出抗议，宣布自己在行使合法职能时受到胁迫。反对法官们的人说，法官们宣布罗马共和国处在危难之中，并请公民们穿上丧服。格涅乌斯·庞培·马格努斯从城墙外的驻地派了一些士兵进城。执政官们鼓起勇气采取了高压手段。公元前49年1月6日，元老院召开了会议，决定处罚顽固的保民官。当得知自己将被驱逐出罗马时，保民官们乔装打扮，与盖乌斯·斯克里波尼乌斯·库里奥一起逃走了，仿佛在逃命。他们离开了罗马城，放弃了原来的职位，在尤利乌斯·恺撒的住处受到欢迎。现在，尤利乌斯·恺撒可以将保民官们的事业当作自己的事业。在罗马公民眼中，使用武力是一种正当手段，因为他们一直对贵族派拥有的特权感到不满。

尤利乌斯·恺撒犯了一个技术性错误，保民官们也犯了同样的错误。然而，他们也许都没有任何补救措施。像尤利乌斯·恺撒和保民官们这样的违法行为，暴露了罗马政体中的一个明显缺陷，但这一缺陷一直没有得到纠正，也许根本不可能得到纠正。尤利乌斯·恺撒和保民官们虽然深深地感到了挫败，但在道义上，他们是否有理由诉诸武力？这是当时和后来的罗马人问自己的问题，但一直没有得到一个令所有人满意的答案。这也是现代人一再提出的问题，同样没有答案。这个问题引起了后世的极大兴趣，因为尤利乌斯·恺撒通过武力手段捍卫其主张的大胆决定产生的后果对人类历史产生了深远影响。苏拉、盖乌斯·马略和罗马其他政治家都采取过暴力措施，但没有人关心他们的成就能否为他们的暴力行为开脱或辩护。然而，全世界都对批评尤利乌斯·恺撒的行为有着浓厚兴趣。

整整一个世纪过去了，人们可能认为，罗马内战的热情已经退却，罗马人冷静思考了国内存在的问题。诗人卢坎给了我们关于罗马内战的最终论断。卢坎是一位诗人，曾经为政治家和哲学家效力。他是一个狂热的自由爱好者，但他的自由观念遭到了罗马寡头和元老院的批评。他的诗开头第一句就将罗马内战描述

卢修斯·阿奈乌斯·塞内加

成一种正当的暴力行为：Jus datum sceleri①。他放弃了对案件是非曲直的所有客观批评，将其提升到道德层面，譬如将其完全置于人类判断的范围之外。他从叔叔卢修斯·阿奈乌斯·塞内加身上学到的斯多葛学派的学说使他坚信，一切世俗事物都按照自然法则运转，正如宇宙的框架注定要回到混沌中一样，人类最崇高的事业必须走既定的道路，最终走向衰落。在《麦格纳鲁特传》一书中，卢

---

① 意思是"赋予犯罪合法性"。——译者注

坎写道:"伟大的事物会因其自身的伟大而衰落。"罗马共和国已经达到巅峰,即将走向衰落,成为命运的受害者。尽管如此,在自然法则控制的范围内,卢坎解释了罗马内战爆发的次要原因。他说,内战的直接动力源于三位阴谋家之间的政治权力划分,以及将人民排除在外的暴政。被三等分的政治权力最终只能集中到一个人身上,因为拥有同等权力的人注定会成为竞争对手,然后互相厮杀。罗马城的城墙被罗马人的鲜血浸湿了。马库斯·李锡尼·克拉苏活着的时候,像一条细长的地峡,矗立在不断遭到侵蚀的海岸之间。他去世后,尤利乌斯·恺撒和格涅乌斯·庞培·马格努斯之间没有了缓冲。朱利亚将两个家族之间的最后一点联系带进了坟墓。她像古代传说中的萨宾妇女一样,也许经常在丈夫和父亲之间摇摆,但她夺过他们手中的剑,将他们的双手合在一起。朱利亚去世后,格涅乌斯·庞培·马格努斯只剩忌妒,无法容忍一个与他平起平坐的人;尤利乌斯·恺撒只剩野心,无法容忍自己的上级。谁来决定权力的归属?众神都支持胜利者,但马库斯·波尔基乌斯·加图与被征服的人意见一致。然而,两个竞争对手进入赛场时,各自具备的条件并不平等。一个年事已高,经常出现在战神广场和剧院里,一直穿着和平的外衣;另一个热情活跃,因最近的胜利而兴奋不已,渴望得到权力,还没有将征服高卢的剑插进剑鞘里。格涅乌斯·庞培·马格努斯就像一棵老橡树,孤独地站立在一片肥沃的土地上,被许多战利品包围,显得十分威严,并且因其丰富的阅历受人尊敬。尤利乌斯·恺撒像朱庇特的一道闪电,不放过任何神圣的东西,无论是森林里的君主还是自己的神殿。

卢坎继续说,野心和忌妒是尤利乌斯·恺撒和格涅乌斯·庞培·马格努斯敌对的原因。然而,不和的种子越埋越深,致命的细菌在罗马共和国蔓延。罗马的财富集中在少数人手中,奢靡的生活将平等的罗马公民变成了一群互相竞争的暴民,富人随意欺骗或压迫穷人。对金钱的渴望削弱了罗马人的荣誉感。显赫的地位似乎已经无法满足那些野心勃勃的人,他们想将自己凌驾于法律之上。没有一种力量能使野心勃勃的人感到满足,除非是可以统治整个罗马的力量。元老院的法令和人民的决议遭到了漠视。执政官和保民官相互竞争,无视法律限制。任何一种荣誉都可以用钱买到,或者用武力夺取。罗马公民们为了私利不择手

尼禄

段。战神广场上的反复选举使罗马共和国处在无政府状态和解体的边缘。军营里最有权势的人和元老院里最具影响力的人陷入了困境,只有战争才能使他们摆脱困境。高利贷者是国家稳定的最后一块基石,但他们开始感到恐慌。当高利贷者破产后,罗马共和国内出现了混乱。

卢坎的观点解释了罗马内战的起因。他将尼禄[①]的专制视为恢复社会秩序

[①] 尼禄(Nero,37—68),克劳狄王朝的最后一位君主。

的唯一手段，但可能只是一种虚伪的奉承。然而，无可辩驳的是，罗马局势的发展一直倾向君主制。过去八十年里，传统的衰落、共和思想的消失与政府的混乱结合在一起，使君主制的出现成为必然。格拉古兄弟、盖乌斯·马略、卢修斯·科尔内利乌斯·秦纳、苏拉、格涅乌斯·庞培·马格努斯和尤利乌斯·恺撒等，实际上都实行了暂时的专制统治。贵族们认为，国家应该由他们任命的特别委员会统治。罗马人愿意将自治权合并到最高权力机构中，最高权力机构也承诺会将贵族置于它的管辖之下。当时，文人和思想家阶级逐渐崛起，越来越多的人退出了政坛。在一切国家问题上，精明的提图斯·庞波尼乌斯·阿提库斯一直保持中立，同各派系的公职人员和睦相处。马库斯·波尔基乌斯·加图和他的侄子努力用哲学戒律规范自己的行为。但他们的所作所为表明，在罗马共和国，美德和荣誉不复存在。马库斯·图利乌斯·西塞罗将自己的信仰和爱献给了罗马共和国，但他想象中的罗马共和国，是善良和智慧的罗马共和国。虽然没有任何迹象表明，但马库斯·图利乌斯·西塞罗承认，当自由屈服于一个专制君主的权威时，罗马共和国更容易获得自由。然而，很少有人像马库斯·图利乌斯·西塞罗那样谨慎、有节制。勇敢的人公然宣称："共和制是徒劳的幻想。"也有人引用了尤利乌斯·恺撒的话："罗马共和国只是一个没有实质内容的名字"。

从罗马共和国的历史中，我们发现了一个事实，即人类历史正朝着君主制方向发展。一个由贵族统治的强大民族不情愿地将一部分权力逐渐分给了下层民众。受到贫穷和忌妒的驱使，下层民众开始支持统治阶级中任何一个承诺保护他们和他们利益的人。罗马人逐渐为放弃个人自由做好了准备，越来越多的人赞同关于君主制的一些观点。作家和演讲者很快站了起来，逐渐产生了一定影响力。据说，盖乌斯·撒路斯提乌斯·克里斯珀斯曾写给尤利乌斯·恺撒一封信，但很可能不是真的。这封信代表了当时陷入绝望的罗马人的共同感情。在信中，尤利乌斯·恺撒受邀担任了独裁官，成为唯一能够恢复社会秩序的人。演说家喊道："救救罗马吧! 如果罗马灭亡了，世界将和罗马一起灭亡。"尤利乌斯·恺撒的任务十分艰巨。在罗马共和国，真正的自由已经不复存在，只剩下四分五裂的民族情感和堕落的民众。尤利乌斯·恺撒需要在民众中注入新的激情，为罗马引入大量外国公民,同时建立殖民地,重建城市,粉碎国内暴徒的势力,将罗马的影响力扩展到国外,还要严格执行兵役制度,但要限制服兵役的期限。此外,尤利乌斯·恺撒要保证地方法官的当选是因为美德,而不是因为财富。将改革后的政府托付给公民是徒劳的,但统治者的公正之眼可以监视政府不因恐惧、恩惠或利益妨碍自身的运作。这种统治方式得到了广大中产阶级的支持,许多人因厌恶统治者的腐败而支持它。手握重权的人必定会为了自己的统治地位斗争。当前的斗争必然是一场激烈较量,也是一场危险重重的较量。人们没有忘记苏拉的暴行,但贵族们依然多次采用暴力手段。当时,甚至有报道说,元老院准备了一份名单,列出了四十名行为不端的元老及许多素质较差的官员,称会剥夺他们的权力。但尤利乌斯·恺撒已经获得美誉,他的成功被视为公共安全和私人安全的保证。

支持尤利乌斯·恺撒的罗马人无疑受到了地方民众的鼓舞。在很大程度上,罗马行省的人更熟悉君主制。当罗马大街上的希腊人和亚细亚人大肆宣扬东方君主制国家的盛况和辉煌时,罗马民众会全神贯注地倾听。尤利乌斯·恺撒深受被征服民族的爱戴,同时受到了许多从未见过他的人的爱戴。他继承了自己都的传统,除了意大利人的支持,他还获得了波河以南地区的管辖权。显然,尤利乌斯·恺撒已经准备好推行自己的政策。波河对岸和阿尔卑斯山脉地区的高卢人可能期望得到尤利乌斯·恺撒的青睐。尤利乌斯·恺撒帮助希腊的一些地区获得了独立,曾与亚细亚一些有权势的人为伍。当时,在罗马很受欢迎的犹太民族非常爱戴尤利乌斯·恺撒。尤利乌斯·恺撒在管理行省方面挥霍了大笔钱财。外国人很可能认为,尤利乌斯·恺撒准备将整个罗马变成一个强大的君主制国家。成为第二个亚历山大大帝是许多国王和征服者的梦想。此时,可以实现这一梦想的人似乎终于出现了。

第 7 章

罗马内战

精彩看点

尤利乌斯·恺撒横跨卢比孔河——格涅乌斯·庞培·马格努斯退出战争——意大利中部向尤利乌斯·恺撒投降——格涅乌斯·庞培·马格努斯逃离意大利——格涅乌斯·庞培·马格努斯依靠罗马共和国东部的资源——尤利乌斯·恺撒恢复罗马的秩序——尤利乌斯·恺撒夺取萨图尔努斯神殿中的宝藏——盖乌斯·斯克里波尼乌斯·库里奥在阿非利加被杀——尤利乌斯·恺撒打败格涅乌斯·庞培·马格努斯——财政措施的重要性——尤利乌斯·恺撒建立正规政府——尤利乌斯·恺撒在佩特拉——两军驻扎在塞萨利——法尔萨利阿战役——双方的损失——格涅乌斯·庞培·马格努斯去埃及寻求庇护但被谋杀——尤利乌斯·恺撒在亚历山大建立政权——反对法纳西斯二世的战役——意大利之乱——尤利乌斯·恺撒再次当选独裁官——尤利乌斯·恺撒第三次当选独裁官——共和派将军队转移到阿非利加——尤利乌斯·恺撒在达普苏斯的胜利——马库斯·波尔基乌斯·加图在尤蒂卡去世——马库斯·波尔基乌斯·加图的性格

公元前50年11月13日，保民官离开了罗马城。随后，执政官在位于城外的贝罗纳神殿召集了元老院会议，以便让格涅乌斯·庞培·马格努斯能够参加会议并实际操控它。他们青睐的领袖格涅乌斯·庞培·马格努斯通过不懈努力实现了雄心壮志，将整个罗马共和国收入囊中。意大利开始实行新征兵政策。马库斯·福沃尼乌斯极力敦促格涅乌斯·庞培·马格努斯"跺跺脚"，尽快召集军队。但作为一名谨慎的老兵，格涅乌斯·庞培·马格努斯决定将自己的大部队留在西班牙，遏制后方的尤利乌斯·恺撒。他和他所在党派的领导者们仍坚持认为，尤利乌斯·恺撒军队中的不满情绪会让其自乱阵脚，并且已经意识到尤利乌斯·恺撒的属下提图斯·拉比努斯即将背叛他。尤利乌斯·恺撒军中的士兵们抱怨提图斯·拉比努斯叛变，唯恐其他人效仿提图斯·拉比努斯。尤利乌斯·恺撒相信危险终会过去，不顾法律约束随意委任地方官员。与此同时，格涅乌斯·庞培·马格努斯正在为一场旷日持久的战争做准备，四处搜刮武器和金钱，使意大利陷入了紧张备战的状态中，甚至神殿里的宝藏也被掠夺得一干二净。正在拉文纳的尤利乌斯·恺撒听说了意大利的动乱，但他的计划已经十分成熟。他对着士兵们高谈阔论，解释自己的错误，号召士兵们拿起武器准备作战。士兵们被尤利乌斯·恺撒的直率打动。公元前49年1月15日早晨，尤利乌斯·恺撒派一些士兵前往卢比孔河。与此同时，他邀请一些高卢人到他那里做客，以一贯和蔼可亲的态度招待大家。日落时，他找了个借口离开，带着几个随从去追赶之前派

尤利乌斯·恺撒向罗马进军

出去的士兵。在著名的卢比孔河通道上，决定罗马几百年命运的行动完成得迅速且低调。公元前49年1月16日，尤利乌斯·恺撒拿着武器，以入侵者的身份出现在亚里米伦。高卢人正向罗马进军。罗马城内的驻军惊慌地打开了城门。保民官们在逃亡路上遇到了尤利乌斯·恺撒，以为自己会被尤利乌斯·恺撒扣押，但尤利乌斯·恺撒并没有这么做。尤利乌斯·恺撒下令调动军队，一个军团将在两个星期内到达卢比孔河，另一个军团下个月到达。然而，就目前的情况而言，尤利乌斯·恺撒的全部兵力不到六千人，但格涅乌斯·庞培·马格努斯手中至少有一万八千人。不过，格涅乌斯·庞培·马格努斯似乎都对尤利乌斯·恺撒的迅速行动感到震惊。盖乌斯·马略的禁令、阿里亚河的屠杀、高卢人焚城等一直深深印在格涅乌斯·庞培·马格努斯及其追随者的脑海中，使他们为即将发生的战争感到不安。

格涅乌斯·庞培·马格努斯去了亚壁古道。罗马城内的官员和贵胄纷纷涌出城门，追随格涅乌斯·庞培·马格努斯而去。格涅乌斯·庞培·马格努斯认为自己无力与尤利乌斯·恺撒抗衡。因此，他让所有的追随者跟随自己去一个安全的地方。在卡普阿，格涅乌斯·庞培·马格努斯停下来，发现执政官带走了萨图尔努斯神殿的钥匙，但没有带走神殿里的宝藏。于是，他命人回去取钥匙。但接到命令的人犹豫不决，要求派兵护送。格涅乌斯·庞培·马格努斯不愿派兵，因为关在卡普阿的角斗士们需要大量兵力监管。随后，卡普阿的角斗士们被分开监管，监管角斗士的两个军团移作他用。

亚壁古道

萨图尔努斯神殿遗址

与此同时，投降谈判中存在一些伪善的东西。由于受到提图斯·拉比努斯叛变的影响，格涅乌斯·庞培·马格努斯坚持认为尤利乌斯·恺撒应该放下武器。但尤利乌斯·恺撒态度强硬，认为如果一个军团投降，另一个军团也会相继投降。于是，他出兵了。亚雷提恩、伊古维姆和奥克西姆立即响应尤利乌斯·恺撒。通往罗马的路正向尤利乌斯·恺撒敞开。然而，当听说格涅乌斯·庞培·马格努斯正穿过卡普阿前往海岸时，尤利乌斯·恺撒改变了前进方向，前往科菲纽姆中部。在科菲纽姆中部，格涅乌斯·庞培·马格努斯留下了一小支部队牵制尤利乌斯·恺撒。卢修斯·多米提乌斯·阿赫诺巴布斯是格涅乌斯·庞培·马格努斯的追随者中最大胆、最乐观的人之一,坚持认为格涅乌斯·庞培·马格努斯不应该放弃科菲纽姆中部。他宁愿身处困境也不愿投降。但尤利乌斯·恺撒一出现,他手下的士兵就立刻投降了。卢修斯·多米提乌斯·阿赫诺巴布斯落入了尤利乌斯·恺撒手中。不过,尤利乌斯·恺撒深知塑造宽容形象的好处,因此,他不仅没有杀卢修斯·多米提乌斯·阿赫诺巴布斯,还放了卢修斯·多米提乌斯·阿赫诺巴布斯。毫无疑问,尤利乌斯·恺撒的宽容与性格有很大关系。在与对手的争斗中,尤利乌斯·恺撒虽然表现得很野蛮,但他总是竭尽所能为罗马公民服务。他不但严于律己,而且慷慨大度。

打了败仗的士兵们很快加入了尤利乌斯·恺撒的队伍,罗马人都聚集在尤利乌斯·恺撒的周围。人们被格涅乌斯·庞培·马格努斯的布告吓到了,因为格涅乌斯·庞培·马格努斯威胁说要对所有帮助或支持尤利乌斯·恺撒的人采取最残酷的惩罚。马库斯·图利乌斯·西塞罗对格涅乌斯·庞培·马格努斯放弃罗马城的行为深感不满,对其愚蠢的威胁嗤之以鼻。格涅乌斯·庞培·马格努斯命令马库斯·图利乌斯·西塞罗放弃卡普阿,前往阿普利亚与他会合。马库斯·图利乌斯·西塞罗不愿意再离开卡普阿,并且前往阿普利亚的道路似乎已经被堵。格涅乌斯·庞培·马格努斯率领执政官和地方法官从卢克利亚前往布林迪西。在布林迪西,他备了许多运输工具,将几个军团派往伊庇鲁斯,自己留在后方着手完成最后一件事。从科菲纽姆赶来的尤利乌斯·恺撒已经在伊庇鲁斯城门外,但由于没有船,并且港口只对返航的船开放,他被困在了城外。于是,他打算建一座通过港口的堤坝。格涅乌斯·庞培·马格努斯得以逃脱。

现在,整个局势完全颠倒了。格涅乌斯·庞培·马格努斯和尤利乌斯·恺撒交换了位置。罗马元老院已经移到国外。格涅乌斯·庞培·马格努斯是整个意大利的统治者,他只要出现在意大利,就会受到拥护。元老们在其拥护者的要求下,开始支持格涅乌斯·庞培·马格努斯。在罗马共和国东部与西部,格涅乌斯·庞培·马格努斯虽然仍然拥有庞大的军队和丰富的资源,但更愿意占有罗马共和国东部的一席之地。他随身带有向罗马公民征收的所有税收,几个装备精良的军团,以及大量贵族、骑士和税收官。这些人的利益与罗马共和国东部的城市紧密相关。他们要求希腊和小亚细亚边境地区的附属国色雷斯、加拉提亚、卡帕多奇亚等小国的国王，以及其他可以提供军备物资和大批受过良好训练的士兵，对其提供援助。此外，为了防止遭到突袭，格涅乌斯·庞培·马格努斯召集了一支舰队。舰队将他护送过亚得里亚海对岸后，还可以保护亚得里亚海的通道不受尤利乌斯·恺撒的威胁。尤利乌斯·恺撒没有船或海洋资源。格涅乌斯·庞培·马格努斯掌握了地中海、罗德岛和埃及强大的海军之间的利益纽带。因此，尤利乌斯·恺撒不打算利用海军实现自己的抱负。

尽管如此，命运的天平还是偏向了尤利乌斯·恺撒。很快，尤利乌斯·恺撒占了上风。格涅乌斯·庞培·马格努斯的逃跑令其支持者感到失望和恐慌。不到万不得已，马库斯·波尔基乌斯·加图不会像其他罗马人那么做。马库斯·图利乌斯·西塞罗对战争避之不及，回到罗马静观事态的发展。许多元老和其他重要人物都追随马库斯·图利乌斯·西塞罗的脚步。一些手握大权的贵族非常害怕，因为格涅乌斯·庞培·马格努斯威胁说要以征服者的身份重返罗马城。格涅乌斯·庞培·马格努斯常常感叹："苏拉可以做任何他想做的事，为什么我不能？"苏拉率领来自东方的军团，用暴力手段获得了统治权。现在，他的后人可能会效仿他。苏拉的狂热崇拜者，如马库斯·卡尔普尔尼乌斯·毕布路斯、马库斯·福沃尼乌斯、提图斯·拉比努斯和普布利乌斯·科尔内利乌斯·雷恩图卢斯·苏拉等，都曾没收、掠夺或剥夺他人权利。罗马城内并不安全，元老院解散，执政官和高级官员纷纷逃离，法律停摆，无政府状态似乎已成事实。由于卢修斯·塞尔吉乌斯·喀提林的政权早已被推翻，格涅乌斯·庞培·马格努斯及其军队难以控制，债务国和债权国之间的战争一触即发，罗马共和国濒临毁灭的边缘。过渡期的每一天都充满未知的危险。尤利乌斯·恺撒没有占据追击格涅乌斯·庞培·马格努斯的有利条件，因此，他不得不放弃追击，直到自己在罗马国内确立独裁统治。六十天内，他将格涅乌斯·庞培·马格努斯赶出了意大利。随后，他立刻穿过亚平宁山脉，独自一人来到罗马城。经历了漫长的痛苦和绝望后，罗马人几乎已经放弃希望，但尤利乌斯·恺撒的到来至少可以保障他们的安全。因此，尤利乌斯·恺撒受到了罗马城内所有人的热烈欢迎。

因此，作为一名征服者，尤利乌斯·恺撒或许可以从容地决定先派出哪支军队。由于没有治安官，尤利乌斯·恺撒只能在罗马城中设立军政府。罗马公民欣然接受了尤利乌斯·恺撒的这一做法。尤利乌斯·恺撒对士兵们和罗马公民的慷慨赏赐让所有人都很高兴，他并没有通过掠夺的方式筹集赏钱。他想起了逃离的执政官们忘记带走的宝藏，命人打开了萨图尔努斯神殿。保民官卢修斯·凯基利乌斯·梅特卢斯·克里迪乌斯鼓起勇气对尤利乌斯·恺撒的做法提出了异议。尤利乌斯·恺撒轻蔑地将卢修斯·凯基利乌斯·梅特卢斯·克里迪乌斯推开，并向众人发表了讲话，提醒人们萨图尔努斯神殿里的宝藏是为击退高卢人准备的。据说，萨图尔努斯神殿里的宝藏中有罗马为赎回罗马城而付给布伦努斯的黄金铸锭，以及马库斯·弗里乌斯·卡米卢斯从蛮族手中夺回的黄金铸锭。尤利乌斯·恺撒喊道："从今以后，我们不用再害怕高卢人的入侵，因为我已经征服了高卢人。"

马库斯·弗里乌斯·卡米卢斯

然而，格涅乌斯·庞培·马格努斯一党还有一个杀手锏，可能会动摇尤利乌斯·恺撒的地位。目前，离罗马城最近的粮仓撒丁岛、西西里岛和阿非利加都由格涅乌斯·庞培·马格努斯的军队管理。埃及与这些地区的管理者及其利益关系非常密切。现在，尤利乌斯·恺撒的首要任务是在邻近地区建立自己的政权。他派往撒丁岛的一个军团受到了当地居民的热烈欢迎。与此同时，格涅乌斯·庞培·马格努斯的属下被屈辱地赶了出去。盖乌斯·斯克里波尼乌斯·库里奥一出现，掌管西西里岛的马库斯·波尔基乌斯·加图就逃走了。阿非利加仍有待征服，但当盖乌斯·斯克里波尼乌斯·库里奥将其军队派到阿非利加大陆后，他遇到了格涅乌斯·庞培·马格努斯的属下普布利乌斯·阿提乌斯·瓦鲁斯和努米底亚的统治者朱巴。盖乌斯·斯克里波尼乌斯·库里奥被杀害。努米底亚落在格涅乌斯·庞

朱巴

马库斯·埃米利乌斯·雷必达

培·马格努斯手中。现在,努米底亚的物资可以供应格涅乌斯·庞培·马格努斯的大军了。

与此同时,在马库斯·埃米利乌斯·雷必达的保护下,尤利乌斯·恺撒离开了罗马。马库斯·埃米利乌斯·雷必达是一位身居高位的贵族,他的家族和人脉将他与其事业联系在了一起。随后,在忠实的追随者马库斯·安东尼的护送下,尤利乌斯·恺撒离开了意大利半岛,亲自前往西班牙。尤利乌斯·恺撒说:"我去吧。我先去攻打群龙无首的军队,再去杀死无一兵一卒的军队将领。"伊比利亚三省由经验丰富的老兵看守,老兵由瓦罗、阿夫拉涅乌斯和马库斯·佩特莱乌斯指挥。三位指挥官一个是文人,一个是讲究时髦的人,还有一个是呆板的团级军官。尤利乌斯·恺撒也许希望尽快赶走他们,但马西利亚地区背叛了他。现在,在卢修斯·多米提乌斯·阿赫诺巴布斯的鼓动下,马西利亚地区的人挡住了尤利乌斯·恺撒的去路。卢修斯·多米提乌斯·阿赫诺巴布斯是格涅乌斯·庞

瓦罗

培·马格努斯的属下,尤利乌斯·恺撒抓住他后又放了他。科菲纽姆是阿尔卑斯山地区的关键城市,也是主要的商业中心。如果征服科菲纽姆需要浪费大量时间和资源,那么尤利乌斯·恺撒有必要放弃科菲纽姆。但尤利乌斯·恺撒在科菲纽姆留下了三个军团,自己继续前进,越过了埃布罗河,冲向格涅乌斯·庞培·马格努斯的军队。遭受了洪水和饥荒的折磨后,尤利乌斯·恺撒终于打败了格涅乌斯·庞培·马格努斯,表现出了非凡的能力和巨大的资源优势。现在,格涅乌斯·庞培·马格努斯的大部分军队落入尤利乌斯·恺撒手中,阿夫拉涅乌斯、马库斯·佩特莱乌斯和其他军官再次被释放。尤利乌斯·恺撒从伊利尔达迅速南下,将瓦罗带到了科尔杜巴。在科尔杜巴,他发现了对手为打败他而征集的一堆财宝。尤利乌斯·恺撒从探险似的远征中回来,又补充了一些人力和财力。马塞汉斯不再反抗。卢修斯·多米提乌斯·阿赫诺巴布斯逃走后,回到伊庇鲁斯的格涅乌斯·庞培·马格努斯身边,为格涅乌斯·庞培·马格努斯喧闹杂乱的营地带去了一丝鲁莽的气息。尤利乌斯·恺撒完成了对意大利西部的征服。此时,他也许会称自己是罗马共和国的君主。

尤利乌斯·恺撒离开罗马期间,罗马市民受马库斯·埃米利乌斯·雷必达的鼓动,宣布尤利乌斯·恺撒为罗马的独裁官。显然,在最近的许多选举中,法律很少受到重视。独裁官似乎是由裁判官提出的,是在人民的赞扬中产生的,而不是由元老院选举产生的。然而,让拥有极高威望的军队首领统治罗马比无政府状态好得多。人民看到罗马的统治权由他们拥护的人掌握,他们为自己的选择感到高兴,暂时忘记了尤利乌斯·恺撒是用军队而不是通过元老院来统治罗马的。正是为了实施有力的财政措施,罗马才需要在这场危机中任命一位独裁官。公元前7世纪中叶,当罗马城的反高利贷法律被搁置的时候,一位执政官提出了一项法律,要求将所有债务人的债务减少四分之三。放债人的利息减少了12%到40%不等,他们大声疾呼,反对政府没收他们的财产。但要想维持政府的运转,有时需要采取暴力措施。事实上,罗马的放债人不会因这些武断的措施而永久受苦,正如犹太人在中世纪受到的压迫一样。随着国家的强盛,奢靡的生活方式为放债人带来了新的动力。很多罗马公民被承担肩负的责任压得喘不过气。在支持尤利乌斯·恺撒的各种利益集团中,债务人对尤利乌斯·恺撒的财政措施最感兴趣。尤利乌斯·恺撒反对贵族阶层的世袭制度。他早年的窘迫,卢修斯·塞尔吉乌斯·喀提林的反叛,以及罗马松弛的法律,都表明他注定是一场伟大革命的领导者。但人们对尤利乌斯·恺撒的期望落空了。毋庸置疑,尤利乌斯·恺撒是一个独裁官。他拒绝了民众希望没收债务人财产的要求。他派仲裁员对债务人的财产进行估价后出售,对债权人的唯一要求是让他们降低利息。此外,他还利用以前的保民官采用过的权宜之计,将土地分给破产的人,使国家摆脱了困境。

尤利乌斯·恺撒的主要措施包括对穷人实行分配制度,废除苏拉法,因为苏拉法剥夺了受害者子女的公民权利,并将其公民身份让给阿尔卑斯山脉南部的居民。新政实行十一天后,尤利乌斯·恺撒辞去了职务。公元前48年,他与普布利乌斯·塞尔维利乌斯·瓦蒂亚·伊萨乌里库斯一起当选为执政官。原来的执政官任期结束时，保留了名义上的职位。这一届执政官的任期即将结束。此后，尤利乌斯·恺撒建立的政府有了一定规律性，既不需要元老院的控制，也不需要人民选举，更不需要设在祭司指定的地点。作为高卢总督，尤利乌斯·恺撒从离开罗马的那一刻就成了一个叛徒。但现在，他成为合法的执政官，迅速掌握了大权。与此同时，他的对手格涅乌斯·庞培·马格努斯成了罗马的敌人和叛徒。格涅乌斯·庞培·马格努斯也默认了这一点。然而，尽管支持尤利乌斯·恺撒的人数众多，尤利乌斯·恺撒的影响力也很大；但他不敢颁布法律，也不敢举行选举，更不敢授予自己罗马共和国勋章。尤利乌斯·恺撒已经成为传统和公共秩序的守护者及寡头集团的拥护者，从动荡的社会中获得了专断权。然而，独裁官忽略了元老院和人民。现在，尤利乌斯·恺撒和格涅乌斯·庞培·马格努斯形成了两个阵营。据说，甚至连街上玩耍的孩子也分成了两派。

  在陆地上所向披靡的尤利乌斯·恺撒似乎并没有花精力与格涅乌斯·庞培·马格努斯争夺海上的控制权。尤利乌斯·恺撒相信自己的行动力，也相信自己有很多机会开展海上事业，更相信自己的军队能越过意大利和伊庇鲁斯之间的狭窄海峡，避开或者挫败格涅乌斯·庞培·马格努斯的舰队。随后，尤利乌斯·恺撒到达了布林迪西，找到了一些舰船。公元前48年1月4日，也就是尤利乌斯·恺撒离开罗马三天后，他率领七个军团，共计一万五千名步兵和六百名骑兵，登上了舰船。格涅乌斯·庞培·马格努斯舰队的指挥官马库斯·卡尔普尔尼乌斯·毕布路斯未能成功拦截尤利乌斯·恺撒的军队，只在攻击返回的空船时击败了一个军团。尤利乌斯·恺撒曾经横渡意大利和伊庇鲁斯之间的狭窄海峡。但在马库斯·安东尼的援军到来前，他没有采取任何行动。据说，在当时的紧急情况下，尤利乌斯·恺撒亲自前去调遣增援部队，却被一场暴风雨击退。他竭尽全力说服瑟瑟发抖的引航员登船，喊道："不要害怕，你带着尤利乌斯·恺撒和他的财富。"马库斯·安东尼成功渡过海峡后，漂到了距尤利乌斯·恺撒指定的位置一百英里的地方，与此同时，格涅乌斯·庞培·马格努斯正好夹在尤利乌斯·恺撒和马库斯·安东尼之间，似乎在劫难逃。大部分沿海地区都支持尤利乌

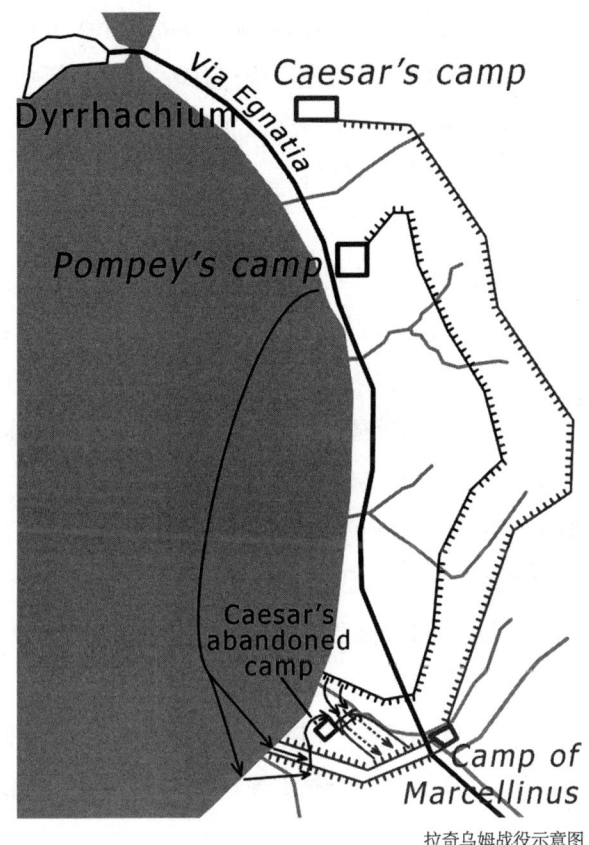

拉奇乌姆战役示意图

斯·恺撒,格涅乌斯·庞培·马格努斯要想获得支持并不容易。虽然一些原因导致了战事延误,但尤利乌斯·恺撒立即抓住了机会。他在格涅乌斯·庞培·马格努斯的军队和拉奇乌姆的军械库之间自由行动,其军队驻扎在佩特拉岩石海角附近的安全地带。格涅乌斯·庞培·马格努斯并不关心尤利乌斯·恺撒的行动,更愿意将精力放在训练散漫的军队上。他的军队都是按照他制定的标准训练出的。虽然尤利乌斯·恺撒的军队人数少得可怜,但他勇敢地包围了格涅乌斯·庞培·马格努斯的军队。格涅乌斯·庞培·马格努斯困在了尤利乌斯·恺撒的包围圈中。格涅乌斯·庞培·马格努斯的追随者非常失望,尤利乌斯·恺撒信心大增。过了一段时间,格涅乌斯·庞培·马格努斯发现自己已经走投无路,于是发动了一场进攻,打破了尤利乌斯·恺撒军队的包围,并赶走了尤利乌斯·恺撒的军队。

随后，尤利乌斯·恺撒撤到希腊和马其顿中部地区，很快重新组织了一支军队，试图袭击昆图斯·凯基利乌斯·梅特卢斯·西庇阿。昆图斯·凯基利乌斯·梅特卢斯·西庇阿正从东方率领援军赶往格涅乌斯·庞培·马格努斯那里。格涅乌斯·庞培·马格努斯对尤利乌斯·恺撒紧追不舍，最后在法尔萨利阿的埃尼皮乌斯山谷相遇。

贵族们为争夺战利品争吵不休，都希望这场战争以格涅乌斯·庞培·马格努斯的胜利结束。马库斯·波尔基乌斯·加图被格涅乌斯·庞培·马格努斯的威胁吓得不知所措，打算一直待在伊庇鲁斯海岸边。再次回到格涅乌斯·庞培·马格努斯身边的马库斯·图利乌斯·西塞罗也以身体欠佳为由留在了后方。一些乐观的人一直敦促格涅乌斯·庞培·马格努斯投身到战斗中。但格涅乌斯·庞培·马格努斯不为所动，直到尤利乌斯·恺撒威胁说要从侧翼进攻他的军队，切断他与外界的联系。然而，格涅乌斯·庞培·马格努斯自诩拥有一支四万多人的军队，七千匹马，以及无数外国盟友的支持。尤利乌斯·恺撒只有两万两千名训练有素的步兵、一千名骑兵和几个非正规营。

公元前48年8月9日，格涅乌斯·庞培·马格努斯的军队从营地前往法尔萨利阿。格涅乌斯·庞培·马格努斯军队的右侧是埃尼培乌斯河的一条支流。尤利乌

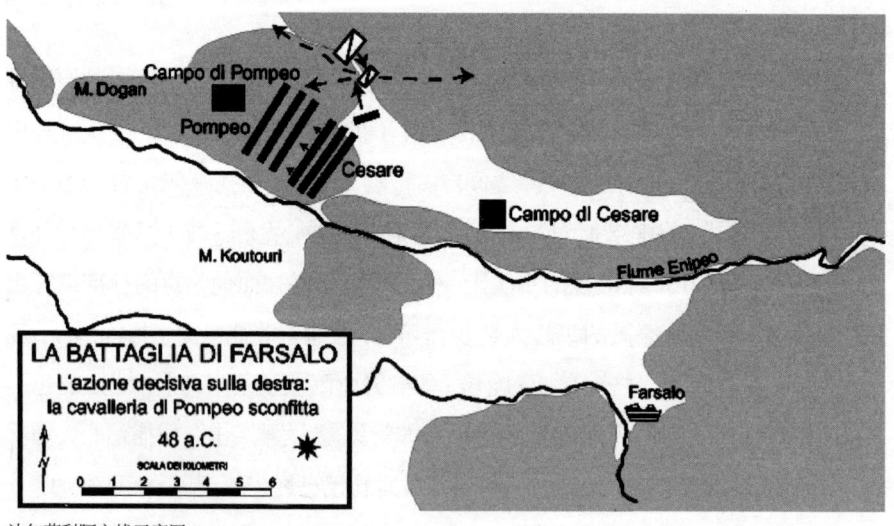

法尔萨利阿之战示意图

法尔萨利阿之战

斯·恺撒赶赴战场,夷平了堑壕,以便军队撤退。他将骑兵安排在军队右翼,命令第一队骑兵冲锋,在接近格涅乌斯·庞培·马格努斯军队的地方停下来,为最后的进攻做准备。格涅乌斯·庞培·马格努斯军中的骑士和元老们全副武装。但尤利乌斯·恺撒命令他的军队不要在对方的骑士和元老们身上浪费时间,直接攻击其主力部队。格涅乌斯·庞培·马格努斯的军队很快溃散,只能撤退。与此同时,从两翼赶来支援格涅乌斯·庞培·马格努斯的骑兵被尤利乌斯·恺撒的高卢战马挡住了。格涅乌斯·庞培·马格努斯已经放弃阵地,回到了营地,迎来了命运的第一个转折点。在营地里,他本来可以召集军队进行防卫,但溃败的军队早已仓皇而逃。尤利乌斯·恺撒步步紧逼,格涅乌斯·庞培·马格努斯惊慌失措。关键时刻,格涅乌斯·庞培·马格努斯跳上马飞奔而去,一路逃到了拉里萨。他的残余部队在营地后面的一个有利位置上采取了防御措施,但指挥官的逃跑让

格涅乌斯·庞培·马格努斯逃往拉里萨

士兵们十分沮丧。因此,在尤利乌斯·恺撒发动新的攻击前,格涅乌斯·庞培·马格努斯的军队已经退却,并在夜幕降临前投降。尤利乌斯·恺撒曾说:"等待意味着无事可做。"这次,他充分证明了自己说过的话。随后,他立即率军驱散了格涅乌斯·庞培·马格努斯的全部军队。然而,格涅乌斯·庞培·马格努斯军中的几个元老趁夜色逃走了。

法尔萨利阿战役在罗马内战史上具有特殊意义。战役结束后,逃亡者得以幸免,俘虏得到了宽恕。尤利乌斯·恺撒损失了三十名百夫长和两百名士兵,格涅乌斯·庞培·马格努斯损失了十名元老、四十名骑士和六千名士兵。外国盟军的损失可能更重。卢修斯·多米提乌斯·阿赫诺巴布斯是唯一一位牺牲的贵族,在逃亡途中被尤利乌斯·恺撒的骑兵杀死。格涅乌斯·庞培·马格努斯军中的一部分人被俘，一部分人投降。现在，尤利乌斯·恺撒的宽容大度已经众所周知。看到战场上同胞们的尸体时，他表达了自己的悲痛和懊悔。他大声说："他们一定甘愿为国捐躯。如果我没有竭尽全力保护我的士兵，那么我的成就将会付诸东流。"不管有什么借口，事实胜于雄辩。

格涅乌斯·庞培·马格努斯的残军分散在西班牙各地。在战场上，没有人为格涅乌斯·庞培·马格努斯提供支援，也没有人为他的军队指定集结地点，甚至

法尔萨利阿之战胜利后的尤利乌斯·恺撒

坦佩谷

连他的海军也分散在远处。格涅乌斯·庞培·马格努斯匆匆穿过拉里萨和坦佩谷，来到佩努斯河口，带着妻子和几个随从登上了一艘商船，前往莱斯博斯岛。他沿着亚细亚海岸一路逃亡，找到了一些追随者，并与追随者召开了紧急会议，商讨他们的安全问题。他想要寻求帕提亚人的庇护，但这一希望很快破灭了。随后，他试图寻求埃及法老的庇护，还为自己的行为戴上了一顶体面的帽子。埃及地理位置特殊，一位没有舰队的将军几乎无法靠近埃及。埃及法老托勒密十三世非常年轻，胆小怕事，可能会对格涅乌斯·庞培·马格努斯提供帮助。格涅乌斯·庞培·马格努斯率领约两千人从佩鲁希昂出发，但他的军队无法确保他的安全。托勒密十三世权衡了形势，与姐姐克利奥帕特拉七世①讨论了格涅乌斯·庞

---

① 克利奥帕特拉七世（Cleopatra VII，公元前69—公元前30），通常称"埃及艳后"，古埃及托勒密王朝的最后一任法老，卷入罗马共和国末期的政治漩涡，一生极富戏剧性。

培·马格努斯的提议，拒绝了格涅乌斯·庞培·马格努斯的联盟请求。格涅乌斯·庞培·马格努斯及其追随者被骗上了一艘船，前往托勒密十三世的宫殿。在混乱中，格涅乌斯·庞培·马格努斯被杀死。谋杀者砍下了格涅乌斯·庞培·马格努斯的头颅，准备将其献给尤利乌斯·恺撒。格涅乌斯·庞培·马格努斯的尸体被扔进了大海。一个善良的人将格涅乌斯·庞培·马格努斯的尸体打捞起来，迅速火化了。火化格涅乌斯·庞培·马格努斯的人在一块压着格涅乌斯·庞培·马格努斯遗骸的石头上刻了几个字："格涅乌斯·庞培·马格努斯"。罗马历史充满悲剧色彩，罗马内战是改变罗马共和国命运的关键。格涅乌斯·庞培·马格努斯与尤利乌斯·恺撒之间的争斗不可避免。格涅乌斯·庞培·马格努斯的职业生涯无论多么辉煌或充满戏剧性，都没有在历史上留下比尤利乌斯·恺撒和马库斯·图利乌斯·西塞罗或马库斯·波尔基乌斯·加图更深刻的印记。

格涅乌斯·庞培·马格努斯战败后逃离了战场，但尤利乌斯·恺撒的舰队封锁了港口。事实上，由于昆图斯·卡修斯·朗基努斯的叛变，尤利乌斯·恺撒得以

格涅乌斯·庞培·马格努斯的头颅被砍下

尤利乌斯·恺撒看到格涅乌斯·庞培·马格努斯的头,惊恐地转过身

横渡达达尼尔海峡。虽然格涅乌斯·庞培·马格努斯的军队已经溃散,但尤利乌斯·恺撒还不能将军队派到亚细亚地区。尤利乌斯·恺撒只派了一个军团追击格涅乌斯·庞培·马格努斯。其间,在小亚细亚各省,尤利乌斯·恺撒受到了热情接待,然后继续前进。格涅乌斯·庞培·马格努斯在其征服和统治的广大地区没有得到拥护。在格涅乌斯·庞培·马格努斯被杀后的几天内,尤利乌斯·恺撒找到了几艘船,带着四千人来到了埃及首都。埃及法老的大臣们立即将格涅乌斯·庞培·马格努斯的人头拿了出来。尤利乌斯·恺撒惊恐地转过身,没有片刻耽搁或

犹豫，就以罗马独裁官的身份进入了亚历山大。亚历山大的民众感到非常不安。由希腊人、罗马人和亚细亚人组成的雇佣军继续为不受欢迎的埃及法老效力。雇佣军情绪激动，与尤利乌斯·恺撒的军队吵了起来，并发生了一些冲突。为了得到钱，尤利乌斯·恺撒听取了克利奥帕特拉七世的建议，开始打年轻的托勒密十三世的主意。克利奥帕特拉七世曾要求与托勒密十三世分享权力，但托勒

克利奥帕特拉七世见到尤利乌斯·恺撒

亚历山大图书馆

密十三世的大臣们多次得罪了她。显然，大臣们都是在为自己考虑。一位叫波提纽斯的大臣被处死了。但另一位叫阿基拉斯的大臣召集士兵和市民武装起来，将入侵的尤利乌斯·恺撒逼到了绝境。据说，在危急关头，尤利乌斯·恺撒不得不冒着生命危险逃走了。在逃跑过程中，尤利乌斯·恺撒向埃及舰队开火，大火烧毁了博物馆的大图书馆，以及里面的四十万册藏书。尤利乌斯·恺撒最终承认了托勒密十三世的统治。但等叙利亚援军到来后，他立刻发起了进攻。在尼罗河边，他打败了托勒密十三世的军队。在尤利乌斯·恺撒的武力威慑下，埃及人承认克利奥帕特拉七世为埃及法老。

我们很难想象，伟大的尤利乌斯·恺撒会因克利奥帕特拉七世的美貌和才华做出危险的举动。为了满足自己的需要,他将目光集中在亚历山大,同时放弃了通过掠夺和没收财产获得财富的手段。战争结束后,为了巩固目前的势力,他在亚历山大待了三个月。只要格涅乌斯·庞培·马格努斯的军队一直处在四分五裂的状态,尤利乌斯·恺撒就不会因推迟发动战争而损失什么。他甚至希望格涅乌斯·庞培·马格努斯灰心丧气的残部能重新聚集起来,再次开战。与此同时,他发动了一场针对本都国王米特里达梯六世的儿子法纳西斯二世的战役。法纳西斯二世利用混乱袭击了加拉提亚和卡帕多奇亚。加拉提亚和卡帕多奇亚的国王是格涅乌斯·庞培·马格努斯的盟友,但他们也是罗马共和国附属国的君主。因此,也许是由于缺乏资金,尤利乌斯·恺撒承诺保护他们。在泽拉战役中,法纳西斯二世很快战败。根据传闻,胜利者可以用Veni、vidi、vici三个词向元老院宣布自己的成功,即"我来了,我看到了,我征服了"。将东方事务全部安排好后,尤利乌斯·恺撒急忙赶回意大利主持大局。

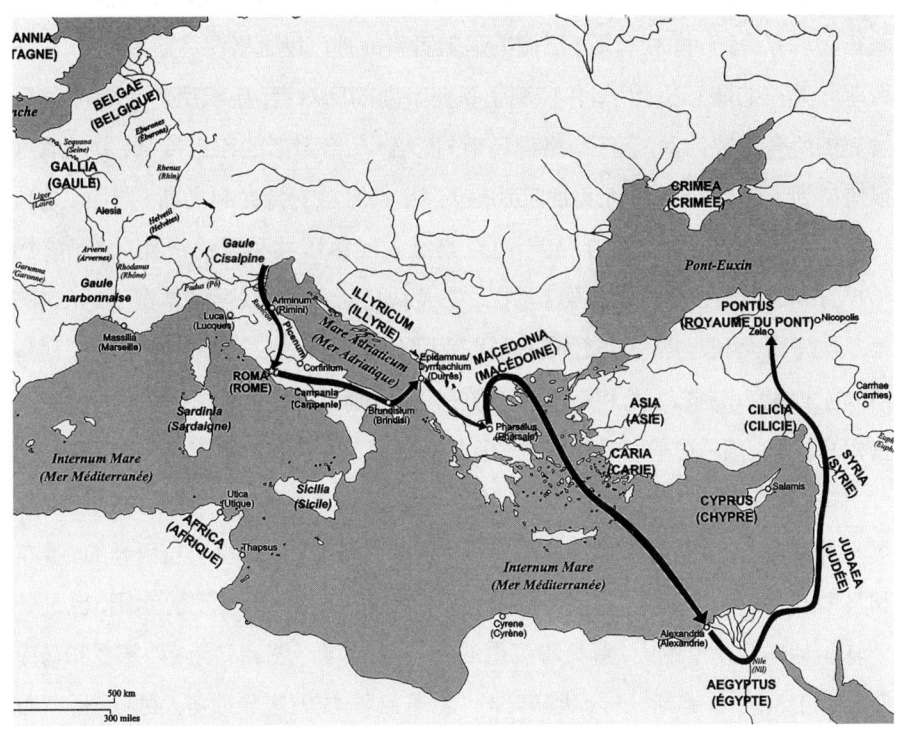

尤利乌斯·恺撒从罗马到泽拉的进军路线

为了调整财政政策，尤利乌斯·恺撒颁布了法令，但他的法令没有得到人们的普遍支持。由于其他一些原因，罗马城内和整个意大利存在一种普遍的不满情绪。马库斯·凯利乌斯·鲁弗斯是一个狡猾的阴谋家，就像盖乌斯·斯克里波尼乌斯·库里奥一样。他欺骗了马库斯·图利乌斯·西塞罗，导致罗马出现骚动。执政官普布利乌斯·塞尔维利乌斯·瓦蒂亚·伊萨乌里库斯行事过于鲁莽，遭到了元老院的驱逐。元老院还宣布他没有能力担任公职。于是，普布利乌斯·塞尔维利乌斯·瓦蒂亚·伊萨乌里库斯加入了提图斯·安尼乌斯·麦洛的阵营。提图斯·安尼乌斯·麦洛悄悄离开了流放地，在意大利南部武装了众多角斗士，与普布利乌斯·塞尔维利乌斯·瓦蒂亚·伊萨乌里库斯一起组建了一支叛乱军队。然而，他们的叛乱被迅速镇压，两人很快被处死。

　　面对内忧外患，政府需要强大的军事力量维持。毫无疑问，格涅乌斯·庞培·马格努斯的威胁将罗马公民推到了尤利乌斯·恺撒身边。即使法纳西斯二世失败了，罗马人也难以心安，因为尤利乌斯·恺撒在遥远的东方，入侵者的军队正在后方集结。尤利乌斯·恺撒的追随者将战神广场上格涅乌斯·庞培·马格努斯和苏拉的雕塑拆除了，并控制了躲在暗处的反对者，要求反对者参加公众发起的所有示威活动。随后，格涅乌斯·庞培·马格努斯的死讯传来，并且消息很快得到了证实。现在，无论朋友还是对手，都愿意支持尤利乌斯·恺撒。尤利乌斯·恺撒获得了最高权力，甚至可以集结人民镇压共和派的叛乱。公元前48年10月，共和派在阿非利加再次掌权。在尤利乌斯·恺撒缺席的情况下，元老院第二次任命尤利乌斯·恺撒为独裁官。为了让人民满意，元老院还赋予尤利乌斯·恺撒终身审判权。尤利乌斯·恺撒任命马库斯·安东尼为驻扎在罗马的军队指挥官。马库斯·安东尼虽然勇敢，但狂暴放荡，缺乏活力和审慎。谣言开始流传，称尤利乌斯·恺撒在亚历山大遇险。煽动叛乱的人趁机行动，马库斯·安东尼不敢冒险出击。叛乱是由普布利乌斯·科尔内利乌斯·多拉贝拉引起的。普布利乌斯·科尔内利乌斯·多拉贝拉是马库斯·图利乌斯·西塞罗的女婿，也是一个软弱却挥霍无度的人，背负着沉重的债务。马库斯·图利乌斯·西塞罗和马库斯·凯利乌斯·鲁弗斯一样，大声呼吁"新革命"，或者废除债务人的债务。普布利乌斯·科尔内利乌斯·多拉贝拉激怒了马库斯·安东尼。于是，马库斯·安东尼鼓起勇气镇压了叛乱。为了获得执政官一职，普布利乌斯·科尔内利乌斯·多拉贝拉藏身在一个平民家里。公元前47年9月，尤利乌斯·恺撒回到罗马。一见到他，所有人就立刻退缩了。

  在传统意义上，罗马内战意味着野蛮的屠杀。因此，对罗马公民来说，尤利乌斯·恺撒的宽厚是一颗希望之星。尤利乌斯·恺撒只夺取了对手的财产，并公开出售了战利品。尤利乌斯·恺撒在罗马待了三个月，指派了执政官，任命自己与马库斯·埃米利乌斯·雷必达担任下一年的执政官。他再次成为罗马独裁官。经济危机还没有过去，毫无疑问，罗马共和国需要一个有能力的人帮助其渡过难关。尤利乌斯·恺撒为自己的党羽提供了官职，慷慨地满足了民众的要求。尤利乌斯·恺撒执政的主要手段似乎是自己支付大笔开销。为了让尤利乌斯·恺撒兑现承诺，尤利乌斯·恺撒率领的第十军团突然叛变。尤利乌斯·恺撒态度强硬，拒绝让步，并将第十军团召集到战神广场上对质，要求叛变者陈述自己的不满。一看到尤利乌斯·恺撒，士兵们就害怕了，声音也颤抖了，只能可怜巴巴地请求尤利乌斯·恺撒释放他们。尤利乌斯·恺撒说："我释放你们，我的公民们！"对凶狠高傲的士兵们来说，"公民"头衔似乎是一种侮辱。士兵们请求尤利乌斯·恺撒恢复他们的军人身份，并提出愿意接受军事惩罚。这一人尽皆知的逸事经常被后人引用，以体现罗马军人的荣誉感。但这件事明显证明了连年战争对罗马士兵的影响，也证明了其他地区的士兵对"公民"这一称谓的蔑视。很多老兵都无法容忍自己被称为"罗马公民"。

  尤利乌斯·恺撒重整军队，立即赶去镇压阿非利加的叛乱。格涅乌斯·庞培·马格努斯的军队分散在各个地方，其中一些逃亡者来到了拉奇乌姆，打算整顿人马，为后面的战争做准备。接到命令后，马库斯·波尔基乌斯·加图放弃了拉奇乌姆，将其让给了执政官马库斯·图利乌斯·西塞罗。但马库斯·图利乌斯·西塞罗拒绝继续参加一场无望的斗争，失落地返回了意大利。格涅乌斯·庞培·马格努斯的儿子格涅乌斯·庞培想对马库斯·图利乌斯·西塞罗下手，但马库斯·图利乌斯·西塞罗最终得到了尤利乌斯·恺撒的宽恕。于是，昆图斯·凯基利乌

昔兰尼遗址

斯·梅特卢斯·西庇阿接过格涅乌斯·庞培·马格努斯的指挥权,将主力军带到了尤蒂卡。负责亚细亚事务的马库斯·波尔基乌斯·加图率领追随者,沿着格涅乌斯·庞培·马格努斯的足迹前进。但得知格涅乌斯·庞培·马格努斯的死讯后,他在利比亚海岸登陆,试图进入昔兰尼。昔兰尼人关紧城门。马库斯·波尔基乌斯·加图没有强攻。为了尽快与昆图斯·凯基利乌斯·梅特卢斯·西庇阿会合,马库斯·波尔基乌斯·加图向西行进,抵达了小西尔蒂斯。随后,他带着军队进入了沙漠。七天后,马库斯·波尔基乌斯·加图率军穿过了炎热的沙漠。这是一次勇敢的行军,可能会让马库斯·波尔基乌斯·加图的名声超过许多凯旋的将军。马库斯·波尔基乌斯·加图的目的让人难以理解,但正如罗马军事史上的其他细节一样,我们必须考虑到历史的不完善性。加入共和派的军队后,马库斯·波尔基乌斯·加图对共和派的领导地位感到愤怒。昆图斯·凯基利乌斯·梅特卢斯·西庇阿向努米底亚的统治者朱巴寻求帮助。努米底亚是罗马的附属国。但朱巴抓住机会，想借此提升自己的地位，并认为凭借自己带来的大量资源，以及在击败盖乌斯·斯克里波尼乌斯·库里奥方面作出的贡献，就可以在议会中拥有举足轻重的地位。马库斯·波尔基乌斯·加图获得了尤蒂卡的地方指挥权，终于从屈辱中解脱了出来。尤蒂卡是努米底亚的重镇，也是努米底亚与意大利联系的重要港口。马库斯·波尔基乌斯·加图的盟友再也不想陷入战争中，有一段时间，他们认为自己之所以没有受到尤利乌斯·恺撒的追击，是因为尤利乌斯·恺撒缺乏海军。马库斯·波尔基乌斯·加图似乎已经忘记格涅乌斯·庞培·马格努斯的惨死，得意地认为胜利仍然掌握在自己手中。现在，叛变的提图斯·拉比努斯成了马库斯·波尔基乌斯·加图军中的首席军事顾问。与此同时，格涅乌斯·庞培·马格努斯的儿子及其他军队指挥官围在昆图斯·凯基利乌斯·梅特卢斯·西庇阿周围，对自己充满信心，大声谴责尤利乌斯·恺撒，但他们军力有限，也没有任何政治远见。

尤蒂卡遗址

共和派的情况就是这样。当时,尤利乌斯·恺撒突然出现在海上。他的海军规模很小,成功避开了昆图斯·凯基利乌斯·梅特卢斯·西庇阿舰队的巡视。尤利乌斯·恺撒召集哈德鲁梅的军队将领前来向他投降。哈德鲁梅的军队将领们回答道:"这里没有尤利乌斯·恺撒,只有昆图斯·凯基利乌斯·梅特卢斯·西庇阿。"同时将传令官当作逃兵处死了。尤利乌斯·恺撒乘船前往莱普提斯,受到了当地居民的欢迎。在莱普提斯,尤利乌斯·恺撒受到了昆图斯·凯基利乌斯·梅特卢斯·西庇阿的威胁。现在,提图斯·拉比努斯对曾经跟随他多次取得胜利的老兵大加奚落。尤利乌斯·恺撒一直在等待,直到有能力率领五个军团共同前进,同时与毛里塔尼亚结盟,将朱巴赶了出去。昆图斯·凯基利乌斯·梅特卢斯·西庇阿没有勇气单独与尤利乌斯·恺撒作战。共和派的军队撤退了。尤利乌斯·恺撒继续向前推进,很快占了上风。随后,朱巴和盟友重归于好,重新获得了盟友的支持。朱巴禁止昆图斯·凯基利乌斯·梅特卢斯·西庇阿穿紫色披风,因为只有国王才有资格穿紫色衣服。公元前47年4月4日,两军在塔普苏斯战场上相遇。尤利乌斯·恺撒的一部分军队是新征召的。因此,他不确定新兵能否稳定

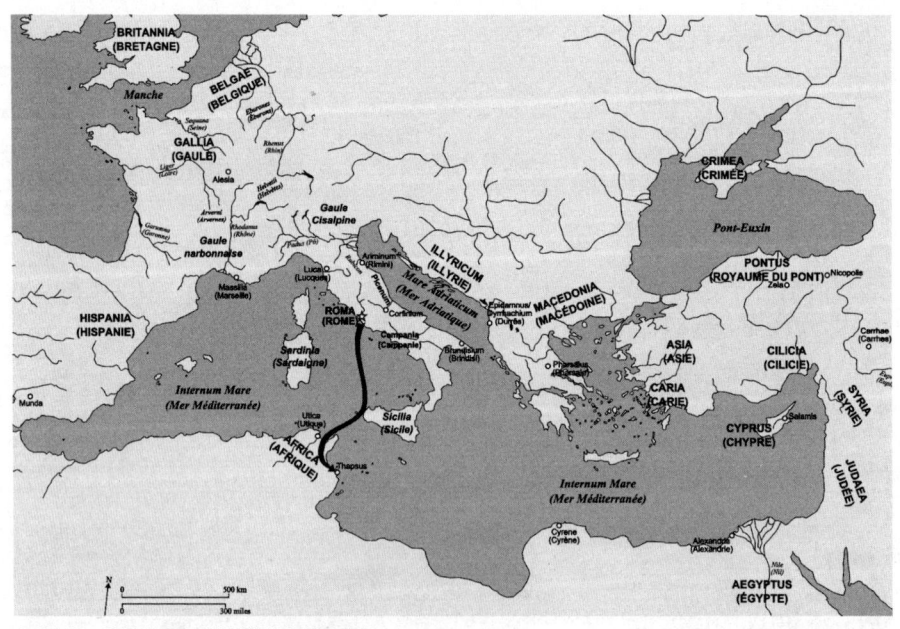

尤利乌斯·恺撒从罗马到塔普苏斯的进军路线

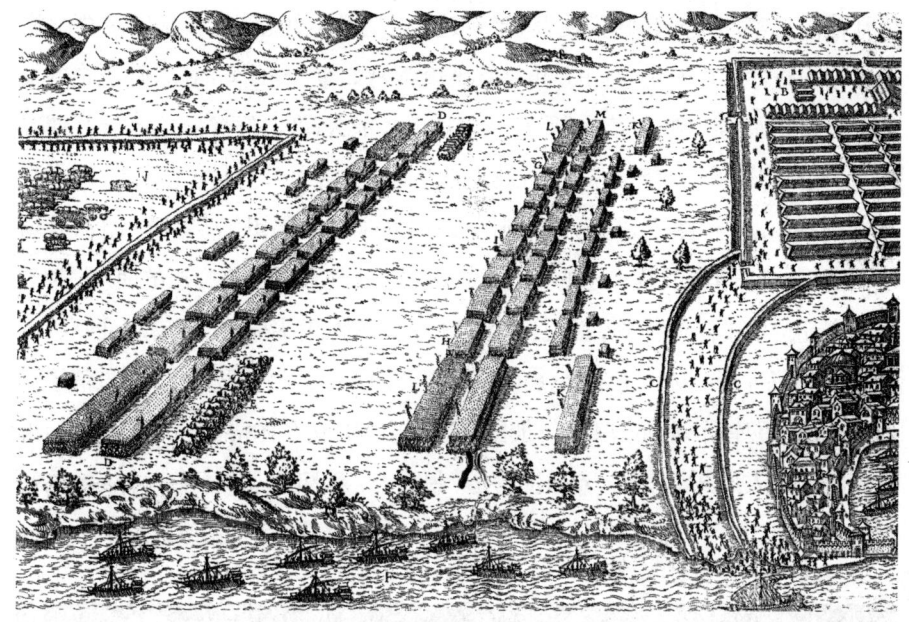

塔普苏斯之战

发挥战斗力。但曾经叛变的第十军团迫使新兵加入了战斗，尤利乌斯·恺撒也随军出征。尤利乌斯·恺撒获得了一贯的好运，策马带兵。战斗很快结束了。努米底亚的象群大乱。当地的骑兵因失去支援而惊慌失措，急忙逃离战场。昆图斯·凯基利乌斯·梅特卢斯·西庇阿的军团几乎没有抵抗。与逃跑的军官分开后，士兵们乞求获得宽恕，但遭到了尤利乌斯·恺撒军队的屠杀。这是尤利乌斯·恺撒无法控制的。逃到岸边的昆图斯·凯基利乌斯·梅特卢斯·西庇阿也被杀了。朱巴和佩特里乌斯一起逃到了扎马，但扎马人拒绝庇护他们。最后，朱巴和佩特里乌斯被捕。扎马的统治者要求朱巴和佩特里乌斯互相决斗。在决斗中，佩特里乌斯首先倒下，而朱巴死在了自己的剑下。

现在，马库斯·波尔基乌斯·加图独自一人在阿非利加作战。他早已规划好逃亡路线，但允许其追随者自己做出选择。据说，逃亡的元老和骑士们不打算投降，但长期定居在尤蒂卡的商人与和平主义者愿意屈服，坚持立即投降。马库斯·波尔基乌斯·加图关闭了尤蒂卡的城门，敦促其追随者从海上逃跑。尤利乌斯·恺撒到达尤蒂卡的前夜，马库斯·波尔基乌斯·加图和他的儿子及几个不愿离开他的忠实朋友一起吃了晚饭。他谈论了一些哲学话题,尤其是斯多葛学派的悖论——如果好人是自由的,那么坏人就都是奴隶。与此同时,打算逃走的人正在登船。马库斯·波尔基乌斯·加图多次派人前去询问谁已经出海,航行情况如何。回到自己的卧室后,马库斯·波尔基乌斯·加图拿起了《灵魂对话》一书。在这本书中,柏拉图记录了他的老师临终时对永生的渴望。马库斯·波尔基乌斯·加图抬头一看,发现自己的剑已经被人拔出。他派人去找自己的朋友,斥责他们毫无价值的防御措施,并说:"你们的防御就像用头撞墙,或者屏住呼吸自杀。"由于马库斯·波尔基乌斯·加图镇定自若的神态,他的朋友们暂时打消了对他的疑虑。马库斯·波尔基乌斯·加图坚决要求独自留在尤蒂卡。午夜时分,他再次询问其他人离开的情况。有人回答道,最后一艘船正要离开码头。然后,他躺在了沙发上。当一切都安静下来后,马库斯·波尔基乌斯·加图拿起剑刺进了自

马库斯·波尔基乌斯·加图自杀

马库斯·波尔基乌斯·加图撕开自己的伤口

己的身体。但他并没有立即咽气,在地板上痛苦地呻吟着。他的随从冲了进来,一位外科医生为他缝合了伤口。苏醒后,他将悲伤的朋友们拒之门外,再次撕开了伤口,结束了自己的生命。

马库斯·波尔基乌斯·加图身上有一种独特的罗马气质,引起了人们对他的关注。他通常被称为"尤蒂卡的马库斯·波尔基乌斯·加图",以区别于他的曾祖父老马库斯·波尔基乌斯·加图。马库斯·波尔基乌斯·加图继承了萨宾人的古怪性格。他的祖父老马库斯·波尔基乌斯·加图天生脾气暴躁,幽默古怪,但严于律己,坚毅果敢,对他人要求苛刻。老马库斯·波尔基乌斯·加图一生都在努力抵制希腊思想的影响,认为希腊思想不利于罗马共和国的发展,但后来,他学会了希腊语。一个世纪后,马库斯·波尔基乌斯·加图失去了家族往日的光辉,在学校接受了文学和哲学的教育。事实上,一个新的时代已经到来,罗马人开始摆脱蒙昧时代对形式和仪式的盲目崇拜,寻求更微妙、更乐观的精神世界,并且开始审视自己的内心,寻找必要的精神食粮。马库斯·波尔基乌斯·加图是一个宗教狂热者,但用罗马人的话来说,他心中除了上帝,没有其他外在的信仰对象。从柏拉图时代起，希腊的哲学家们开始教导人们审视自己的心灵，掌握精神生活的规律。近年来，这种主观的宗教观念被引入罗马，但罗马人很少接受理智的宗教观念。大部分罗马人摒弃了传统信条，支持伊壁鸠鲁派的思想。实际上，伊壁鸠鲁派完全否定了宗教。像马库斯·波尔基乌斯·加图一样信奉斯多葛学派的人的观念非常僵化和迂腐，对马库斯·波尔基乌斯·加图的忠诚大加赞赏。马库斯·波尔基乌斯·加图信仰为宗教而死，就像异教徒或基督教的殉道者一样。他将维护国家法律视为一项宗教义务，不承认任何外在的义务。他认为自己是为罗马共和国而生，有义务维护国家利益。根据他的哲学逻辑，当罗马共和国灭亡时，他虽然没有尽到应尽的义务，但实际上已经完成了自己的工作。现在，罗马的政治生活中再也没有他的位置了。因此，他屈从命运的安排，毫无怨言地离开了。令人沮丧的是，马库斯·波尔基乌斯·加图的追随者将其信仰视为一条行事准则加以捍卫和遵循。

第 8 章

尤利乌斯·恺撒之死

精彩看点

尤利乌斯·恺撒获得的荣誉——大帝头衔——尤利乌斯·恺撒庆祝胜利——慷慨的尤利乌斯·恺撒——朱利安广场——西班牙战争和蒙达战役——修正罗马历法——历法改革——关于扩大选举权、增加元老院人数的措施——任命公职部门、建立殖民地——编纂法典——尤利乌斯·恺撒计划加固罗马城墙——尤利乌斯·恺撒称帝计划失败——针对尤利乌斯·恺撒的阴谋——尤利乌斯·恺撒遇刺身亡——关于尤利乌斯·恺撒性格的评论马库斯·波尔基乌斯·加图的自杀体现出一种近乎罗马自由主义的高贵。无论是生是死，他都是一个具有代表性的人。从现代人的角度来看，我们很难想象，罗马古老政体最勇敢的捍卫者竟然允许别人在自己的事业上强加多种条件。然而，征服者认为，只有在独裁官的统治下，马库斯·波尔基乌斯·加图才不用担心自己的生命安全或个人自由。尤利乌斯·恺撒悲叹道，他无法宽恕自己背叛罗马共和国的政体，但面对自己的军队，他表现出了前所未有的宽厚。尽管如此，他的牺牲行为看起来似乎是不必要也是无用的。但在后人的想象中，尤利乌斯·恺撒的行为也许比默许厄运的来临更能提升自由国家的形象，从而贬低专制统治。有一种迷信的说法是，一个受伤的人自杀时，可能会将复仇的恶魔绑在逼迫他自杀的人身上。罗马英雄用鲜血染红了战神广场。胜利后，尤利乌斯·恺撒疲惫不堪地回到了罗马。在后人眼中，元老院给予尤利乌斯·恺撒的荣誉并不高，但还是使尤利乌斯·恺撒成为当时地位最高的人。公元前46年7月月底，尤利乌斯·恺撒将努米底亚的一部分地区并入阿非利加，将剩下的部分赠给了自己的盟友。人们将尤利乌斯·恺撒视为一名征服者，还为他立起了雕像。其中一尊雕像立在朱庇特神殿的祭坛前，另一尊立在一座球状建筑物上，建筑物上用希腊文写着"半神尤利乌斯·恺撒"。现在，尤利乌斯·恺撒已经获得独裁权十年了，而且即将终身获得这一权力。他采用了一种特殊的审查制度，获得了修改骑士名单和元老院名单的权力，可以随意贬低或者提拔任何人。他任命了许多人民选举出来的地方行政长官,任命了各行省的总督,但以前这些都是元老院的特权。据说,尤利乌斯·恺撒头上的月桂花环是为了掩饰秃顶。月桂花环比王冠更像权力的象征。从前,"国父"是马库斯·图利乌斯·西塞罗根据法律规定授予马库斯·弗里乌斯·卡米卢斯的称号,也是自由民族给予英雄的光荣称谓。现在,尤利乌斯·恺撒并不羞于妄称自己为"国父"。

在尤利乌斯·恺撒获得的所有头衔中,最引人注目的是"大帝"头衔。这一头衔已经延续了好几代,甚至传到了现代,并且仍然具有政治意义,因为"大帝"头衔是传达专制统治者思想的标志,但绝不是古代罗马人赋予"大帝"一词的严格意义。"帝国"无疑是由君主来统治的,但君主的权力可以通过法律授予,并由适当的国家机制加以约束。虽然执政官受法律的约束,但由于某种目的,只有在人民的选举和对人民负责的双重约束下,执政官才能拥有一定权力。一个军团的指挥官如果对其士兵和管理的行省拥有军事控制权,那么可能会获得"大帝"称号,但他的权威在地点、时间和对象上都是有限的。他的头衔由元老院合法授予,但当他的士兵们获得胜利时,他不像往常一样欢呼雀跃。在一些地区,军队将领和地方长官一样,都以自己的名字命名军队。作为高卢的总督,尤利乌斯·恺撒与自己征服高卢时的身份相比,已经是"尤利乌斯·恺撒大帝"。但当他成为执政官和独裁官时,他不再是一个行省的统治者,也不再是军队指挥官。作为国家首脑,尤利乌斯·恺撒有责任维护整个国家的安全。因此,他拥有作为军团将领的所有权力,他征服的地区都在名字前加上了"尤利乌斯·恺撒"。这种做法既是满足实际需要,也是元老院的合法授予。毫无疑问,被征服地区的政府虽然是一个附属机构,但仍然受制于罗马法律。为被征服地区的君主授予头衔几乎没有任何意义,但马库斯·图利乌斯·西塞罗并没有提到这一点。尤利乌斯·恺撒没有将自己的名字印在钱币上。他的"大帝"头衔针对的是外国人和入侵者,而不是罗马公民。几代人以后,"大帝"头衔仍然可以从法律层面区分"军队统治者"和"人民统治者",但这种区分很快消失了。随着时间的流逝,"皇帝"成为至高无上的权威,凌驾于国家的所有阶级和秩序之上。但不应该忘记的是,罗马传记作家盖乌斯·苏维托尼亚斯·特兰克维鲁斯和历史学家卡

凯旋仪式上的尤利乌斯·恺撒

西乌斯·戴奥大胆地宣称，尤利乌斯·恺撒的"大帝"称号是为了表明他的独裁统治权力。不过，他们是在罗马帝国时期发表了这种观点，并且没有适当地指出其原始及合法意义。

格涅乌斯·庞培·马格努斯曾经获得了三次胜利。现在，尤利乌斯·恺撒宣布了自己的第四次胜利。他的第一次胜利是征服了高卢，第二次是打败了托勒密十二世，第三次是再次战胜了埃及法老，最后一次是推翻了朱巴的统治。尤利乌斯·恺撒尊重罗马人的格言，即一场内战不可能赢得如此广泛的赞誉，也不应该庆祝《法沙利亚》一书中描述的灾难。四次庄严的凯旋仪式之间都有几天时间间隔。在战神广场上,游行队伍一遍遍游行。尤利乌斯·恺撒的车在渡过维拉布鲁姆河时出了故障。尤利乌斯·恺撒深受打击,此后再也没有在不进行祷告的情况下登车。游行队伍在帕拉特姆神殿的南角绕了一圈,随后到了君士坦丁的拱门。游行队伍登上通向拱门的平缓斜坡。斜坡上铺了巨大的石块,可能是为了方便尤利乌斯·恺撒的军团游行。在维利亚山顶,游行队伍转向了右边,朝科米蒂亚和罗斯特拉的方向前行,经过了后来建造朱利安神殿的地方,又从那里绕到了广场右侧,一直走到了塞维鲁拱门的正对面。塞维鲁拱门的正对面有两条路,一条通往朱庇特神殿,另一条通往马梅尔廷监狱。尤利乌斯·恺撒选了左边的胜利之路,他的俘虏韦辛格托里克斯通过右边的路前往马梅尔廷监狱,随后死

凯旋仪式上的俘虏

凯旋仪式上的战利品

在了牢中。毫无疑问，韦辛格托里克斯用勇气和尊严迎接死亡的到来。但尤利乌斯·恺撒则表现出了人类的脆弱，为了获得复仇女神的宽恕，他一直跪在朱庇特神殿的台阶上。

韦辛格托里克斯无疑是被杀的。据说，其他俘虏也和韦辛格托里克斯一起死在了狱中，但朱巴的儿子们似乎逃过了一劫。在盖乌斯·屋大维·奥古斯都时代，朱巴的儿子中至少有一个人作为一名自由学生幸存了下来。托勒密王朝的克利奥帕特拉七世获得了赦免，也许是因为她是尤利乌斯·恺撒的情妇。克利奥帕特拉七世跟随尤利乌斯·恺撒到了罗马，并且受到了罗马人的盛情款待。罗马城里的富人，甚至马库斯·图利乌斯·西塞罗，都向克利奥帕特拉七世献殷勤。坐

克利奥帕特拉七世来到罗马

在战车上的士兵们有高卢人、西班牙人和阿非利加人。他们唱着粗鄙的歌，赞美克利奥帕特拉七世的丰功伟绩。尤利乌斯·恺撒微笑着给了士兵们不少赏金。他的慷慨赏赐也惠及罗马公民。所有人都很满意尤利乌斯·恺撒赠的礼物。在摆放着两万两千张桌子的宴会厅里，罗马公民受到了款待。宴会厅里大概能容纳二十万宾客。宴会结束后是角斗表演。大量野兽和角斗士互相残杀，即使是最残酷的人也对角斗士们心生怜悯。但一些人对尤利乌斯·恺撒允许罗马骑士在竞技场决斗的行为倍感震惊。更糟糕的是，参与决斗的骑士完全是自愿的。当时，一些人的暴力倾向激发了其他人对暴力和流血的渴望。一个叫拉贝里乌斯的骑士要求决斗。他说，决斗虽然对自己是一种侮辱，但并非不人道。

尤利乌斯·恺撒开始重建罗马城。他让工匠们缩小了广场的面积，因为大幅增长的人口远远超过了罗马城的承受能力。他还让人在神殿的一侧建了一座富丽堂皇的论坛，并鼓励保罗斯·埃米利乌斯将论坛与对面另一座富丽堂皇的论坛连在一起。对聚集在露天广场、从事公共事务的人来说，这样一座大论坛非常方便。但论坛本身还需要扩大。尤利乌斯·恺撒命人拆除了论坛北面的一些建筑，用柱廊围住了论坛，在柱廊中间开了一个入口。朱利安广场上有一座摆放着维纳斯雕像的神殿。朱利安家族的祖先就是在神殿里诞生的。广场上还有一座尤利乌斯·恺撒的骑马雕像，本来是利西波斯雕刻的亚历山大大帝的青铜雕像。后来，雕塑家将一个尤利乌斯·恺撒的头像放在了雕像上面，成为罗马城最显著的标志之一。后来的罗马皇帝盖乌斯·屋大维·奥古斯都、涅尔瓦和图拉真

图拉真

都对朱利安广场进行了扩建,并且都以自己的名字命名了广场。最后,广场中心被扩建成一个巨大的开放区域,只有公共论坛和神殿是分开的。

阿非利加问题还没有得出定论,格涅乌斯·庞培·马格努斯的长子格涅乌斯·庞培就参加了伊比利亚半岛的战争。格涅乌斯·庞培·马格努斯曾对伊比利亚半岛非常感兴趣。现在,在伊比利亚半岛,格涅乌斯·庞培宣称自己不是罗马共和国的解放者,而是自己家族的复仇者。他周围聚集着很多冒险家。格涅乌斯·庞培·马格努斯的许多老兵对格涅乌斯·庞培给出的报酬不满意,于是将伊比利亚南部的一些城市赠送给了尤利乌斯·恺撒。起初,尤利乌斯·恺撒并没有将格涅乌斯·庞培放在眼中。但随后,他的军官们没能镇压格涅乌斯·庞培发动的叛乱。最终,尤利乌斯·恺撒亲自上了战场,并将叛乱者视为亡命之徒或野蛮人,而不是罗马公民。格涅乌斯·庞培确实树立了一个残暴形象,因为在罗马内战的所有参与者中,他似乎是最血腥、最残忍的。战争主要在瓜达尔基维尔山谷和莫雷纳山地区进行。蒙达发生的一场旷日持久的战役终于结束了。在蒙

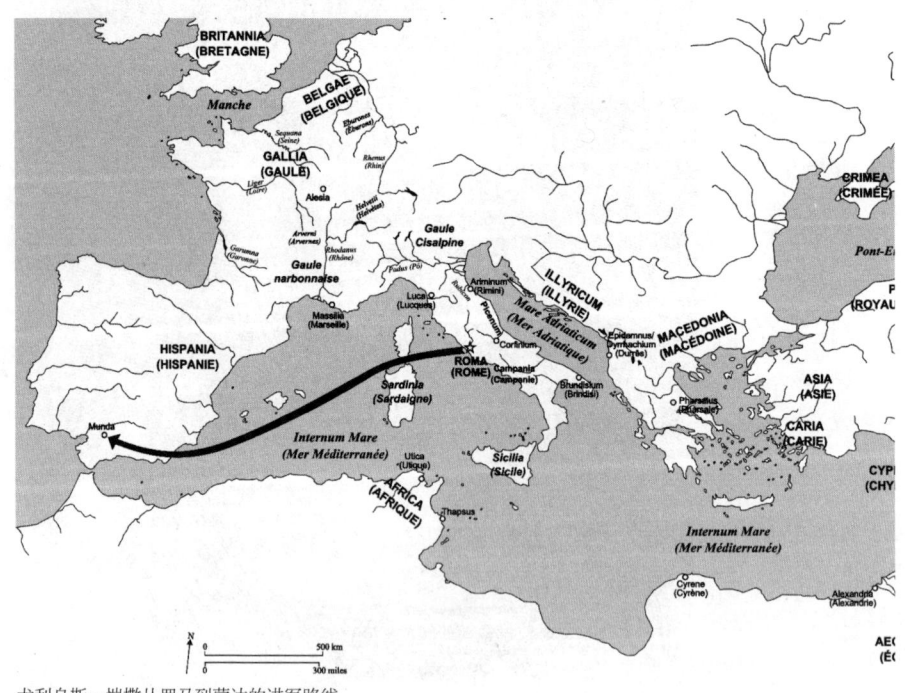

尤利乌斯·恺撒从罗马到蒙达的进军路线

塞克斯图斯·庞培

达,尤利乌斯·恺撒陷入了困境,但最终还是获得了胜利。战败的一方损失了约三万人,其中包括瓦路和提图斯·拉比努斯和其他贵族。格涅乌斯·庞培从战场上逃了出来,来到海边乘船逃跑了。但在一次意外中,为了从一根缠结的绳子中挣脱,他脚被割伤了。因此,他不得不上岸治疗。经过痛苦的挣扎后,他被追捕的人发现并杀害了。现在,在共和派的所有领导人中,格涅乌斯·庞培·马格努斯的小儿子塞克斯图斯·庞培是唯一的幸存者。他躲在伊比利亚半岛最荒凉的地方,并且和当地人结盟。过了一段时间后,他出现在公众场合。然而,他似乎已经被遗忘了。尤利乌斯·恺撒花了几个月时间处理意大利西部各省的事务,并彻底扫荡了共和派的势力。公元前47年3月17日,蒙达战役打响。但公元前47年9月之前,尤利乌斯·恺撒一直没能返回罗马。

尤利乌斯·恺撒用一个月时间庆祝自己的第五次胜利。他认为此次胜利不是战胜了反对他的罗马公民和党派首领,而是战胜了一直未被征服的伊比利亚半岛的土著人。然后，他开始在国内进行改革。改革的第一个方面是罗马人极其关切的一个方面，即修订历法。修订历法既涉及政治，也涉及科学。至今仍在使用的"努马历法"将一年定为三百六十四天，每年有一个月是二十二天或二十三天。因此，每年平均有三百六十五天六小时。古代天文学家们得出了地球绕太阳旋转一周的准确时间。但为了创造一个奇数或幸运的数字，人们在三百五十四天的基础上增加了一天。为了分配多出来的一天，天文学家通过一个复杂的计算减少了每年有二十二天或二十三天那个月的循环次数。修正历法后，许多粗心大意的情况会存在。譬如，被委以重任的祭司们为了政治目的滥用职权，偏袒某个党派的候选人，或者推迟偿还债务的日期。对历法的控制已经成为寡头统治国家的动力，以及引起平民普遍不满的事情之一。后来，祭司们通常不愿介入一般的俗事纠纷。由于规定一年有三百五十四天，指定的月份和季节已经与太阳公转的时间不符。因此，公元前46年1月1日就职的执政官实际上是在公元前47年10月13日开始履行职责的。罗马的季节以特定日子里的特定节日为标志。到了收获和酿酒的季节，人们会提供当季的祭品。但现在，这种做法已经不可能实现了。农夫不得不放弃旧历法，转而依靠粗略观察星座的移动情况进行农事活动。

　　尤利乌斯·恺撒熟知天文历法方面的知识，对天文学非常感兴趣。此外，他得到了当时最杰出的天文学家索西热内斯的帮助。索西热内斯将旧历的三百六十五天按照先前保留下来的先后顺序分成了十二个月，然后像我们现在一样，每隔四年增加一天。这一历法在运作时出现了一些错误，但并不能将错误归咎于索西热内斯。因此，几年后，索西热内斯又将历法做了一次轻微的调整。直到几个世纪后，人们才发现了历法的错误，并最终进行了改革。教皇格里高利十三世颁布法令，确定每一百年多增加一天。18世纪中叶，人们普遍接受了教皇格里高利十三世的历法法令。考虑到罗马旧历中出现的实际错误，公元前45年，尤利乌斯·恺撒规定每年增加九十天。他在2月23日到2月24日之间插入了一个二十三天的闰月，在11月底增加了两个新月，每个月三十天，另加额外补充的七天。因此，一年共有四百五十五天。尤利乌斯·恺撒对历法的改革使公元前45年得到了"混乱之年"的称号。但人们公正地说,用"最后的混乱之年"评价更恰当。

公元前45年,尤利乌斯·恺撒继续掌管罗马的政治事务。他颁布的新法令和政策成为罗马编年史上最著名的历史事件之一。他的政策主要是为了赋予社会各阶级选举权。通过一系列改革措施,他计划将各个行省逐渐合并。他增加了元老院的人数,因为由于罗马内战,元老院的人数大大减少。的确,元老院曾经分裂过一两次,现在只剩下四百多人。尤利乌斯·恺撒将元老院的人数增加至九百人。毫无疑问,他通过分散元老院的权力误导了大众。此外,他将来自各行省的同盟者、粗鲁的高卢士兵与刚刚追随他取得胜利的人安排到了元老院中,降低了元老院在年长的公民心中的地位。罗马人将自己的聪明才智都用在了对付陌生

高卢士兵

的新贵身上。他们张贴标语牌，建议公民们不要为新贵指前往元老院的路。这种削弱元老院权力的政策，以及通过将外族人纳入元老院并使其依附于罗马的政策，应该经过深思熟虑和人民的表决。事实上，尤利乌斯·恺撒的政策从未接受过人民的表决。鄙视或反对尤利乌斯·恺撒政策的民众愿意向伟大的征服者屈服，将自己的特权让给新上任的公职人员。此外，尤利乌斯·恺撒无法说服民众为自己推荐的人投票。因此，在他的控制下，执政官、神职人员和其他官员继续履行各自的职责。作为罗马人民的守护者，尤利乌斯·恺撒声称自己拥有的权力不可侵犯，并且在大众眼中拥有某种宗教神圣性。

　　尤利乌斯·恺撒获得了贵族们的拥护，以及只有君主才会拥有的神圣特权。在元老院和其他公共场所，他身穿一件华丽的长袍，坐在一把金色椅子上。如果我们相信后来的作家的叙述，就会知道尤利乌斯·恺撒拥有无限的军权，甚至可以将军权传给他的后代。事实上，除非克利奥帕特拉七世的儿子恺撒里昂真的是尤利乌斯·恺撒的孩子，否则尤利乌斯·恺撒不能将罗马交给恺撒里昂。即使是社会底层的民众，也不愿让一个埃及人的后代统治罗马。但尤利乌斯·恺撒有一个养子，是他的外甥女和一个罗马贵族所生。这个年轻人很有能力，很快会登上历史舞台。尤利乌斯·恺撒实行的很多政策可能会演变为内乱。罗马的军事政治家普遍赞成减轻城市贫困阶层负担的政策，并同意征召大批罗马士兵。格涅乌斯·庞培·马格努斯和苏拉曾掠夺了伊比利亚半岛的所有财富，并将自己的老兵安插在对手身边。但他们实施的强制措施带来了一些灾难性后果，不仅为被征服者带去了灾难，还激起了被征服者根深蒂固的敌意，同时使安插在对手身边的老兵情绪低落，引起了很多人的不满。尤利乌斯·恺撒恢复了解决罗马公民新殖民地问题的传统政策，根据政策选择了一些受罗马内战影响最深的城市为殖民地。到目前为止，罗马的统治阶层从未停止争夺殖民地。尤利乌斯·恺撒提议重建科林斯、卡普阿和迦太基，同时新建了一些殖民地。新殖民地不断发展壮大，后来成为罗马帝国的一些大都市。科林斯的名字源于劳斯·朱利亚。也许劳斯·朱利亚是第一个与尤利乌斯·凯撒有同样想法的人，即希望穿过地峡，将希腊东西部、欧罗巴和亚细亚的贸易联系起来。

迦太基遗址

为了扩大公民的选举权，尤利乌斯·恺撒所持的自由主义观点可能会让他认为罗马城不再是一个孤立的城邦，而是罗马世界的中心和首都。当他准备重新编纂法律时，他首先考虑的是通过详细调查各地区之间的关系统一各地。罗马的土地测量员往往会划定公有财产和私有财产之间的界限。在很大程度上，意大利和其他行省之间的界限以边界石和边界线为标志。现在，一个由地理学家和数学家组成的委员会去对整个罗马共和国进行一次彻底调查。调查工作稳步进行，甚至在后来动荡的岁月里也没有中断，直到整整一代人之后，调查成果才出现在伟大的阿格里帕绘制的大地图上。尤利乌斯·恺撒需要竭尽全力实现道德的统一。他准备收集、合并零散的罗马法律，编纂一部法典。一些零散的法律分散在许多前人的著述中，包括神职人员的命令、谋士的答复、元老院的决定及贵族的传统。毫无疑问，他完成这项工作的方式是，使各行省编纂的法律和惯例与罗马的法律和惯例保持一致，并调解罗马法庭与国内外法庭审理对象之

塞尔乌斯·图利乌斯

间的矛盾。马库斯·图利乌斯·西塞罗认为,编纂法典是哲学家的无望幻想。但睿智的尤利乌斯·恺撒明白,编纂法典不但是应该的,而且是可以做到的。尤利乌斯·恺撒如果多活十年或二十年,可能会预见《查士丁尼法典》带来的和平与辉煌。

与此同时,尤利乌斯·恺撒计划在罗马城内建一些伟大的工程。他雄心勃勃地想要扩大罗马人的统治范围,试图扩建罗马城,因为自从塞尔乌斯·图利乌斯早期以来,罗马城从未扩建过。现在,罗马城墙的很多地方都成了断壁残垣。尤利乌斯·恺撒可以重建一条真正的防线,将战神广场围起来。如果他将台伯河向西引流,同时拆除米尔维安桥和梵蒂冈桥,战神广场就会扩大。此外,据说尤利乌斯·恺撒还计划排空富奇努斯湖和庞普廷沼泽，修建一条从罗马到塔尔拉西纳的运河和一条横穿亚平宁山脉的公路，以及在奥斯蒂亚修建一个宽敞的港口。这是尤利乌斯·恺撒构想出来的宏伟计划。他的继任者们都意识到了这一计划的作用，并且最终实现了整个计划。

尤利乌斯·恺撒的继承人盖乌斯·屋大维·奥古斯都还在阿波罗尼亚的营地里。盖乌斯·屋大维·奥古斯都已经十九岁，他是尤利乌斯·恺撒的外甥女阿蒂亚的儿子。尤利乌斯·恺撒将盖乌斯·屋大维·奥古斯都的地位从平民提升到贵族，并且打算收养盖乌斯·屋大维·奥古斯都，将自己的遗产及元老院赐予的世袭遗产都留给盖乌斯·屋大维·奥古斯都。事实上，罗马人心中还没有世袭观念。譬如，人们很难想象独裁政权会从一个统治经验丰富的人手中传到一个不经世事的年轻人手中，也很难想象人民与生俱来担任保民官的权力会建立在某

阿蒂亚

罗马英雄卢修斯·朱尼厄斯·布鲁图

一特定家族的统治基础上。因此，罗马人得出一个结论：尤利乌斯·恺撒想要获得一个头衔，从而建立一个帝国。据说，尤利乌斯·恺撒渴望称帝。奉承尤利乌斯·恺撒的人提出了称帝建议。为了使尤利乌斯·恺撒失去民心，尤利乌斯·恺撒的对手也希望他称帝，并极力敦促他同意称帝提议。一天早晨，人们在尤利乌斯·恺撒的雕像前发现了一个带有王冠的桂花花环。保民官愤怒地将花环扯下来，民众对保民官的行为非常满意，称赞保民官是罗马英雄卢修斯·朱尼厄斯·布鲁图。尤利乌斯·恺撒非常感动，也为保民官的行为鼓掌。当类似的事情再次发生时，众人开始抱怨。尤利乌斯·恺撒急忙喊道："我不是皇帝，我是尤利乌斯·恺撒。"然而，尤利乌斯·恺撒觉得有些窘迫。事实上，他的一些朋友是阴谋的真正推动者，坚持认为他应该称帝。公元前44年2月8日，尤利乌斯·恺撒坐在主席台前的金色椅子上主持会议。在这次会议中，他忠实的追随者马库斯·安东尼扮演了重要角色。马库斯·安东尼穿着便装匆匆跑过大街，手里拿着一条皮鞭，用皮鞭不停地抽打站在前面的妇女。这些妇女为了摆脱贫困甘愿挨打。随后，马库斯·安东尼冲出人群，从腰带里拿出一顶皇冠，将皇冠献给了尤利乌斯·恺撒，宣称这是罗马人民献给尤利乌斯·恺撒的礼物。接着出现了几声稀稀拉拉的掌声。显然，一切都是事先安排好的。当尤利乌斯·恺撒从马库斯·安东尼手中接过皇冠时，全场爆发出热烈的掌声。尤利乌斯·恺撒重复道："我不是皇帝，罗马唯一的君主是朱庇特。"尤利乌斯·恺撒下令将皇冠送到朱庇特神殿，悬挂在神殿里，以纪念罗马人民的慷慨和自己的爱国精神。

尤利乌斯·恺撒的谨慎使叛乱者的计划落空了。但一些杰出的公民越来越多疑，其中不乏共和派的残余力量。毫无疑问，一些人对自己的仕途感到无望，忌妒得到尤利乌斯·恺撒提拔的人，因为一些地位远不及他们的人现在获得了显赫地位。与此同时，尤利乌斯·恺撒试图将自己的权力传给一个无足轻重的青年的做法引起了很多人不满。一场针对尤利乌斯·恺撒的阴谋应运而生。有六十个或八十个人参与了这场阴谋，其中一些人是尤利乌斯·恺撒最信赖的朋友。德西默斯·朱尼厄斯·布鲁图·阿尔比努斯、盖乌斯·特雷博尼乌斯、盖乌斯·卡修斯·朗基努斯和蒂利乌斯·桑贝尔都倍受尤利乌斯·恺撒的信赖。盖乌斯·卡修斯·朗基努斯自称属于共和派，但曾公开表示支持仁慈的尤利乌斯·恺撒，而不是格涅乌斯·庞培·马格努斯凶狠残暴的儿子们。但他是一个脾气暴躁、忌妒心极强的人，也是一个心事重重的阴谋家，既无所顾忌，也没有原则。小马库斯·朱尼厄斯·布鲁图曾是马库斯·波尔基乌斯·加图的追随者。盖乌斯·卡修斯·朗基努斯受小马库斯·朱尼厄斯·布鲁图的影响，声称要在哲学和公民道德方面以小马库斯·朱尼厄斯·布鲁图为榜样。然而，小马库斯·朱尼厄斯·布鲁图野心勃勃，试图成为山内高卢总督，并为此采取了积极行动。阴谋者的手段体现了尤利乌斯·恺撒性格的弱点。此外，阴谋者在小马库斯·朱尼厄斯·布鲁图的雕像上贴了一张纸，上面写着："你会活着吗？"他们还将一块铁坯塞到雕像手中，铁坯上面刻着："小马库斯·朱尼厄斯·布鲁图，你睡着了，你不再是小马库斯·朱尼厄斯·布鲁图了。"阴谋者充分利用了小马库斯·朱尼厄斯·布鲁图在罗马军队中的影响，为自己的阴谋赋予了合法目标和爱国色彩。

阴谋者的阴谋很快得逞。尤利乌斯·恺撒曾与马库斯·安东尼同时出任执政官,并宣布打算率领一支强大的军队远征东方,为马库斯·李锡尼·克拉苏报仇,同时征服帕提亚人。据说,尤利乌斯·恺撒打算从黑海北岸进军,粉碎米特里达梯人与多瑙河流域的野蛮人组成的联盟。尤利乌斯·恺撒已经完成出发前的准备工作。公元前44年3月15日,元老院召开了会议,针对尤利乌斯·恺撒的阴谋即将浮出水面。公元前45年3月17日,格涅乌斯·庞培离开意大利海岸,尤利乌斯·恺撒在蒙达战役中大获全胜。但公众似乎早在一年前就预料到了尤利乌斯·恺撒的胜利。对尤利乌斯·恺撒来说,公元前44年3月15日是致命的一天。目前为止,尤利乌斯·恺撒对一些人的警告不屑一顾。最近有人听到他说,意外死亡是最容易的死法。尤利乌斯·恺撒甚至赶走了元老院派来保护他的警卫,拒绝采取任何防御措施。但他的妻子卡尔普尼亚做了一个噩梦,显示了一

卡尔普尼亚

德西默斯·朱尼厄斯·布鲁图·阿尔比努斯劝诱尤利乌斯·恺撒前往元老院

种不祥预兆。最后,尤利乌斯·恺撒似乎有些犹豫了。与此同时,小马库斯·朱尼厄斯·布鲁图开始动摇,但他的妻子一直支持他反对尤利乌斯·恺撒。德西默斯·朱尼厄斯·布鲁图·阿尔比努斯鼓起勇气,劝诱尤利乌斯·恺撒前往元老院,并嘲笑尤利乌斯·恺撒的顾虑。尤利乌斯·恺撒动摇了,但当他沿着论坛走向战神广场上的剧院时,不止一个人提醒他要小心。据说有一个人将一张纸条塞到了尤利乌斯·恺撒手里,恳求尤利乌斯·恺撒打开看一看,但尤利乌斯·恺撒并没有在意。当尤利乌斯·恺撒到达元老院大厅的时候,他手中的纸条仍然

是卷起来的。尤利乌斯·恺撒得意地对占卜师说:"3月15日到了。"占卜师嘀咕道:"是的,但这一天还没有完啊。"尤利乌斯·恺撒走进大厅,阴谋者围在他身边,朋友们对他敬而远之。盖乌斯·特雷博尼乌斯负责去门口扣留马库斯·安东尼。会上,蒂利乌斯·桑贝尔走上前请求尤利乌斯·恺撒的原谅,其余人也都齐

阴谋者们将尤利乌斯·恺撒围住

声加入了请求原谅的行列。他们抓住尤利乌斯·恺撒的手,搂住了他的脖子。起初,尤利乌斯·恺撒并没有在意,只是轻轻地将众人的手推开。但阴谋者的紧迫感陡然增加。蒂利乌斯·桑贝尔第一个采取了行动,假意抓住尤利乌斯·恺撒的长袍要亲吻。随后,尤利乌斯·恺撒身后的盖乌斯·卡修斯·朗基努斯将藏

尤利乌斯·恺撒被刺倒地

在笔套里的匕首插在了尤利乌斯·恺撒的胸口。尤利乌斯·恺撒一边喊着"救命",一边一把抓住刀柄。与此同时,其他人纷纷拔出匕首刺向尤利乌斯·恺撒。尤利乌斯·恺撒反抗了片刻,甚至用笔刺伤了一个攻击他的人。但当他注意到小马库斯·朱尼厄斯·布鲁图手中闪闪发光的匕首时,喊道:"什么!你也是!"然后,他放开了盖乌斯·卡修斯·朗基努斯,将长袍拉到脸上不再反抗。阴谋者刺了尤利乌斯·恺撒二十多刀。最后,尤利乌斯·恺撒倒在了格涅乌斯·庞培·马格努斯的雕像旁。

公元前44年3月15日,尤利乌斯·恺撒遇刺身亡,身上共被砍了二十三刀,据说只有一刀是致命的。尤利乌斯·恺撒的身体一直不太好,经常犯癫痫。在阿非利加洲战役中,他的癫痫曾发作了一次,在蒙达战役前又发作了一次。然而,他的活力和快速行动似乎证明了其体格依然健壮。尤利乌斯·恺撒如果没有遭到暗杀,可能会亲自实施自己制订的自由主义计划。

在罗马历史上,尤利乌斯·恺撒的地位无人能及。尤利乌斯·恺撒的成就及其性格对后世产生了深远影响。在他的领导下,复兴罗马共和国的事业以他的早逝及其政府的垮台告终。不难看出,建立罗马帝国的不是尤利乌斯·恺撒,而是盖乌斯·屋大维·奥古斯都。然而,第一个将计划付诸实践的人可能比循规蹈矩完成自己目标的人更能引起人们的注意。因此,后人将尤利乌斯·恺撒视为罗马帝国的第一位皇帝。欧罗巴的伟大君主将尤利乌斯·恺撒当作自己的榜样。必须承认,在很大程度上,从尤利乌斯·恺撒身上衍生出来的现代专制统治是有缺陷的。后来,专制统治逐渐发展成熟,成为君主立宪制,与共和政体融为一体。在人类社会发展过程中,尤利乌斯·恺撒发挥了重要作用,成为人类历史上最引人注目的伟人之一。

人们对尤利乌斯·恺撒能力的评价各有不同。因此,这里我主要提一下历史学家对尤利乌斯·恺撒的客观评价。当其他杰出人物在某一领域名声大噪时,马库斯·图利乌斯·西塞罗宣称,尤利乌斯·恺撒在各个方面都是最优秀的。他说:"尤利乌斯·恺撒有天赋,善于理解、记忆、品味和思考各方面的知识,并且非常勤奋。他做的每一件事都很伟大。"德国历史学家威廉·德鲁曼说道:"无论是作为一名将军、政治家、立法者、法学家、演说家、诗人、历史学家、语法学家、数学家,还是作为一名建筑师,他都能做得很好。"盖乌斯·普林尼·塞古都斯告诉我们,尤利乌斯·恺撒可以将注意力同时放在几件不同的事情上,譬如同时写作、口述和倾听。与此同时,我们确信,在战场上,尤利乌斯·恺撒的演讲和激情同样引人注目。他常常在最危险的时刻与士兵们并肩作战;不用缰绳就能驾驭战马;在亚历山大港,他通过娴熟的游泳技巧幸免于难。但在尤利乌斯·恺撒的所有才能中,他的个人影响力似乎是最无人能及的。在罗马的所有伟人中,尤利乌斯·恺撒似乎是最和蔼可亲的一位。他实行的政策极其宽松,比后来腐败时期的政策更宽松。因此,他得到了很多人的尊敬和爱戴。这一点也许很奇怪,因为尤利乌斯·恺撒给我们的印象是冲动鲁莽。尤利乌斯·恺撒的宽厚和热情常常使我们原谅他的道德过失。显然,没有一个人不敬佩尤利乌斯·恺撒卓越的智慧、勇气、理智和准确的判断,更不用说他不断取得的成就。可以推测,尤利乌斯·恺撒雄心壮志中隐藏的自私并没有在他的继任者身上体现出来。

作为一名将军，尤利乌斯·恺撒无疑是杰出的。古罗马人对尤利乌斯·恺撒的一致好评得到了现代许多伟大将领的响应。我们可以认为尤利乌斯·恺撒的军事成就是通过合法手段获得的。无论是尤利乌斯·恺撒自己的评论，还是其属下对他的评论，都丝毫没有掩饰他的错误，也没有掩饰他所处的困境。所有指挥官都会犯错。然而，尤利乌斯·恺撒的错误总是展现出一定的广度和多样性，并显示出他的计划的深度和成熟性。特雷沃部落和韦辛格托里克斯对尤利乌斯·恺撒的打击为尤利乌斯·恺撒最终征服高卢铺平了道路；法纳西斯二世的失败使尤利乌斯·恺撒取得了罗马内战的胜利；亚历山大的动乱帮助尤利乌斯·恺撒征服了富有的埃及。无论是汉尼拔还是后来的拿破仑·波拿巴，都没能取得与尤利乌斯·恺撒一样的成就。

第 9 章

盖乌斯·屋大维·奥古斯都
继承尤利乌斯·恺撒之位

精彩看点

马库斯·安东尼出逃——马库斯·安东尼以执政官的身份召集元老院——公元前44年3月17日颁布特赦法令——马库斯·安东尼掌握局势和尤利乌斯·恺撒的葬礼——民众对阴谋者的愤怒——"暴政仍然存在"——盖乌斯·屋大维·奥古斯都抵达意大利——盖乌斯·屋大维·奥古斯都继承尤利乌斯·恺撒遗产——马库斯·图利乌斯·西塞罗猛烈抨击马库斯·安东尼

当阴谋者环顾大厅时，大厅里已经空无一人。元老们匆匆离开。百夫长、执政官和侍从都随元老们一起消失了。小马库斯·朱尼厄斯·布鲁图打算发表演讲，却发现听众们已经不知所踪。马库斯·安东尼随着人群逃了出来，和一个奴隶换了衣服后逃回了家中。罗马市民惊愕不已，不知道下一次袭击会落在谁身上，也不知道哪一方会首先发动暴乱。战争一触即发。一方面，德西默斯·朱尼厄斯·布鲁图·阿尔比努斯曾在庞培剧院里安置了几个角斗士保护自己的朋友；另一方面，罗马城内到处是尤利乌斯·恺撒的军队，马库斯·埃米利乌斯·雷必达正在城外指挥着一个军团。

阴谋者挥舞着沾满鲜血的武器，用长袍裹住左臂抵御袭击。他们走到战神广场上，看见一顶插在长矛上的帽子，高呼着自己杀了一位"暴君"。战神广场上挤满焦躁不安的民众，但阴谋者的喊声没有得到任何回应。面对民众的中立态度，自称解放者的阴谋者们感到非常不安，急忙退到了卡匹托尔山上。在角斗士们的协助下，德西默斯·朱尼厄斯·布鲁图·阿尔比努斯封锁了角斗场。到了晚上，几名贵族前来与他会合，其中包括马库斯·图利乌斯·西塞罗。虽然马库斯·图利乌斯·西塞罗与这场阴谋无关，但现在，他似乎看到了希望，建议立即召开元老院会议。与此同时，小马库斯·朱尼厄斯·布鲁图打算继续呼吁民众。公元前44年3月16日，小马库斯·朱尼厄斯·布鲁图来到论坛。事实上，就个人而言，人们很尊敬他，都愿意听他演讲。但人们对在小马库斯·朱尼厄斯·布鲁图后面发表演讲的人发动了袭击，将阴谋者赶回了卡匹托尔山。与此同时，马库

尤利乌斯·恺撒遇害后,阴谋者们离开元老院

斯·安东尼并没有闲着。他和尤利乌斯·恺撒的妻子卡尔普尼亚秘密通信,得到了尤利乌斯·恺撒的私人财产和遗嘱。他的两个兄弟一个是执政官,另一个是保民官。在两兄弟的帮助下,马库斯·安东尼以执政官的身份打开了奥普斯神殿的金库,从金库取了一些钱,并将钱赠与了马库斯·埃米利乌斯·雷必达。因此,马库斯·埃米利乌斯·雷必达答应支持马库斯·安东尼。

马库斯·安东尼一直被人们视为尤利乌斯·恺撒的属下和朋友。但尤利乌斯·恺撒死后,许多人认为他会顺理成章地成为尤利乌斯·恺撒的接班人。此前,马库斯·安东尼主要以风流韵事和放荡不羁闻名。现在,他即将以一个完美政治家的形象出现。马库斯·图利乌斯·西塞罗极力劝阻阴谋者与马库斯·安东尼谈判。但阴谋者们相信了马库斯·安东尼所谓的忠诚,并希望改变马库斯·安

东尼的温顺脾气。作为执政官,马库斯·安东尼理应在公元前44年3月17日召开元老院会议。他指定在战神广场附近的泰勒斯神殿召开会议。泰勒斯神殿里挤满全副武装的士兵。阴谋者不敢离开卡匹托尔山。因此,在阴谋者不在场的情况下,关于他们罪行的会议在泰勒斯神殿召开。一些神职人员将尤利乌斯·恺撒污蔑为暴君,为阴谋者的暗杀辩护。因此,马库斯·安东尼对阴谋者提出了指控,普布利乌斯·科尔内利乌斯·多拉贝拉和其他支持尤利乌斯·恺撒的人举行了示威游行。当元老们还在商议的时候,马库斯·安东尼走进了泰勒斯神殿。人们欢呼着迎接他,同时提醒他保护好自己。元老们对普布利乌斯·科尔内利乌斯·多拉贝拉等人的示威活动感到不安。马库斯·图利乌斯·西塞罗指出了唯一能使元老们体面地摆脱目前尴尬处境的办法。他要求元老院赦免阴谋者,或忘记阴谋者的罪行,然后任命新的独裁官。阴谋者的罪行就留给后人判断吧!私下里,马库斯·图利乌斯·西塞罗宣称自己是尤利乌斯·恺撒的狂热支持者。但现在,他公开承认,为了罗马的和平与元老院的利益,他会做出妥协。于是,元老院颁布了赦免令。公元前44年3月18日,马库斯·图利乌斯·西塞罗发表演说安抚民众。他邀请阴谋者们从卡匹托尔山上下来。马库斯·埃米利乌斯·雷必达和马库斯·安东尼将自己的孩子送到小马库斯·朱尼厄斯·布鲁图和盖乌斯·卡修斯·朗基努斯那里做人质。马库斯·安东尼和盖乌斯·卡修斯·朗基努斯都十分粗鲁。马库斯·安东尼问盖乌斯·卡修斯·朗基努斯:"你胳膊下还有匕首吗?" 盖乌斯·卡修斯·朗基努斯回答道:"是的,有啊。如果你继续支持暴政,我就用匕首杀了你。"公元前44年3月19日早晨,各党派召开了会议,最终确认了独裁官人选。盖乌斯·特雷博尼乌斯负责管理东方行省,蒂利乌斯·桑贝尔负责管理比提尼亚,德西默斯·朱尼厄斯·布鲁图·阿尔比努斯负责管理山内高卢,小马库斯·朱尼厄斯·布鲁图负责管理马其顿,盖乌斯·卡修斯·朗基努斯负责管理叙利亚。他们在罗马国内的任期届满后,就可以前去各自行省赴任了。

尽管权力的天枰偏向了共和派一边,但马库斯·安东尼仍然控制着局势。由于尤利乌斯·恺撒并不是"暴君",并且他的所作所为也是合法的,因此,人们必然会承认他的遗嘱,并且举行葬礼悼念他。马库斯·安东尼向人们背诵了尤利乌

盖乌斯·屋大维·奥古斯都

斯·恺撒的遗嘱。尤利乌斯·恺撒收养了盖乌斯·屋大维·奥古斯都,将他在台伯河岸边的花园赠给了罗马人,并赠给每个罗马公民三百枚钱币。他的宽厚使激动的群众再次对他产生了好感。火葬的柴堆堆在战神广场上,悼词将会在论坛上宣读。论坛前立着一座金光闪闪的神龛,神龛里安放着一把用黄金和象牙打造的长椅,尤利乌斯·恺撒的遗体躺在长椅上面。长椅的一端悬挂着尤利乌斯·恺撒死前穿的长袍,长袍上满是刀痕,像是在展示战利品一样。事实上,尤利乌斯·恺撒的遗骸并不在葬礼现场,而是藏在公众视线之外,取而代之的是一尊蜡像。蜡像真实地还原了尤利乌斯·恺撒的二十三处伤口。按照惯例，戏剧表演是葬礼的一部分。人们被阿伽门农和阿贾克斯死亡时的情景感动。阿伽门农和阿贾克斯的死都是由他们最亲近的人造成的。当人们被戏剧表演感动时，马库斯·安东尼走上前，歌颂了古代伟大的死者，宣读了法令，宣称自己拥有法律赋予的至高无上的权力，是罗马共和国的统治者。然后，他指着尤利乌斯·恺撒的遗体说，法律和誓言都没有阻止杀害尤利乌斯·恺撒的暴行。最后，他朝朱庇特神殿走去，喊道："至少我打算遵守我的誓言，为受害者报仇！"人们逐渐产生了狂热的复仇情绪。他们禁止将尤利乌斯·恺撒的遗体抬出城外，坚持要在城内焚烧遗体，同时从邻近的建筑物里抢了椅子、桌子和长椅，将一大堆易燃物抬到广场上，又匆忙将尤利乌斯·恺撒的尸体放在易燃物上。卡斯特神殿和波利克斯神殿就在广场附近，是古代的两位勇士宣布勒吉鲁斯战役取得了胜利的地方。与此同时，两名年轻人神色严肃，手持剑和标枪，拿着火把，打算举行火葬仪式。人们继续为火堆添加柴火，老兵们将武器扔进了火里，妇女们将自己的首饰也扔了进去，甚至连孩子们衣服上的小饰品也被扔进了火里。尤利乌斯·恺撒深受罗马人爱戴。他对外邦人、高卢人、伊比利亚人、阿非利加人和东方人同样亲切。人们挤在一起，发泄自己对刺杀尤利乌斯·恺撒一事的愤怒。随后，愤怒的民众拿着火把冲过街道，试图焚烧阴谋者的房屋。虽然民众的暴力袭击暂时被压制住了，但小马库斯·朱尼厄斯·布鲁图及其同伙仍然不敢在公共场合露面。他们要么离开罗马城，要么一直躲着不出来。

　　显然，阴谋者的行为激怒了民众。民众迫切希望为尤利乌斯·恺撒报仇。阴谋者所在党派的领袖不愿帮助他们，也不愿为他们的行为辩护。马库斯·安东尼利用元老们颁布赦免令时，提议召回格涅乌斯·庞培·马格努斯最后一个幸存的儿子塞克斯图斯·庞培。目前，塞克斯图斯·庞培是格涅乌斯·庞培·马格努斯之前的追随者们的领袖。马库斯·安东尼也许很清楚，拥有海上舰队的塞克斯图斯·庞培还有其他目的，格涅乌斯·庞培·马格努斯的名字对共和派已经失去影响力。但他的提议似乎起到了一些安抚作用，在人们心中塑造了一个仁慈的执政官的形象。马库斯·安东尼决定废除独裁官的职务和头衔。现在，元老院对独裁

小马库斯·朱尼厄斯·布鲁图与尤利乌斯·恺撒的灵魂

官的厌恶不亚于人民对元老院的厌恶。但广场上激动的群众表明,动乱已经到来。尤利乌斯·恺撒的死是动乱的导火索,而不是根本原因。马库斯·安东尼以动乱为借口,在元老院的批准下命令一支护卫队保护自己。很快,他将护卫队扩增成了一支六千人的武装部队,恢复了街道上的秩序。一个叫阿玛提乌斯的骗子假装是尤利乌斯·恺撒的亲戚,企图获得民众的支持。马库斯·安东尼戳穿了他的骗局,并处死了他。马库斯·安东尼的武装部队保卫罗马共和国的热忱得到了元老院的盲目赞扬。与此同时，马库斯·图利乌斯·西塞罗大声说，蒂利乌斯·桑贝尔是最优秀、最勇敢的地方官员，马库斯·安东尼不值得信任。

元老院认可了尤利乌斯·恺撒的功绩。马库斯·安东尼打算实施尤利乌斯·恺撒没有来得及实施的公共计划。有了可以大展身手的计划，他开始为自己设想的每一项举措做准备。法律、金钱、裁判官等全部聚集在马库斯·安东尼脚下。马库斯·安东尼以尤利乌斯·恺撒的名义做了尤利乌斯·恺撒之前不敢做的事。他卖掉了一些行省，收回了一些债务，同时获得了元老院、军队和附属国的支持。他打着贯彻尤利乌斯·恺撒思想的幌子，撤销了尤利乌斯·恺撒之前的任命，违背了自己与阴谋者的约定，剥夺了承诺给小马库斯·朱尼厄斯·布鲁图和盖乌斯·卡修斯·朗基努斯的行省。此外，他还将蒂利乌斯·桑贝尔派往叙利亚，以回报蒂利乌斯·桑贝尔的支持。随后，他率领尤利乌斯·恺撒在阿波罗尼亚集结的军团，前去征服马其顿。马库斯·图利乌斯·西塞罗悲伤地说："暴君虽然死了，但暴政还活着。"暴政仍然存在于执政官身上。但也许有人会说，执政官是人民任命的，执政官的任期是固定而短暂的，最多一年。任期结束时，执政官会重新加入普通公民的行列。严格限制专制权的做法是否可以无限期延伸到一个不需要任何贵族、平民、行省或盟友支持的人身上，还有待观察。在罗马，从来没有人通过微不足道的个人影响力掩饰自己的罪行。但如果马库斯·安东尼能在马其顿取得胜利，获得尤利乌斯·恺撒军团的指挥权，那么他就会拥有至高无上的军权。目前的局势发展取决于马库斯·安东尼的态度。

马库斯·安东尼是一个大胆乐观、果敢自信的人，但事实证明，他对自己激进的预想是错误的。盖乌斯·屋大维·奥古斯都在阿波罗尼亚的军团中待了几个月。他一直随身带着演讲稿，准备在一个更大的舞台上展示自己的才华。他对尤利乌斯·恺撒的死感到十分惊讶，还没有意识到自己继承的遗产有多危险。但他的母亲从罗马寄来的信使他想起了尤利乌斯·恺撒对他的恩宠，想起了自己与尤利乌斯·恺撒血脉相连。因此，他决定立即返回罗马，勇敢面对一切危险。他的朋友本来要劝阻他，但士兵们深受尤利乌斯·恺撒名字的鼓舞，发誓要支持他。勇敢的盖乌斯·屋大维·奥古斯都毫不犹豫地来到了阿普里亚海岸。在阿普里亚海岸，他收到了尤利乌斯·恺撒的遗嘱，以及元老院最近颁布的一项法令。于是，他正式以尤利乌斯·恺撒养子的身份出现在布林迪西的卫戍部队中。士兵们热情地向他敬礼；尤利乌斯·恺撒曾经的朋友聚集在他周围；殖民地的老兵拿起武器，要为尤利乌斯·恺撒报仇。但年轻的盖乌斯·屋大维·奥古斯都既勇敢又谨慎，拒绝使用或展示自己的武力，因为他还不确定要采取什么行动。他有着罕见的自我控制力，决定与元老院谈判，宣称自己作为一个普通公民继承了已故父亲的遗产。到了库迈，盖乌斯·屋大维·奥古斯都得知马库斯·图利乌斯·西塞罗在附近逗留，便去拜访这位垂头丧气的爱国者，并向马库斯·图利乌斯·西塞罗保证自己是忠诚的。马库斯·图利乌斯·西塞罗立即被经验丰富且平易近人的盖乌斯·屋大维·奥古斯都吸引了。他说服自己，认为盖乌斯·屋大维·奥古斯都是罗马共和国的合法继承人。公元前44年4月月底，即尤利乌斯·恺撒去世六个星期后，盖乌斯·屋大维·奥古斯都进入罗马。此时，马库斯·安东尼不在罗马。在伊比利亚半岛上，马库斯·安东尼招集了新的盟友。他的行为大胆粗鲁，甚至使他的追随者也陷入了道德失范、令人厌恶的窘境。他与希腊情妇塞瑟利斯的情感纠葛是他与克利奥帕特拉七世不光彩恋情的前奏。由于与克利奥帕特拉七世的不光彩恋情，马库斯·安东尼在罗马爱国者和道德家的心中的地位跌倒了谷底。

此时，盖乌斯·屋大维·奥古斯都还不满十九岁。用尤利乌斯·恺撒的名字称呼胸怀壮志的盖乌斯·屋大维·奥古斯都十分恰当。无论是盖乌斯·屋大维·奥古斯都的母亲阿蒂亚，还是他母亲的第二任丈夫卢修斯·马西乌斯·菲利普斯，都无法阻止他继承尤利乌斯·恺撒的遗产。盖乌斯·屋大维·奥古斯都站在法官面前，自称尤利乌斯·恺撒的儿子和继承人。他登上论坛，向人们发表演说，发誓要找回尤利乌斯·恺撒留给他的遗产。这些都是马库斯·安东尼无法做到的。但执政官并没有惊慌。公元前44年5月月初，盖乌斯·屋大维·奥古斯都还没有回到罗马。于是，他的竞争对手针对他搞了一系列阴谋。盖乌斯·屋大维·奥古斯都运筹帷幄，结交了许多朋友，安抚了许多对手，直到认为自己足够强大，足以公开谴责马库斯·安东尼的卑鄙行为时，才回到罗马。与此同时，他公开要求马库斯·安东尼交出尤利乌斯·恺撒留下的遗产。马库斯·安东尼回避并否认了自己扣留尤利乌斯·恺撒遗产的事实，称自己没有钱，即使有钱也不是尤利乌斯·恺撒的，而是罗马共和国的，还称如果不是因为自己的聪明才智，尤利乌斯·恺撒的所有财产都会被没收，尤利乌斯·恺撒颁布的法令也会被宣告无效。于是，盖乌斯·屋大维·奥古斯都变卖了所有财产，同时向亲戚朋友借钱，开始履行自己的公共义务。从那一刻起，盖乌斯·屋大维·奥古斯都获得了威望和权力，赢得了人民的支持，让政治家们相信他有能力、有担当。现在，马库斯·安东尼认为自己必须做出选择，是将盖乌斯·屋大维·奥古斯都当作朋友对待，还是当作敌人对待。阴谋者也许会让马库斯·安东尼感到不安，因为他们向来优柔寡断、摇摆不定。马库斯·图利乌斯·西塞罗虽然很有活力，也很爱国，但不适合做领袖。共和派中的主要人物都忙于自己的事业，对其他人的事业并不感兴趣。在阿尔卑斯山脉地区，德西默斯·朱尼厄斯·布鲁图·阿尔比努斯正率领军队抗击入侵者。盖乌斯·卡修斯·朗基努斯夺去了叙利亚地区的军队指挥权。在地中海西部各地区，塞克斯图斯·庞培发动了袭击，试图劫掠当地居民。小马库斯·朱尼厄斯·布鲁图离开了罗马，在坎帕尼亚海岸边徘徊。后来，他决定前往马其顿。但当他渡过亚得里亚海的时候，马库斯·安东尼已经控制了马其顿的大部分军队。马其顿地区的人已经将马库斯·安东尼视为首领。当一个叫卡尔普尼乌斯·皮索的人大胆抨击小马库斯·朱尼厄斯·布鲁图时，没有人出来阻止。小马库斯·朱尼厄斯·布鲁图虽然地位显赫，但缺乏个人魅力。马库斯·图利乌斯·西塞罗被迫从意大利逃了出来，受天气影响来到了卡拉布里亚。但他拒绝登船，悲伤地转身向罗马走去。

公元前44年9月1日，马库斯·安东尼举行了元老院会议。马库斯·图利乌斯·西塞罗已经返回罗马城，对执政官的热情接待感到满意。像其他政治家一样，他从来没有将意大利人民的不稳定情绪考虑在内。然而，他不敢参加元老院会议。马库斯·安东尼利用马库斯·图利乌斯·西塞罗缺席的机会，打算投票表决自己的提议。于是，会议全票通过了将去世的尤利乌斯·凯撒列为"国父"的提议。马库斯·安东尼和马库斯·图利乌斯·西塞罗之间根深蒂固的敌意似乎与生俱来。马库斯·图利乌斯·西塞罗曾经遭到放逐。现在，他在帕拉丁的房子已经毁于一旦。马库斯·安东尼威胁马库斯·图利乌斯·西塞罗,说要让马库斯·图利乌斯·西塞罗重蹈覆辙。但他的威胁也许只是装腔作势,产生的影响微乎其微。随后,马库斯·安东尼漫不经心地离开了罗马,在蒂伯廷的别墅里纵情狂欢。与此同时,马库斯·图利乌斯·西塞罗抓住机会,在元老院占据了一席之地,并用相同的方法挑衅马库斯·安东尼。罗马演说家们的雄辩常常令听众们激动万分。马库斯·安东尼和马库斯·图利乌斯·西塞罗之间的争辩充分体现了罗马演说家们的雄辩能力。马库斯·安东尼的言辞深深刺痛了马库斯·图利乌斯·西塞罗。于是,马库斯·图利乌斯·西塞罗开始反驳。首先,马库斯·图利乌斯·西塞罗为自己的行为辩护,证明自己返回罗马城是正确的选择。他虽然没有提到杀害尤利乌斯·恺撒的凶手,但对马库斯·安东尼后来的诉讼程序进行了分析,宣称马库斯·安东尼盗用了尤利乌斯·恺撒的文件,并且不顾尤利乌斯·恺撒的意愿和元老院的反对,通过了赦免令。他还说马库斯·安东尼按自己的意愿制定法律,任命自己的人担任公职,并将自己制定的利己政策称为"尤利乌斯·恺撒的意志"。元老们的激动之情不亚于普通民众,对马库斯·图利乌斯·西塞罗充满钦佩,甚至想热情回应马库斯·图利乌斯·西塞罗的演说。马库斯·安东尼被彻底激怒了。他急忙赶回罗马,应对马库斯·图利乌斯·西塞罗的抨击。马库斯·图

货币上的马库斯·安东尼

利乌斯·西塞罗也许害怕马库斯·安东尼会使用暴力手段，而不是争辩。他的朋友们劝他尽量避免与马库斯·安东尼发生肢体冲突。于是，当马库斯·安东尼返回罗马城时，他退回坎帕尼亚。元老院似乎十分配合马库斯·安东尼和马库斯·图利乌斯·西塞罗，谁在罗马城内就听谁的。

第 10 章

后三巨头

精彩看点

盖乌斯·屋大维·奥古斯都拉拢马库斯·安东尼的士兵——盖乌斯·屋大维·奥古斯都做好战争准备——马库斯·图利乌斯·西塞罗的政治活动——马库斯·图利乌斯·西塞罗再次抨击马库斯·安东尼——执政官奥卢斯·希尔提乌斯和盖乌斯·维比乌斯·潘萨带兵出征——两位执政官在摩德纳战役爆发前下台——马库斯·安东尼联合马库斯·埃米利乌斯·雷必达和卢修斯·姆纳蒂乌斯·普兰库斯——盖乌斯·屋大维·奥古斯都成为执政官——德西默斯·朱尼厄斯·布鲁图·阿尔比努斯之死后三巨头划分领地——颁布"公敌宣言"——马库斯·图利乌斯·西塞罗之死 ——马库斯·图利乌斯·西塞罗之死的影响——后三巨头同盟尘埃落定

马库斯·安东尼和马库斯·图利乌斯·西塞罗之间的唇枪舌战愈演愈烈。与此同时，盖乌斯·屋大维·奥古斯都默默削弱了马库斯·安东尼的权力。他用金钱和地位作诱饵，拉拢马库斯·安东尼阵营的士兵。得知自己在布林迪西的军队受到盖乌斯·屋大维·奥古斯都挑拨，即将分崩离析时，马库斯·安东尼十分惊慌。公元前44年10月3日，马库斯·安东尼立即起程前往布林迪西，试图阻止军队背叛。盖乌斯·屋大维·奥古斯都也离开了罗马，巡视了尤利乌斯·恺撒在坎帕尼亚、翁布里亚和阿尔卑斯山脉南侧的殖民地。他号召老兵们为了尤利乌斯·恺撒重操旧戈，并从老兵中选编出一支一万人的军队。此外，他还骗取了马库斯·图利乌斯·西塞罗的信任。此时，马库斯·图利乌斯·西塞罗渴望得到一支军队的支持。通过马库斯·图利乌斯·西塞罗，盖乌斯·屋大维·奥古斯都就可以凌驾于元老院之上了。他经常给马库斯·图利乌斯·西塞罗写信，请求马库斯·图利乌斯·西塞罗回到罗马，再次拯救罗马共和国。信中，盖乌斯·屋大维·奥古斯都表达了对马库斯·图利乌斯·西塞罗的尊敬、赞美和爱戴，极力恭维和安抚马库斯·图利乌斯·西塞罗，甚至尊称他为父亲。

马库斯·安东尼认为是时候发动战争了，年轻的盖乌斯·屋大维·奥古斯都不值得他耗费太多精力。他前往亚里米伦整顿军纪，然后派军驻扎在阿尔卑斯山脉的南部边界，及时遏制了军队向盖乌斯·屋大维·奥古斯都倒戈的倾向。他答应为军队提供一批物资，但最终失信了。马库斯·安东尼承诺为每名士兵发

富尔维亚

两千塞斯特斯①，现在却改成了每人发四百塞斯特斯。但他仍然手握军队指挥权。马库斯·图利乌斯·西塞罗在演说中愤慨地称，马库斯·安东尼用斧头击打了三百名百夫长，甚至他的妻子富尔维亚②激发了他复仇的怒火。演说家的长篇大论一般不可信。马库斯·安东尼通过某种办法，将几支部队组成了一支护卫队，随后抵达了罗马。到达罗马后，他向元老院指控盖乌斯·屋大维·奥古斯都，因为盖乌斯·屋大维·奥古斯都没有任何职位，却在没有得到命令的情况下擅自调集了军队。与此同时，马库斯·安东尼得知自己的两个军团已经投靠盖乌斯·屋大维·奥古斯都，很多民众也坚决反对他。在元老院的议事厅或法庭中，

---

① 塞斯特斯（Sesterce），古罗马货币。——原注
② 富尔维娅（Fulvia，公元前83—公元前40），一位罗马贵族妇女，先后与普布利乌斯·克洛迪乌斯·普尔喀、盖乌斯·斯克里波尼乌斯·库里奥和马库斯·安东尼结婚，并通过婚姻获得了权力。——译者注

马库斯·安东尼已经没有立足之地，必须转移到远方重建军队，就像苏拉、盖乌斯·马略、尤利乌斯·恺撒和格涅乌斯·庞培·马格努斯那样。马库斯·安东尼获得了阿尔卑斯山脉南部地区的管理权。作为地方总督，他的首要任务是将德西默斯·尤尼乌斯·布鲁图·阿尔比努斯赶走，同时正式撤销德西默斯·朱尼厄斯·布鲁图·阿尔比努斯在阿尔卑斯山脉南部地区的职务。当马库斯·安东尼到达亚里米伦时，他已经拥有四个军团的兵力。马库斯·埃米利乌斯·雷必达率领四个军团从西班牙进军，打算支援马库斯·安东尼。盖乌斯·阿西尼乌斯·波里奥带领三个军团翻越了比利牛斯山脉。远在高卢的卢修斯·姆纳蒂乌斯·普兰库

卢修斯·姆纳蒂乌斯·普兰库斯

斯的兵力与盖乌斯·阿西尼乌斯·波里奥相当。马库斯·安东尼依靠这些军事力量,与共和派展开竞争。但这些军团仍然处在分崩离析的状态,士兵们或不够忠诚,或过于冷漠,他们的将领也各事其主。身居高位的德西默斯·朱尼厄斯·布鲁图·阿尔比努斯可能与其中一位将领密谋,破坏了各个将领之间的盟友关系。现在,盖乌斯·屋大维·奥古斯都拥有五个军团,其中一些军官是他自己提拔上来的,另一些是从马库斯·安东尼的军团中拉拢过来的。虽然盖乌斯·屋大维·奥古斯都没有任何职位,也不具备合法的军队指挥权,但来自各阶层的士兵仍然拥护他,乐意听他差遣。在元老院,盖乌斯·屋大维·奥古斯都发表了一篇精彩的演讲。通过这篇演讲,他成为罗马民众心中的英雄。他将驻地选在亚雷提恩,以便马库斯·安东尼进攻罗马城时从后方发起袭击。他静待意大利北部的战斗号角,做好充分准备迎接战争,打算根据战况向获胜的一方发动进攻。

公元前44年11月月底,三方大战的复杂性已经体现出来。重拾勇气的马库斯·图利乌斯·西塞罗正在元老院和罗马公民之间斡旋,努力联合所有反对马库斯·安东尼的政党,一边劝诫德西默斯·朱尼厄斯·布鲁图·阿尔比努斯,一边安抚盖乌斯·屋大维·奥古斯都。毋庸置疑,他更倾向于共和派,也许认为德西默斯·朱尼厄斯·布鲁图·阿尔比努斯更有能力,并且足够诚实。

马库斯·图利乌斯·西塞罗也许十分厌恶盖乌斯·屋大维·奥古斯都,但他通过掩饰取得了盖乌斯·屋大维·奥古斯都的信任。他愿意将盖乌斯·屋大维·奥古斯都当作盟友,认为自己要么会因自身弱点而失败,要么会被经验丰富的政治家压垮。他提议元老院为盖乌斯·屋大维·奥古斯都授予荣誉,并授予其军事指挥权。此外,他还帮助奥卢斯·希尔提乌斯和盖乌斯·维比乌斯·潘萨当选执政官,从而形成了一股掌控盖乌斯·屋大维·奥古斯都的力量,直到共和派的领导人德西默斯·朱尼厄斯·布鲁图·阿尔比努斯、盖乌斯·卡修斯·朗基努斯、盖乌斯·特雷博尼乌斯和蒂利乌斯·桑贝尔凭借压倒性的兵力重返罗马。与此同时,马库斯·图利乌斯·西塞罗通过再次抨击马库斯·安东尼,全力打压马库斯·安东尼。虽然他的第二次抨击演说没有广泛传播,但经过自己和密友的反复润色,言辞越来越犀利,演说稿后来流传到了海外。马库斯·图利乌斯·西塞罗

德摩斯梯尼

将自己比作雄辩家和爱国者德摩斯梯尼,并骄傲地认为自己可以与强大的对手抗衡,就像雅典曾经赶走入侵者那样。就政治手段和修辞方式来说,他的第二篇演说稿十分完美,运用官方语言宣称尤利乌斯·恺撒是一位暴君,马库斯·安东尼是一个邪恶的怪物。马库斯·图利乌斯·西塞罗一方面自诩为罗马共和国的支柱,另一方面憎恨罗马共和国的所有敌人。他号召所有公民武装起来。随后,他的号召得到了民众热烈回应。马库斯·安东尼的画像令人感到恐惧。最终,元老院鼓起勇气打算反对马库斯·安东尼。虽然执政官个人支持马库斯·安东尼,但听到人们为马库斯·图利乌斯·西塞罗的演说欢呼雀跃时,元老们立刻站在了马库斯·图利乌斯·西塞罗一边。马库斯·图利乌斯·西塞罗并没有因身边的欢呼声得意忘形，认为自己是各方力量之间的斡旋者，是罗马共和国真正的统治者。这是自马库斯·弗里乌斯·卡米卢斯或大西庇阿时代以来，罗马人最高尚、最纯粹的胜利，也是对马库斯·图利乌斯·西塞罗多年无私奉献的回报。最终，虽然马库斯·图利乌斯·西塞罗的弱点使其事业毁于一旦，但回想起曾经的成就时，我们依旧为他感到自豪。

马库斯·安东尼并没有回应马库斯·图利乌斯·西塞罗。他悄悄带兵出征，将德西默斯·朱尼厄斯·布鲁图·阿尔比努斯围困在摩德纳城里。在马库斯·图利乌斯·西塞罗的敦促下，元老院命盖乌斯·屋大维·奥古斯都前去攻打马库斯·安东尼。但盖乌斯·屋大维·奥古斯都不愿采取任何行动。与此同时，马库斯·安东尼的朋友们恳求马库斯·安东尼不要轻易出兵，因为为了维护和平，新上任的执政官可能愿意谈判。于是，双方派出了使者，但谈判以失败告终。马库斯·图利乌斯·西塞罗的声音听起来十分兴奋。他得到了德西默斯·朱尼厄斯·布鲁图·阿尔比努斯和盖乌斯·卡修斯·朗基努斯的支持，获得了塞克斯图斯·庞培的潜在援助。事实证明，他的影响力非常深远。公元前43年年初，奥卢斯·希尔提乌斯离开罗马城，投到了盖乌斯·屋大维·奥古斯都麾下。公元前43年春，盖乌斯·维比乌斯·潘萨带着新征的税款加入了盖乌斯·屋大维·奥古斯都的阵营。罗马接连失去了两位执政官。很多人支持马库斯·图利乌斯·西塞罗管理罗马共和国。马库斯·图利乌斯·西塞罗滔滔不绝地谴责马库斯·安东尼，为沮丧的人们注入了信心，并且像勇士一样加倍努力。他打着战争的旗号，呼吁民众为了共同的目标捐款，同时向反抗者征收罚款充盈国库。此外，他与各附属国的统治者保持着密切联系，保证了附属国的稳定。他还大肆宣传士兵们崇高的奉献精神、将领们的忠诚和装备精良的军队。随后，元老院拒绝承认罗马处在内战状态。即使有人指控盖乌斯·屋大维·奥古斯都和执政官帮助摩德纳解围，元老院也会将这场战争描述成"高卢动乱"，或者卢比孔河对岸的一场战争。

当马库斯·图利乌斯·西塞罗逐渐向奥卢斯·希尔提乌斯和盖乌斯·屋大维·奥古斯都靠拢时，马库斯·安东尼攻破了摩德纳城前的防线，向摩德纳城推进。事实上，马库斯·安东尼假装同意谈判，但当盖乌斯·维比乌斯·潘萨与他

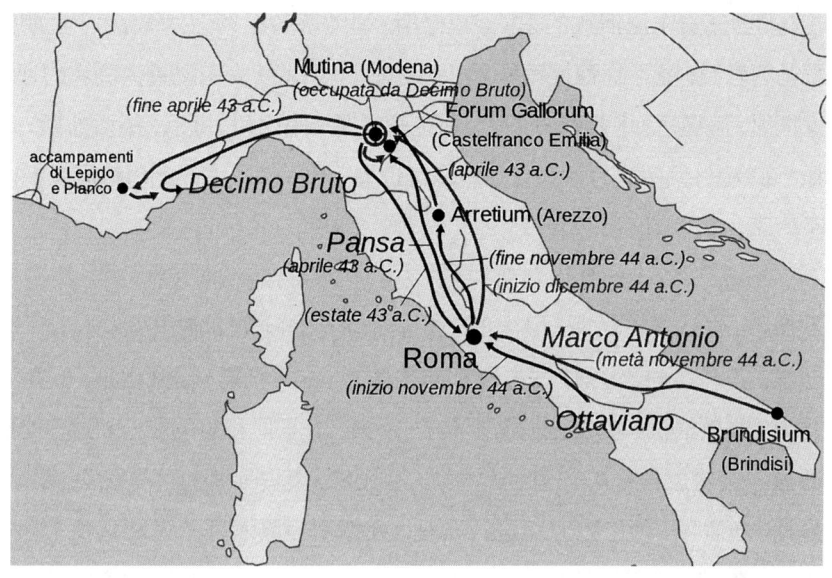

摩德纳之战示意图

会合的时候,他突然反戈一击,重创了盖乌斯·维比乌斯·潘萨的军队。幸运的是,摩德纳城附近的奥卢斯·希尔提乌斯将盖乌斯·维比乌斯·潘萨溃败的军队从失败中救了出来。几天后,在盖乌斯·屋大维·奥古斯都的支持下,奥卢斯·希尔提乌斯与马库斯·安东尼开战。随后,马库斯·安东尼的军队被赶回营地。但获胜的奥卢斯·希尔提乌斯被抛弃。因此,两位执政官受到了前所未有的致命打击。罗马人可能无法相信,两位执政官的失败只是因为出于过失。据说,盖乌斯·屋大维·奥古斯都亲手刺穿了奥卢斯·希尔提乌斯的后背,但这完全不可能。还有传言称,盖乌斯·屋大维·奥古斯都请来一位外科医生,在盖乌斯·维比乌斯·潘萨的伤口上涂了毒药。这种行为有点儿不可思议,不但容易弄巧成拙,还没有反驳的余地。罗马的历史学家认为,从这时起,暗杀逐渐成为政治斗争中的常见手段。与此同时,公民们无论高低贵贱,都为胜利欢呼,忘记了随之而来的灾难。在欢呼声中,他们簇拥着马库斯·图利乌斯·西塞罗来到罗马城。马库斯·图利乌斯·西塞罗曾经敦促盖乌斯·屋大维·奥古斯都和两位执政官投身战争。人们认为,马库斯·图利乌斯·西塞罗是摩德纳战役中真正的胜者。战争终将结束。很多人坚信,德西默斯·朱尼厄斯·布鲁图·阿尔比努斯正率军追击马库斯·安东尼溃败的军队。卢修斯·姆纳蒂乌斯·普兰库斯为了证明自己对罗马的忠诚,毫不犹豫地率军北上,封锁了马库斯·安东尼进入高卢的通道。与此同时,盖乌斯·卡修斯·朗基努斯也取得了一些胜利。随后,德西默斯·朱尼厄斯·布鲁图·阿尔比努斯在马其顿取得进展及塞克斯图斯·庞培从海上增援的消息传来,共和派信心倍增。

据说,盖乌斯·维比乌斯·潘萨去世前,曾将盖乌斯·屋大维·奥古斯都叫到床前,告诉了盖乌斯·屋大维·奥古斯都元老院策划刺杀尤利乌斯·恺撒的阴谋。盖乌斯·屋大维·奥古斯都向盖乌斯·维比乌斯·潘萨保证,他会为尤利乌斯·恺撒报仇。现在,他得到了与马库斯·安东尼和解的唯一机会。狡猾的野心家不会对忠告毫不在意。盖乌斯·屋大维·奥古斯都打算与德西默斯·朱尼厄斯·布鲁图·阿尔比努斯进行辩论,宣称不会原谅谋杀尤利乌斯·恺撒的凶手。现在,他试图让马库斯·安东尼明白,他并不想杀死自己父亲的朋友。因此,他没有阻止马库斯·安东尼与马库斯·埃米利乌斯·雷必达见面。面对失败,马库斯·安东尼表现出了非凡的勇气和不屈不挠的精神。他虽然是一个沉迷酒色的人,但一直在罗马人心中享有很高地位。罗马历史学家普鲁塔克说过,马库斯·安东尼是"罗马人的榜样","对士兵们来说,马库斯·安东尼虽然喜欢奢侈的享乐生活,但也会喝污浊的河水,吃野果和树根,并且毫无怨言。"在战争中,马库斯·安东尼和士兵们一起吃树皮和野果。他的能力是无法用金钱衡量的。自从马库斯·安东尼与马库斯·埃米利乌斯·雷必达会合后,加上盖乌斯·屋大维·奥古斯都的示好,卢修斯·姆纳蒂乌斯·普兰库斯决定不再犹豫,与马库斯·安东尼联盟。马库斯·安东尼认为自己是二十三个罗马军团的将领。

现在,元老们从"胜利即将来临"的美梦中醒来。当期待着德西默斯·朱尼厄斯·布鲁图·阿尔比努斯和盖乌斯·卡修斯·朗基努斯带着军队凯旋时,他们也在努力讨好盖乌斯·屋大维·奥古斯都。马库斯·图利乌斯·西塞罗准备放弃自己的计划。元老院将盖乌斯·屋大维·奥古斯都选为执政官,但拒绝给予盖乌斯·屋大维·奥古斯都作为执政官的尊严。盖乌斯·屋大维·奥古斯都率领四百名士兵来到罗马城,为自己应该拥有的合法权力与元老院争论。但元老院依旧不理会。于是，他带领八个军团渡过了卢比孔河。元老院要求盖乌斯·屋大维·奥古斯都退到距罗马城九十英里的地方。但最后，元老院被迫让步，承诺为盖乌斯·屋大维·奥古斯都的军队提供物资。可惜为时已晚，盖乌斯·屋大维·奥古斯都已经决定进攻罗马城，并且势在必得。元老们震惊不已，一边摆出无力抵抗的姿态，一边偷偷溜进了盖乌斯·屋大维·奥古斯都的阵营。实际上，马库斯·图利乌斯·西塞罗比任何人都坚定，但最后还是屈服了，主动出现在了盖乌斯·屋大维·奥古斯都的面前。他因懒散而受到人们的冷嘲热讽，内心的恐惧再次被唤醒。他也许还记得自己曾轻蔑地告诉盖乌斯·屋大维·奥古斯都，他会与荣誉"共存"。随后，马库斯·图利乌斯·西塞罗逃走了。公元前43年9月22日，人们立即聚集起来，表示愿意承认盖乌斯·屋大维·奥古斯都的执政官地位，同时选举昆图斯·佩狄尤斯为执政官。公元前43年9月23日是盖乌斯·屋大维·奥古斯都二十岁的生日。元老院中的许多人都逃走了，剩下的人向盖乌斯·屋大维·奥古斯都大献殷勤，同时要求德西默斯·朱尼厄斯·布鲁图·阿尔比努斯交出军队。盖乌斯·屋大维·奥古斯都命令将谋杀尤利乌斯·恺撒的凶手带到公审法庭。谋杀尤利乌斯·恺撒的凶手默认了罪行，最后被判禁止使用水和火。

现在，盖乌斯·屋大维·奥古斯都掌管着罗马的各项事务。德西默斯·朱尼厄斯·布鲁图·阿尔比努斯可以向他将要选为盟友的竞争对手提出自己的条件。元老院废除了马库斯·安东尼和马库斯·埃米利乌斯·雷必达匆忙颁布的法令，同时欣然接受了盖乌斯·屋大维·奥古斯都的提案。德西默斯·朱尼厄斯·布鲁图·阿尔比努斯一直处在权力争夺的旋涡中，现在又被卢修斯·姆纳蒂乌斯·普兰库斯抛弃，失去了盖乌斯·屋大维·奥古斯都和元老院的支持，因此，他迷失了方向。他的军队已经倒戈，他曾经的成就也被世人遗忘，甚至以前追随他的共和派也遗忘了他。于是，他带着几名骑兵，试图逃往马其顿，越过雷蒂亚山脉，但山地人围困了他。一个叫卡梅洛斯的酋长将德西默斯·朱尼厄斯·布鲁图·阿尔比努斯交给了马库斯·安东尼。马库斯·安东尼下令处死了德西默斯·朱尼厄斯·布鲁图·阿尔比努斯。最后，德西默斯·朱尼厄斯·布鲁图·阿尔比努斯的鲜血巩固了马库斯·安东尼和盖乌斯·屋大维·奥古斯都之间的联盟。

马库斯·安东尼(左)、盖乌斯·屋大维·奥古斯都(中)与马库斯·埃米利乌斯·雷必达

公元前43年10月月底,马库斯·安东尼、马库斯·埃米利乌斯·雷必达和盖乌斯·屋大维·奥古斯都率领各自的军队,在波诺尼亚附近的一个岛上会合。这座岛上有一条叫雷诺斯的溪。在雷诺斯溪旁,马库斯·安东尼、马库斯·埃米利乌斯·雷必达和盖乌斯·屋大维·奥古斯都商量如何分配战利品。他们谈判了三天三夜,决定让盖乌斯·屋大维·奥古斯都辞去执政官一职。这一提议获得了普布利乌斯·文提狄斯的支持。普布利乌斯·文提狄斯是马库斯·安东尼军中一位粗鲁但值得信赖的军官。马库斯·安东尼、马库斯·埃米利乌斯·雷必达和盖乌斯·屋大维·奥古斯都决定共同管理罗马城,声称拥有"执政权"。但他们没有正式头衔,共同享有五年任期,并有任命所有地方行政长官的权力。他们颁布的法令具有法律效力,不需要获得元老院或公民的批准。因此,马库斯·安东尼、马库斯·埃米利乌斯·雷必达和盖乌斯·屋大维·奥古斯都共同拥有了至高无上

的权力,被人们称为"三巨头"或"三人委员会"。他们共同统治罗马共和国,为了特殊的目的结盟,并且得到了法律的保护。十五位西卜林神谕的守护者①、七人执行团②和六位守护者③是执行团队中的永久成员,分管着一些神圣职能。十人委员会④专门负责制定国家法律,也在决策悬而未决时临时管理国家。这些组织机构都由公民直接选举产生,按照公民的意志行使权力。但现在确立的三人委员会并没有群众基础,也不是由公民选举出来的,显然是一种公开、蓄意的篡权行为。我们可以将后三巨头统治时期的罗马政府称为"临时政府"。首先,后三巨头的统治需要民众的支持,也需要武装力量的支持。事实上,在未来的某个时候,他们确实有自甘堕落的可能,但同时准备维护自己的专制权威,并要求全世界服从自己。尤利乌斯·恺撒、格涅乌斯·庞培·马格努斯和马库斯·李锡尼·克拉苏组成的前三巨头并没有公开主张自己的联合权力。"前三巨头"与其说是一个绰号,不如说代表一个既定事实。前三巨头拥有的权力与后三巨头十分相似,但前三巨头并没有发表宣言。十五年的时间里,在罗马人心中,罗马的暴政已经有所改善。三巨头统治与专制统治的唯一区别在于,三巨头的权力是在三人之间划分的,而不是集中在一个人手中。此外,五年任期只是一种形式。公民们对所谓的五年任期抱有的唯一希望是,三位执政者之间可能会产生争执,从而结束他们的联盟。正如人们预料到的那样,后三巨头的瓦解并没有恢复之前的政体,而是进一步巩固了君主制。

  与此同时,根据后三巨头的第一次领土划分结果,高卢划给了马库斯·安东尼,西班牙和纳尔榜高卢划给了马库斯·埃米利乌斯·雷必达,阿非利加、西西里岛和撒丁岛划给了盖乌斯·屋大维·奥古斯都。作为罗马城所在地的意大利会

---

① 十五位西卜林神谕的守护者(Quindecimviri sacris faciundis)是古罗马一所具有祭司职责的学院里的十五名成员,负责守护《西卜林神谕集》。——译者注
② 七人执行团(Septemvir)是古罗马共同执行一项任务的七个人,他们为世俗的宗教事业服务。——译者注
③ 六位守护者(Sevirs)是古罗马一个由六人组成的委员会,成员由六个骑兵中队的指挥官组成,负责维护国家安全。——译者注
④ 十人委员会(Decemvirs)是古罗马建立的一个由十个人组成的委员会,十人的职责包括以元老特权编纂法律、诉讼裁决、服务国家和公共土地分配。——译者注

继续保持统一。由小马库斯·朱尼厄斯·布鲁图和盖乌斯·卡修斯·朗基努斯控制的东部行省会在驱逐出其管理者后,继续划分。大战一触即发。盖乌斯·屋大维·奥古斯都和马库斯·安东尼每人拥有二十个军团,肩负指挥战争的重任。他们同意让马库斯·埃米利乌斯·雷必达率军驻守罗马城,因为马库斯·埃米利乌斯·雷必达是后三巨头同盟中最没有野心、最不活跃的一个人,却是一个身居高位、拥有巨额财富和广泛人脉的人,他可以维持他们在罗马城的共同利益。默默追随后三巨头的士兵们仅仅是为了满足各自的掠夺欲望,或者是对自己的将领很有信心才聚集在一起。他们得到了巨额酬金和意大利十八个城市的土地。战争即将蔓延到伊比利亚半岛之外,伊比利亚半岛可能会遭受内战造成的最严重后果。然而,士兵们非常满意自己在共同契约中所占的份额,坚持认为富尔维亚与第一任丈夫普布利乌斯·克洛迪乌斯·普尔喀的女儿应该与盖乌斯·屋大维·奥古斯都尽快成婚。

后三巨头颁布了一项"公敌宣言",宣称要处死他们的十七个主要对手。于是,十七个受害者连夜遭到攻击,其中大多数人在罪责还未公之于众前就倒下了。昆图斯·佩狄尤斯是一个勇敢、可敬的人,他因对强加在自己身上的罪行感到恐惧和厌恶而自杀。接下来,后三巨头分别率领一个军团进入罗马城,占领了神殿和附近的城镇。征服者的旗帜在广场上飘扬,聚集在广场上的公民即将面临灾难。后三巨头要求举行平民会议,使他们的篡权行为得到法律的认可。公元前43年11月27日,后三巨头同盟正式成立。后三巨头不会放过任何对手,但他们没有像苏拉那样屠杀对手,而是选择了流放。他们面前有一份重要名单,每人从名单中挑选出几个想要报复的人,然后通过放弃自己的一个亲属的方式杀死另一个同伴的亲属。国家纪念碑上的名字包括马库斯·埃米利乌斯·雷必达的兄弟、马库斯·安东尼的叔叔和盖乌斯·屋大维·奥古斯都的表兄。上一代人结束内战时的残酷场面再次上演。后三巨头派人去寻找各自的对手,同时雇佣刺客去追杀逃跑的对手。奴隶攻击主人、债务人攻击债主的事件频繁发生。后三巨头将自己对手的头颅放在论坛上,但并没有确认被害人的身份。

一些残酷的刺杀行为令人发指,尤其是罗马内战期间的许多刺杀事件。然而，后三巨头颁布的禁令似乎没有受到人们的热烈追捧。一些人穿过海洋前往马其顿，一些人进入阿非利加，还有一些人逃到了塞克斯图斯·庞培在意大利海岸巡航时乘的船上。当求情被拒绝时，一些人通过行贿逃过了一劫。有时，盖乌斯·屋大维·奥古斯都的宽容与其同伴的残酷暴行形成了对比。但马库斯·安东尼要求处死马库斯·图利乌斯·西塞罗。一直受恐惧支配的盖乌斯·屋大维·奥古斯都同意了马库斯·安东尼的要求。然而，马库斯·图利乌斯·西塞罗逃跑了，直到一个月后才被人找到。当时，他正和弟弟昆图斯·图利乌斯·西塞罗在图斯库兰别墅。当"公敌宣告"颁布时，马库斯·图利乌斯·西塞罗和昆图斯·图利乌斯·西塞罗就逃走了，随后前往阿斯图拉。阿斯图拉是马库斯·图利乌斯·西塞罗在安提乌姆附近小岛上的一处住所。马库斯·图利乌斯·西塞罗和昆图斯·图利乌斯·西塞罗打算从安提乌姆起航，前往马其顿。不久，昆图斯·图利乌斯·西塞罗遇害，幸存下来的马库斯·图利乌斯·西塞罗逃到了大海上，漫无目的地漂向远方，最后在福尔米亚登陆。他已经身心俱疲，忍受着病痛的折磨。他的随从提醒他不要耽搁病情，赶紧逃往海外。但他喊道："让我死在我的祖国，那是我曾经拯救过的地方。"他的奴隶们将他抬到担架上，打算前往海岸边。马库斯·图利乌斯·西塞罗还没有离开屋子，一个叫波皮利乌斯的军官就走了过来，并大声命人关上门。据说，马库斯·图利乌斯·西塞罗救过这个军官的命。一个叛徒指出了马库斯·图利乌斯·西塞罗逃跑的方向。马库斯·图利乌斯·西塞罗还没到海岸边，就看见追捕者赶了上来。他的随从人数众多，本来可以保护他，但他拒绝了。他命奴隶们放下担架，眼睛盯着想要杀他的人，将脖子伸到了剑前。一些人用手捂着脸，不敢看马库斯·图利乌斯·西塞罗的头颅被割下。随后，马库斯·图利乌斯·西塞罗的头颅被带到罗马。马库斯·安东尼将马库斯·图利乌斯·西塞罗的头颅摆在论坛前，为眼前的胜利欢欣鼓舞，并且重赏了杀害马库斯·图利乌斯·西塞罗的人。据说，马库斯·安东尼的妻子富尔维亚用针刺穿了马库斯·图利乌斯·西塞罗的舌头，以报复他对自己前两任丈夫的嘲讽。

回顾马库斯·图利乌斯·西塞罗的一生，他常常被人们比作德摩斯梯尼。他和德摩斯梯尼都为了自己的国家与敌对势力斗争，都因抨击暴君惨遭流放和追

富尔维亚用针刺穿马库斯·图利乌斯·西塞罗的舌头

杀,都为一个不可能实现的目标坚持奋斗。我们也许可以说,雅典和罗马都被剥夺了维护自由的权力,都丧失了争取自由的权力。但如果说罗马社会比雅典社会更腐朽,并且雅典社会的罪行是愚蠢而不是粗暴的,那么在罗马共和国的元老院中,至少有一些伟大高尚的人物。虽然他们的斗争毫无希望,但他们为黑暗的社会带去了希望。在个人书信和演讲中,马库斯·图利乌斯·西塞罗向我们介绍

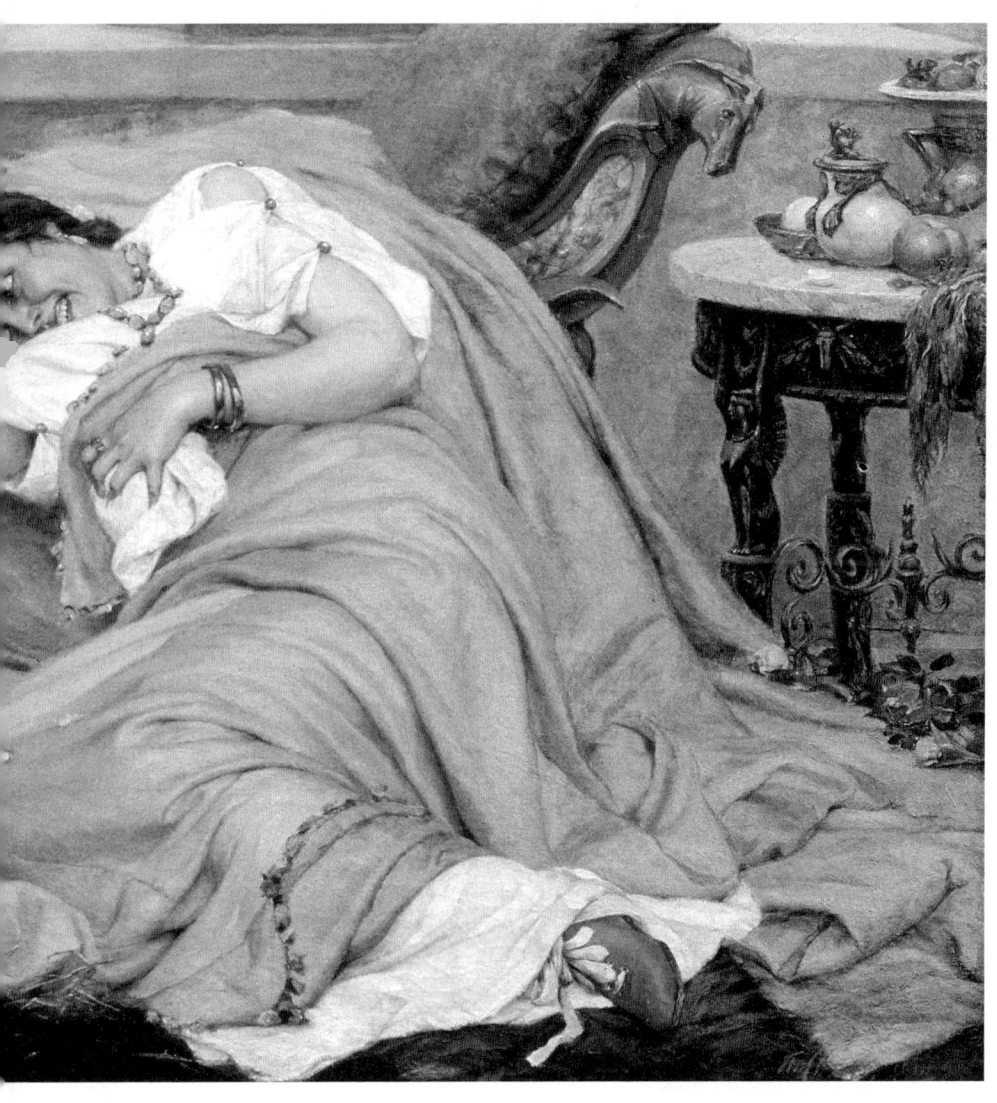

了罗马的英雄们,其中有德高望重的人,也有像他一样真正爱国的人。这些人也许缺乏真正的奉献精神,或者说,除了马库斯·波尔基乌斯·加图,罗马的英雄们普遍缺乏美德。他们中最优秀的人无疑是能及时认识到自己错误的人,但最优秀的人的错误往往是由其追随者的腐败和时代环境造成的。马库斯·图利乌斯·西塞罗确实有些懦弱,不具有广泛的影响力。但作为政治家,他很少感知到

自己并不是罗马共和国真正的当权者。他为世人留下了一个真诚的爱国者形象。对热爱美德的人来说，马库斯·图利乌斯·西塞罗的爱国精神值得赞扬。直到最后，马库斯·图利乌斯·西塞罗也没有放弃自己的罗马公民身份。他用自己传奇的一生丰富了历史，成为一个坚持与逆境做斗争的伟人。难能可贵的是，冷酷自私的罗马人一直对他很尊敬。

公元前43年，恐怖的暴行和叛乱终于结束了。随后，马库斯·埃米利乌斯·雷必达和卢修斯·姆纳蒂乌斯·普兰库斯登上了执政官宝座，并且要求一些仍然沉浸在沮丧和哀痛中的公民为他们庆祝。他们还要求高卢和西班牙承认其执政官地位。《罗马编年史》中没有记载这一点。"公敌宣言"颁布后，他们都失去了自己的兄弟。据说，当杀害他们兄弟的人坐着战车经过时，士兵们按照惯例边走边高呼："执政官的胜利不是战胜高卢人，而是战胜日耳曼人！"日耳曼人就是指他们的兄弟。恐怖的屠杀已经结束，但一场没收财物的运动又开始了。后三巨头要求罗马和意大利的所有居民拿出自己财产的十分之一，同时上缴一年的税收。执政官发誓会维护尤利乌斯·恺撒时代颁布的法令，并为尤利乌斯·恺撒授予了荣誉。这一法令出自一个东方传说，但至少自传说中的罗穆卢斯时代起，罗马人已经不知道这个传说了。后三巨头以罗马的英雄为榜样，任命了所有主要官职。在海盗和冒险家的协助下，盖乌斯·屋大维·奥古斯都将塞克斯图斯·庞培赶出了西西里岛。马库斯·安东尼毫不迟疑地越过边界，来到伊庇鲁斯海岸。

第 11 章

罗马共和国最后的挣扎:菲利皮战役

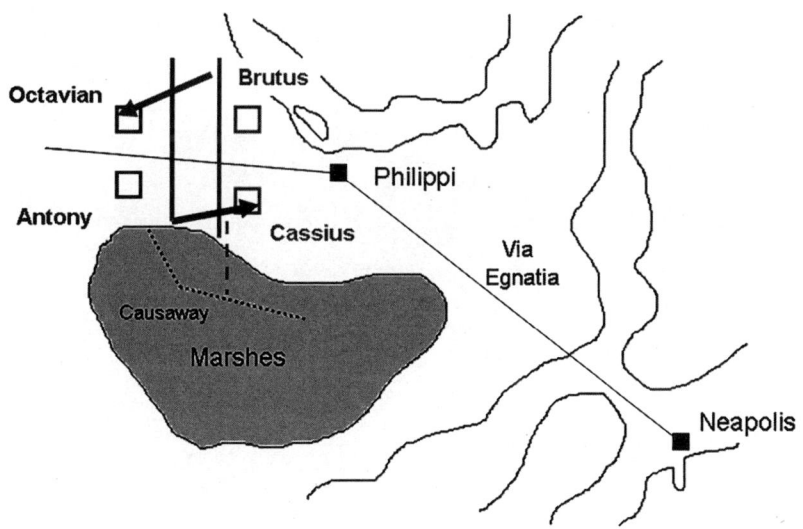

精彩看点

东部地区的罗马军队获得独立——雅典的罗马社会——西罗马和东罗马——小马库斯·朱尼厄斯·布鲁图与盖乌斯·卡修斯·朗基努斯在萨第斯会面——菲利皮战役——小马库斯·朱尼厄斯·布鲁图之死——罗马共和国的灭亡

即将爆发的战争为沉浸在胜利喜悦中的罗马共和国具有指导意义。我们已经看到,盖乌斯·卡修斯·朗基努斯已经率军前往偏远的东部地区,占领了叙利亚。作为罗马军队的一位首领,他得到了许多附属国的税收支持。在当时世界上最富有的地区,他拥有无限资源,手握重权,但在政治上与罗马的联系很松散,长期不受罗马法律的约束。一支军队驻扎在一片无人认领的土地上,唯一需要遵守的规则就是服从军队统帅的命令。盖乌斯·卡修斯·朗基努斯大肆掠夺当地居民,藐视军队纪律。东方大军会追随盖乌斯·卡修斯·朗基努斯去征服亚细亚最富裕的地区,但不愿意越过海洋去对抗欧罗巴较贫穷地区的军队。此外,盖乌斯·卡修斯·朗基努斯的军队宁愿将城市和神殿洗劫一空,也不愿将土地分给他人。他的军队隐约意识到,在意大利的土地上,即使洗劫了罗马城、卡普阿或那不勒斯,也不能称自己取得了胜利。当苏拉和格涅乌斯·庞培·马格努斯的军队从东部前往意大利海岸时,一定没收了沿途居民的财产,并且对自己军事殖民者的身份感到自豪。因此,在安提俄克和以弗所,盖乌斯·卡修斯·朗基努斯进行了军事部署。但他所做的一切对夺回西部领土并没有什么帮助。

正如我们所见,小马库斯·朱尼厄斯·布鲁图不愿意离开罗马。与马库斯·图利乌斯·西塞罗一样,他也是一位爱国者,心系自己的家乡和祖国,无法忍受与祖国长期分离。但作为一名研究古希腊文化的学者,他被雅典吸引。在马其顿,他见到了一些知识渊博的学者。这些学者来自四面八方,但大部分人来自罗

贺拉斯

马。他们聚集在门廊外、花园里或学院中。当时，年轻的意大利贵族经常出入雅典。许多人为了求学来到雅典，对雅典产生了一种特殊依恋。这种依恋使他们离开了自己的国家，选择将雅典作为第二个家乡。雅典的罗马人组成了一个学会。他们也许并不关心自己与罗马本质上的联系，但对自己的家乡有一种与生俱来的忠诚。小马库斯·朱尼厄斯·布鲁图号召雅典的年轻学生保卫罗马共和国，其中就有后来以自由之名被杀害的年轻诗人贺拉斯。但保卫已经支离破碎的罗马共和国相比,雅典的年轻学生更愿意抵抗西方入侵者,保护自己的第二个家乡。

如果将上述情况与现代历史上的某个阶段作比较,在某些方面,当时的东罗马人与北美南部各州的人没有什么不同,都渴望独享自己的特殊优势。西罗马人就像北美的北方人一样,不愿与东罗马人分离,认为国家不能分裂,最富庶的地区更不能独立。毫无疑问,这种观点中有爱国主义成分,同时有对权力的渴望。罗马政府决不会同意东西方分裂。尤利乌斯·恺撒的人民不愿意和格涅乌斯·庞培·马格努斯的人民分离。如果尤利乌斯·恺撒和格涅乌斯·庞培·马格努斯还活着,也不会默许罗马分裂。后三巨头的追随者不会向共和派让步,共和派也不愿意妥协。罗马共和国即将面临下一个命运转折点。我们发现,掌管西罗马的后三巨头一定会卷土重来,渡过爱琴海,从共和派手中夺回罗马共和国的东半地区。事实上,在一次次危机中,正是因为需要克服很多困难,所有东罗马和西罗马才紧密团结在一起,得以维系。后来,盖乌斯·屋大维·奥古斯都和马库斯·维普撒尼乌斯·阿格里帕再次将罗马紧密团结在了一起。近四个世纪,罗马虽然没有遭受猛烈攻击,但一直没有放松警惕。可以说,东罗马和西罗马的团结逐渐变成了无意识的,而不是有意为之。东罗马和西罗马没有共同的利益,也没有共同的民族精神,更没有精神交流。因此,可以说东罗马和西罗马之间的联合仅仅是一种政治联盟。

罗马内战破坏了东罗马地区的长期繁荣,迫使东罗马地区的将领们一直处在备战状态。一旦马库斯·安东尼进攻东罗马,东罗马的将领们就必须召集众多领主对抗马库斯·安东尼的强大军队。共和派及其追随者渴望在意大利挑起战争,但事实上,他们不能这样做。虽然东罗马地区的城市可以为共和派的军队提供补给,但士兵们可能会拒绝参与一场血腥的、无利可图的战争,甚至迫使将领们率他们对抗吕西亚人、罗德斯岛人和卡帕多西亚人,或者是为了金钱,或者是为了满足掠夺欲望。小马库斯·朱尼厄斯·布鲁图同意劫掠克桑托斯。在克桑托斯,无数人葬身火海。盖乌斯·卡修斯·朗基努斯肆意掠夺罗德斯岛的居民,共抢劫了八千五百人,杀死了五十名反抗的居民。亚细亚地区遭到了严重破坏,

小马库斯·朱尼厄斯·布鲁图

但只是受破坏地区中的一小部分。盖乌斯·卡修斯·朗基努斯及其同伙犯下了深重罪孽。在萨迪斯，小马库斯·朱尼厄斯·布鲁图插手阻止了盖乌斯·卡修斯·朗基努斯等人的暴行，斥责盖乌斯·卡修斯·朗基努斯打乱了作战计划。但盖乌斯·卡修斯·朗基努斯称自己无法控制雇佣军。于是，小马库斯·朱尼厄斯·布鲁图低声斥责了他几句，就让事情过去了。

小马库斯·朱尼厄斯·布鲁图是一个狂热的幻想家。据说，一天夜晚，他面前出现了一个可怕的人物，这个人自称是他体内的邪恶魔鬼，并称会在菲利皮再次出现在他面前。后来又有传言称，小马库斯·朱尼厄斯·布鲁图向伊壁鸠鲁派的哲人盖乌斯·卡修斯·朗基努斯透露了不祥预兆，盖乌斯·卡修斯·朗基努斯向他解释了鬼魂出现的原因。然而，小马库斯·朱尼厄斯·布鲁图仍然焦虑不安，对盖乌斯·卡修斯·朗基努斯的解释并不满意。最后，共和派领导的军队在马其顿附近的菲利皮集结，人数多达十万。据说，当这支强大的军队准备与后三巨头中人数较多的军队交战时，小马库斯·朱尼厄斯·布鲁图面前又出现了鬼魂。在人类发动的战争中，还没有人像小马库斯·朱尼厄斯·布鲁图这样，感知到魔鬼的存在。人们认为，盖乌斯·马略和苏拉的鬼魂是罗马内战复燃的预兆。不祥的征兆早已预示着卡莱尔灾难的发生。菲利皮战役爆发后，本都国王法纳西斯二世同时向罗马宣战。菲利皮战役爆发前，人们已经注意到一些可怕的不祥之兆。对即将爆发的战争来说，类似的不祥之兆似乎并不重要。小马库斯·朱尼厄斯·布鲁图和盖乌斯·卡修斯·朗基努斯驻扎在菲利皮以东十二英里的两个高地上，营地旁边是大海，很容易获得补给。马库斯·安东尼驻扎在盖乌斯·卡修斯·朗基努斯的营地对面。盖乌斯·屋大维·奥古斯都在马库斯·安东尼营地

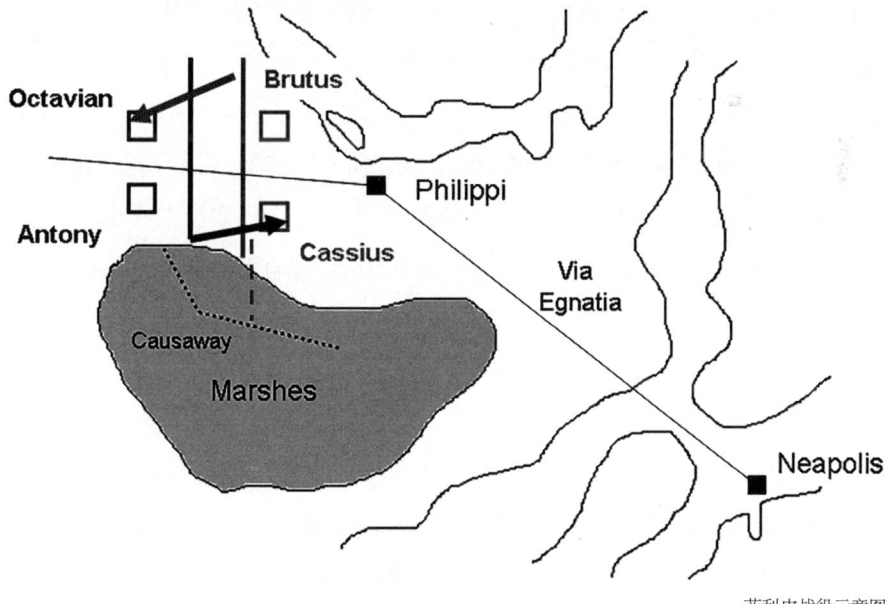

菲利皮战役示意图

的左边，正对着小马库斯·朱尼厄斯·布鲁图的营地。据说，盖乌斯·卡修斯·朗基努斯知道对方缺乏补给，本来想叫停战争，但小马库斯·朱尼厄斯·布鲁图急不可耐，将他的明智建议否决了。由于参战双方军力庞大，双方将领不得不开辟一个更大的战场。各方指挥官并不熟悉彼此。由于生病，盖乌斯·屋大维·奥古斯都无法亲自上战场。在他的战斗生涯中，他不止一次遭受了疾病的折磨。他的对手一定会非议他。现在，盖乌斯·屋大维·奥古斯都的军队被小马库斯·朱尼厄斯·布鲁图的军队穷追猛打。小马库斯·朱尼厄斯·布鲁图以为自己胜利了。与此同时，马库斯·安东尼掌控了战局，将盖乌斯·卡修斯·朗基努斯赶出了营地。在逃跑途中，盖乌斯·卡修斯·朗基努斯发现一队骑兵正在向他靠近。他贸然断定对方是正在执行追杀任务的军队，于是自杀了。当一名侦查员去告诉盖乌斯·卡修斯·朗基努斯，小马库斯·朱尼厄斯·布鲁图取得了初步胜利时，发现为时已晚。

盖乌斯·卡修斯·朗基努斯的死造成的后果是灾难性的。小马库斯·朱尼厄斯·布鲁图无法控制盖乌斯·卡修斯·朗基努斯的军队。他试图将所有战利品分给士兵们，可惜都是徒劳。盖乌斯·卡修斯·朗基努斯的士兵们大声叫喊着要求获得更多战利品。小马库斯·朱尼厄斯·布鲁图打算妥协，但依然是徒劳。士兵们变本加厉。为了挽留盖乌斯·卡修斯·朗基努斯的军队，小马库斯·朱尼厄斯·布鲁图被迫许诺，答应掠夺萨洛尼卡。盖乌斯·屋大维·奥古斯都的军队被逼到了绝境，与此同时，他在海上的舰队也四散而去。战事一直没有任何进展。第一次交战结束二十天后，小马库斯·朱尼厄斯·布鲁图再次投入战斗。菲利皮地区的战斗依旧十分激烈。在危急关头，双方军队都没有可以遵守的实际原则，也没有任何明确目标，但都爆发出了强大的战斗力。罗马军团就像一个角斗士，一个绝望的勇士。一天晚上，盖乌斯·屋大维·奥古斯都突袭了小马库斯·朱尼厄斯·布鲁图的军队。小马库斯·朱尼厄斯·布鲁图率四个军团彻夜坚守阵地。第二天，他的士兵拒绝参战。于是，他只能在几个侍从的掩护下，躲避了几个小时。最后，他没能说服士兵们继续战斗，只能选择自刎。

在菲利皮战役中，罗马共和国的基业毁于一旦。但事实上，正如我们看到

小马库斯·朱尼厄斯·布鲁图在逃亡途中

的那样,罗马共和国早已名存实亡。由于菲利皮战役,看似凝聚在一起的共和派彻底溃散。许多幸存下来的贵族和军官要么在逃亡途中被俘,要么向胜利者投降。胜利者对投降者还算宽厚。其余人逃到了海上,前去寻求塞克斯图斯·庞培的庇护,因为塞克斯图斯·庞培拥有大量掠夺来的武器。在菲利皮战役中,盖乌斯·屋大维·奥古斯都和马库斯·安东尼表现出色。杀害尤利乌斯·恺撒的凶手们似乎受到了懦弱和贫穷的诅咒,不敢继续谋划任何大胆的计划,也无法克服任何困难,更不敢正面迎战追击他们的军队。其中,小马库斯·朱尼厄斯·布鲁图也许是最优秀的共和派将领,但也有可能是最懦弱的。自杀前,他喃喃自语着一句毫无意义的诗句:"将美德斥为虚名,也不比一个拥有财富的奴隶强多少。"为了虚名暗杀尤利乌斯·恺撒前,他应该想到自己可能面临的后果。显然,在残酷的派系斗争中,如果睿智的将领希望继续保持双方对峙状态,那么政府就会荡然无存。只有强者才能统治一个国家,才能阻止国家陷入混乱。一旦出现可以掌控局势发展的强者,真正的爱国者就会为之欢呼,并且很可能会原谅强者的篡权行为,因为这种篡权行为可能会为未来的社会进步或和平提供机会。现在,除了头脑发热的狂热分子,认为罗马共和国会继续存在下去的想法已经从人们脑海中消失了。虽然几位重要当权者还存在一些分歧,但罗马共和国会静待某个问题的出现,然后在君主制下建立专制政府。从罗马共和国到罗马帝国可能会被视为一种道德沦丧,但显而易见的是,建立帝国的过程是不可避免的。

第 12 章

亚克兴战役：共和时代终结与帝国时代来临

精彩看点

划分势力范围——克利奥帕特拉七世与马库斯·安东尼——佩鲁西亚战役——后三巨头再次团结——后三巨头联合对抗塞克斯图斯·庞培——瑙洛库斯战役——后三巨头的革新 ——马库斯·埃米利乌斯·雷必达落败——马库斯·安东尼与帕提亚人之间的战争 ——后三巨头之间的关系即将破裂——马库斯·安东尼在亚历山大——大战前的准备——后三巨头任期届满不再续任——大军在伊庇鲁斯海岸边集结——亚克兴战役——盖乌斯·屋大维·奥古斯都取得胜利——马库斯·安东尼和克利奥帕特拉七世陷入绝望——马库斯·安东尼自杀——克利奥帕特拉七世之死

为了对抗共同的对手，前三巨头和后三巨头分别结成同盟，共同指挥战斗。然而，战争结束后，在前线指挥战斗的一方对留在罗马的一方似乎并不怎么关心。菲利皮战役结束后，马库斯·安东尼和盖乌斯·屋大维·奥古斯都瓜分了战利品。马库斯·安东尼掌管高卢和伊利瑞卡姆，盖乌斯·屋大维·奥古斯都掌管西班牙和努米底亚，意大利和阿尔卑斯山脉南部由二人共同管理。然而，马库斯·埃米利乌斯·雷必达没有得到任何战利品。后来，他得到了阿非利加的一小片重要区域。关于各地区的划分其实只是为了让三位首领的下属满意，真正的权力划分是另一种形式。盖乌斯·屋大维·奥古斯都回到罗马，立即成为西罗马的统治者。马库斯·安东尼决定留在富庶的东部地区。在意大利，当盖乌斯·屋大维·奥古斯都为了军队的利益做出牺牲时，他的同伴却在情妇身上挥霍了大量战利品。各附属国的统治者对盖乌斯·屋大维·奥古斯都的到来深感恐惧，用花言巧语和奇珍异宝赢得了盖乌斯·屋大维·奥古斯都的好感。

聪明伶俐的克利奥帕特拉七世"征服"了马库斯·安东尼。她曾经的爱慕者尤利乌斯·恺撒的死使她成为亚历山大的众矢之的。希腊面临内忧外患。出于对自己安全的考虑，克利奥帕特拉七世设法获得了马库斯·安东尼的保护。在尤利乌斯·恺撒身边时，马库斯·安东尼曾经见过克利奥帕特拉七世。毫无疑问，即使是当时的轻轻一瞥，他也没能抵抗住克利奥帕特拉七世的魅力。后来，克利奥帕特拉七世为了保住王位回到埃及。现在，马库斯·安东尼要求克利奥帕特拉七世来西里西亚见他，并要求克利奥帕特拉七世对与盖乌斯·卡修斯·朗基努斯合谋之事负责。克利奥帕特拉七世对自己的魅力充满信心。事实证明，她的魅力的确很大。她并没有表现出楚楚可怜的样子，而是打算让马库斯·安东尼跪倒在自己面前。她居然成功了。于是，她"应邀出席"，乘一艘镀金的船逆流而上。在紫色的帆和银色的桨的驱使下，这艘船伴着东方音乐的旋律，驶向塔尔苏斯城。有人看见克利奥帕特拉七世斜倚在船上，就像女神维纳斯一样，周围环绕着丘比特、美惠三女神和涅瑞伊得斯。马库斯·安东尼非常愿意模仿酒神巴克斯。当看到马库斯·安东尼和克利奥帕特拉七世站在一起时，塔尔苏斯人十分惊喜，欢呼雀跃。马库斯·安东尼被克利奥帕特拉七世华丽的行头和数量众多的随从弄得头昏目眩，立即邀请克利奥帕特拉七世上岸。在宴会上，他邀请克利奥帕特拉七世与自己同坐，但克利奥帕特拉七世傲慢地回绝了他，并说他必须亲自侍奉

克利奥帕特拉七世与她的镀金船

马库斯·安东尼邀请克利奥帕特拉七世上岸

她。与克利奥帕特拉七世的第一次正式会面决定了马库斯·安东尼的命运。马库斯·安东尼不像政治家，更像雄辩家。克利奥帕特拉七世故意摒弃了马库斯·安东尼钟爱的希腊式礼仪，听到笑话便哈哈大笑，还不时说一些俏皮话逗马库斯·安东尼开心，一直坚持到狂欢盛宴结束。于是，克利奥帕特拉七世不费吹灰之力就"征服"了马库斯·安东尼。

然而，当马库斯·安东尼忘记了自己的妻子和国家，为了克利奥帕特拉七世推迟攻打帕提亚人时，他的妻子富尔维亚和弟弟卢修斯·安东尼攻击了盖乌斯·屋大维·奥古斯都。公元前41年，卢修斯·安东尼和小普布利乌斯·塞尔维利乌斯·瓦蒂亚·伊萨乌里库斯夺取了执政官一职。富尔维亚非常勇敢，并且野心勃勃，掌控着卢修斯·安东尼和小普布利乌斯·塞尔维利乌斯·瓦蒂亚·伊萨乌里库斯。与此同时，马库斯·埃米利乌斯·雷必达退居幕后。盖乌斯·屋大维·奥

卢修斯·安东尼

古斯都的归来使叛乱者大吃一惊。富尔维亚对盖乌斯·屋大维·奥古斯都抛弃自己的女儿一事感到十分恼怒。实际上，盖乌斯·屋大维·奥古斯都只是应士兵们的要求娶了富尔维亚的女儿。此外，富尔维亚也因遭到丈夫的抛弃感到羞愧，希望通过在国内制造骚乱将马库斯·安东尼逼回来。因此，她煽动了意大利一些领主的不满情绪。盖乌斯·屋大维·奥古斯都将意大利的部分土地分给了自己的士兵，引起了领主们的不满。随后，盖乌斯·屋大维·奥古斯都陷入困境。他竭力用新征收的物资安抚领主们，但他的朋友马库斯·维普撒尼乌斯·阿格里帕将卢修斯·安东尼关在了佩鲁西亚。最后，卢修斯·安东尼因饥饿被迫投降。据说，盖乌斯·屋大维·奥古斯都让三百名骑士为尤利乌斯·恺撒陪葬。他手下的士兵们嗜血如命，也许是他太纵容他们了。我们知道，无论如何，盖乌斯·屋大维·奥古斯都都会饶了卢修斯·安东尼。

与此同时，马库斯·安东尼已经振作起来，暂时从克利奥帕特拉七世的圈套中挣脱了出来。他派普布利乌斯·文提狄斯去攻打帕提亚人，因为帕提亚人早已准备好开战。他还制订了征服西部地区的路线。在雅典，他遇到了妻子富尔维亚。富尔维亚因马库斯·安东尼的离开而责备马库斯·安东尼。正当马库斯·安东尼全力弥补自己的过错时，富尔维亚的怨恨似乎压垮了自己的精神，加速了自己的死亡。很快，马库斯·安东尼从家庭琐事中解脱了出来，率军来到亚得里亚海岸。在亚得里亚海岸，他和塞克斯图斯·庞培缔结了一份条约，然后渡过了亚得里亚海。然而，马库斯·安东尼对属下的纵容激起了意大利人和罗马人的愤怒。意大利人和罗马人将他视为外来的入侵者。塞克斯图斯·庞培认为，意大利人和罗马人早就忘记了马库斯·安东尼。据称，塞克斯图斯·庞培宣布放弃自己父亲的遗产，自称"海神之子"，甚至已经忘记了拉丁语。当盖乌斯·屋大维·奥古斯都率军抵抗马库斯·安东尼的大军进攻时，人民因同情迅速聚集在盖乌斯·屋大维·奥古斯都身边。盖乌斯·屋大维·奥古斯都成为元老院、罗马人和罗马神灵的守护者。此刻，士兵们似乎比统帅更强大。他们可以随意处置自己的首领，甚至逼迫盖乌斯·屋大维·奥古斯都和马库斯·安东尼重新探讨势力范围。从亚得里亚海到幼发拉底河，马库斯·安东尼得到了东罗马，并且负责管理帕提亚人。盖乌斯·屋大维·奥古斯都得到了西罗马，但他需要对抗塞克斯图斯·庞培。马库斯·埃米利乌斯·雷必达得到了阿非利加。盖乌斯·屋大维·奥古斯都的

马库斯·安东尼与小奥克塔维亚

慷慨的盖乌斯·米西奈斯

姐姐小奥克塔维亚嫁给了马库斯·安东尼。表面上看来，后三巨头再次团结在一起，虚伪地庆祝他们的同盟。

《布林迪西条约》小心翼翼地维持着缔约双方之间的平衡，但依然无法阻止双方的竞争。条约是否有效取决于缔约双方的能力和财富。盖乌斯·屋大维·奥古斯都获得的声望使自己处在比较有利的位置，但他仍然肩负三项艰巨任务，即维持罗马和意大利对自己的好感；通过海上战争与塞克斯图斯·庞培抗衡；通过不断训练维持战士们的勇气和热情。在执行第一项任务时，他得到了盖乌斯·米西奈斯的大力支持。他任命盖乌斯·米西奈斯为首席行政官，安抚了元老们的不满,平息了被剥夺财产者的怨言。他的下一步计划是与塞克斯图斯·庞培达成协议。因此,他娶了塞克斯图斯·庞培的妹妹斯克里波尼娅。塞克斯图斯·庞培应邀前往米塞努姆,与后三巨头进行商议。随后,他得到了西西里岛、撒丁岛和科西嘉岛。后三巨头在一艘大船上宴请塞克斯图斯·庞培,但塞克斯图斯·庞培勇敢地拒绝了。为了所有人的安全,大船停靠在岸边。虽然大费周折,但塞克斯图斯·庞培还是命他的属下梅纳斯切断了缆绳,让大船带走了他的对手。当他拒绝归还意大利海岸附近的区域时,后三巨头立即拿起了武器。

在海上战争中,盖乌斯·屋大维·奥古斯都得到了马库斯·维普撒尼乌斯·阿格里帕的大力支持。在坎帕尼亚海岸,马库斯·维普撒尼乌斯·阿格里帕建了朱利安港,耗费一年时间组建了一支强大的舰队。随后,经历了一些不幸后,他在瑙洛库斯海战中打败了塞克斯图斯·庞培的舰队。塞克斯图斯·庞培立

斯克里波尼娅

莉薇娅

即逃到了东方,试图寻求马库斯·安东尼的庇护。然而,马库斯·安东尼很快打倒了他。盖乌斯·屋大维·奥古斯都断绝了与斯克里波尼娅的关系,同时娶了莉薇娅。莉薇娅为了嫁给盖乌斯·屋大维·奥古斯都,与提比略·克劳迪亚斯·尼禄离了婚。

公元前38年的最后一天,后三巨头规定的任期已满。但在延长这种特殊任期方面,罗马已经有许多先例。后三巨头相处融洽,一致同意将自己的任期延长五年。对后三巨头的独裁统治,元老院和罗马人民采取了听之任之的态度。这似乎是盖乌斯·屋大维·奥古斯都和马库斯·安东尼在塔伦特姆会面的结果。当时,他们假装愿意维持彼此之间的同盟关系,同时鄙视软弱无能的马库斯·埃米利乌斯·雷必达。

当马库斯·埃米利乌斯·雷必达终于鼓起勇气,打算对抗盖乌斯·屋大维·奥古斯都时,盖乌斯·屋大维·奥古斯都都轻松阻止了他。出于对教宗的尊重,盖乌斯·屋大维·奥古斯都饶了马库斯·埃米利乌斯·雷必达一命。现在,年轻的盖乌斯·屋大维·奥古斯都已经学会尤利乌斯·恺撒的宽容政策,并且一直坚持到自己漫长的执政生涯结束。他巩固了权力和声望,为一场即将到来的大战做好了准备。他最后的准备是向达尔马提亚部落发动战争,从而维持军队的日常训练。在达尔马提亚战役中,他既没有获得战利品,也没有获得荣耀。但对他来说,达尔马提亚是锻炼军队的最好战场。

与此同时,在军事行动上,马库斯·安东尼仍然有较大的发展空间。他对自己的盟友忠心耿耿,他的盟友也为他提供了与塞克斯图斯·庞培作战的各种武

提比略·克劳迪亚斯·尼禄

盖乌斯·屋大维·奥古斯都与小奥克塔维亚

器。此外,马库斯·安东尼要求盖乌斯·屋大维·奥古斯都派两万人支援他远征帕提亚。但获得援助后,他毫不犹豫地抛弃了盖乌斯·屋大维·奥古斯都的姐姐小奥克塔维亚。不久前,他还信誓旦旦地说要和小奥克塔维亚永结同心,但很快再次扑进了克利奥帕特拉七世的温柔乡。公元前36年仲夏,为了扩大普布利乌斯·文提狄斯创造的局部胜利局面,马库斯·安东尼在幼发拉底河上集结了十万士兵。但由于行军过于仓促,他将很多武器落在了后方。因此,当他到达距底格里斯河三百英里的普拉斯帕时,发现自己没有办法围攻一个防御严密的城市。他企图通过封锁战略攻克帕提亚人的城市,但被普拉斯帕地区的寒冷击退。在撤退过程中,他的军队遭受了致命打击,就像拿破仑·波拿巴率领军队逃出莫斯科时那样。穿过阿拉克塞斯的时候,帕提亚人终于停止了追击。但马库斯·安东尼一心想要征服帕提亚人。他遭受了巨大打击,催促着疲惫的士兵继续前进。最后,他回到了叙利亚,回到了克利奥帕特拉七世身边。克利奥帕特拉七世亲自出来迎接马库斯·安东尼。马库斯·安东尼非常高兴。虽然被打败了,但他毫无羞愧之意。

克利奥帕特拉七世亲自迎接马库斯·安东尼

马库斯·安东尼鲁莽的进攻导致了悲惨的撤退。然而，他依然宣称自己是征服者。盖乌斯·屋大维·奥古斯都不愿与马库斯·安东尼争辩，并且仍然假装理解马库斯·安东尼。马库斯·安东尼离开了亚历山大，一心要在东罗马发动另一场战役。盖乌斯·屋大维·奥古斯都用一些安慰话打发走了小奥克塔维亚。盖乌斯·屋大维·奥古斯都带着一支精心挑选、装备精良的军队，以及其他为马库斯·安东尼的军队准备的贵重装备，前去迎接马库斯·安东尼，希望将马库斯·安东尼从克利奥帕特拉七世手中解救出来。克利奥帕特拉七世一直堤防着小奥克塔维亚。很快，她成功引诱马库斯·安东尼回到了埃及。小奥克塔维亚回到了罗马，最终放弃了马库斯·安东尼，放任马库斯·安东尼独自面对接下来的命运。马库斯·安东尼对自己部下的意见越来越不在意。公元前34年，他入侵了亚美尼亚王国，并将亚美尼亚国王

阿尔塔瓦兹德二世

宴会上的马库斯·安东尼与克利奥帕特拉七世

阿尔塔瓦兹德二世带回了亚历山大。为了庆祝自己凯旋,马库斯·安东尼在街上游行狂欢。埃及人对此感到十分厌恶。

公元前33年,在亚历山大,马库斯·安东尼与克利奥帕特拉七世纵情享乐。这一传闻引起了罗马人的强烈不满,人们用最肮脏的语言诋毁马库斯·安东尼。据说,克利奥帕特拉七世的目的是使罗马统治者放弃他的国家,使他成为一个像她一样的埃及人,并且使他无法继续出现在罗马。克利奥帕特拉七世的目的也许很容易达到。对她来说,想要完全控制马库斯·安东尼非常容易。她的性格千变万化。我们可以想象,在马库斯·安东尼身边,克利奥帕特拉七世表现出了与众不同的魅力。她是一位令人钦佩的音乐家,精通多种语言,非常睿智,还会用一些小手段拨动马库斯·安东尼的心弦。她纵容马库斯·安东尼的不良嗜好,用精心设计的惊喜愚弄或刺激马库斯·安东尼。就像我们读到的那样,她派潜水员将咸鱼拴在马库斯·安东尼钓竿的鱼饵上,将一颗价值连城的珍珠溶解在一杯醋里。人们要求画家和雕塑家将马库斯·安东尼和克利奥帕特拉七世放到一起，在钱币上印有两人的共同肖像。罗马军团的盾牌上刻着克利奥帕特拉七世的名字，就像马其顿的卫戍部队一样。埃及宫廷中经常举办化装舞会，多才多艺的卢修斯·姆纳蒂乌斯·普兰库斯成了舞台上的小丑，常常扮演海神格劳库斯。马库斯·安东尼和克利奥帕特拉七世扮演埃及本土神灵奥西里斯和伊希斯。

与此同时，元老院宣布，盖乌斯·屋大维·奥古斯都大败利伯尼和亚皮德斯的军队，称这次战争的胜利值得庆祝。盖乌斯·屋大维·奥古斯都恢复了勇士的名声，之前的坏名声都是由他那不分季节的疾病引发的。但他并没有急于庆祝胜利，并且推迟了凯旋仪式，谴责马库斯·安东尼与外邦人狼狈为奸，认定马库斯·安东尼是罗马共和国的敌人。他认为罗马即将面临一场危机。与此同时，马库斯·安东尼也对盖乌斯·屋大维·奥古斯都提出了指控。他们之间的指控只是出于个人恩怨，而不是爱国情怀。盖乌斯·屋大维·奥古斯都抱怨道，他从马库斯·埃米利乌斯·雷必达那里得到的战利品被扣留了。但元老院和人民并没有回应他的抱怨。现在，马库斯·安东尼开始认真准备战事。他正在集结军队，准备再次进攻帕提亚人。公元前33年年底，他率军向西进军，将以弗所定为军队的

以弗所遗址

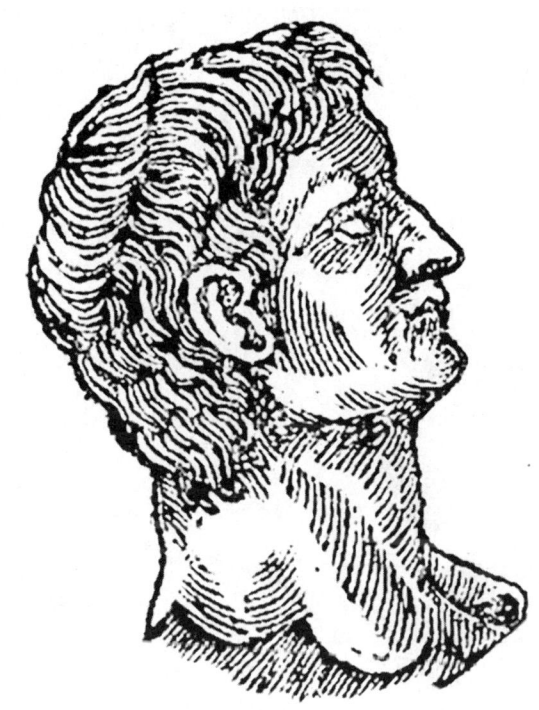

格涅乌斯·多米提乌斯·阿赫诺巴布斯

集合地点。来自希腊、亚细亚和阿非利加的军队发现自己被安排在盖乌斯·屋大维·奥古斯都周围。克利奥帕特拉七世成为埃及海军强大的首领,她的战舰因规模庞大、装备精良闻名于世。克利奥帕特拉七世将自己的舰队与地中海东部的资源结合在一起,形成了自薛西斯一世时代以来海上最强大的舰队。

公元前32年的执政官是格涅乌斯·多米提乌斯·阿赫诺巴布斯和盖乌斯·索西乌斯。他们都是马库斯·安东尼的追随者。按照当时的惯例,马库斯·安东尼接任了格涅乌斯·多米提乌斯·阿赫诺巴布斯和盖乌斯·索西乌斯的职务。不久,马库斯·安东尼的一些主要支持者叛逃。卢修斯·姆纳蒂乌斯·普兰库斯曾降低身份取悦马库斯·安东尼,现在重新出现在元老院,公开抨击马库斯·安东尼的背叛和轻浮。他向盖乌斯·屋大维·奥古斯都透露了尤利乌斯·恺撒遗嘱的内容。据说,尤利乌斯·恺撒曾将遗嘱交给维斯塔贞女保管。表面上看,马库斯·安东尼承认盖乌斯·屋大维·奥古斯都是尤利乌斯·恺撒的合法继承人,并

克利奥帕特拉七世

且同意将尤利乌斯·恺撒的财产和领地交给盖乌斯·屋大维·奥古斯都。在遗嘱中，尤利乌斯·恺撒下令将自己的遗体葬在克利奥帕特拉七世身边，葬在托勒密王朝的陵园中。现在，没有人质疑曾经的流言。当时，有流言称，尤利乌斯·恺撒喝醉后向克利奥帕特拉七世承诺，会将罗马共和国的首都迁到亚历山大，并在尼罗河的巨神面前供奉埃及神灵。现在，盖乌斯·屋大维·奥古斯都被视为罗马共和国真正的捍卫者，因为他维护了罗马人的信仰。执政官匆匆离开了罗马城，因为他们觉得很不自在。盖乌斯·屋大维·奥古斯都仍然保持着谦和与睿智，没有宣称尤利乌斯·恺撒是罗马的公敌。与此同时，他向埃及宣战。后三巨头的第二个任期已经到期。盖乌斯·屋大维·奥古斯都没有续任。他要求元老院罢免马库斯·安东尼的职务，并在公元前31年让马库斯·瓦莱里亚·梅萨拉·科尔维努斯担任执政官。

为了挽救罗马共和国，少数贵族选择与马库斯·安东尼站在一起，并且敦促马库斯·安东尼离开了克利奥帕特拉七世，把即将到来的战争定义为马库斯·安东尼与其对手的个人较量。然而，通过与合法妻子离婚，马库斯·安东尼回应了贵族们的敦促，割断了他和罗马之间的最后一条纽带。现在，马库斯·安东尼集结了五万名士兵和一万两千匹战马，并且得到了毛里塔尼亚、康马革纳、帕夫拉戈尼亚和西里西亚地区的支持。他的舰队共有五百艘大型战舰，其中一些战舰配有八层或十层船桨。相对来说，盖乌斯·屋大维·奥古斯都的军力稍逊一筹。他的舰船虽然数量较少，但重量轻，易于管理。马库斯·安东尼将伯罗奔尼撒和帕特雷选为冬季营地。为了方便得到支援，他率军驻扎在伊庇鲁斯海岸边。但他的海军士兵们突发疾病。不久，马库斯·维普撒尼乌斯·阿格里帕设法将盖乌斯·屋大维·奥古斯都的军队带到了亚得里亚海。随后，叛变开始了。格涅乌斯·多米提乌斯·阿赫诺巴布斯是第一个逃跑的人。许多亚细亚领主纷纷效仿他。马库斯·安东尼想象着自己被叛徒包围的画面，甚至不再信任克利奥帕特拉七世，要求克利奥帕特拉七世品尝摆在他面前的所有食物。

海上首先爆发了局部战争。马库斯·维普撒尼乌斯·阿格里帕的战术占了上风。马库斯·安东尼很快泄气了。他本来打算让陆军向内陆地区撤退，但克利奥帕特拉七世由于担心自己的安全，阻止了他的撤退计划。当时还发生了一件奇怪的事。马库斯·安东尼让盖乌斯·屋大维·奥古斯都与他进行一对一决战，但盖乌斯·屋大维·奥古斯都轻蔑地拒绝了。于是，马库斯·安东尼准备开战，并决定对盖乌斯·屋大维·奥古斯都的舰队发起全面进攻。实际上，他的真实目的仅仅是想获得一个逃跑的机会。海上的暴风雨已经持续了好几天，双方军队都无法行动。最终，公元前31年9月2日，风停了，海面恢复了平静。随着一阵微风吹过，马库斯·安东尼的战舰向大海驶去。虽然体型庞大的战舰不易操作，但士兵们从木塔上掷下了巨石，用沉重的铁锤与毫无防备的攻击者搏斗。与此同时，盖乌斯·屋大维·奥古斯都的战舰灵巧敏捷，训练有素的桨手迅速划动船桨。在一阵箭雨的掩护下，盖乌斯·屋大维·奥古斯都的战舰将马库斯·安东尼战舰的船桨卷走了。战斗非常激烈，胜负很难确定。马库斯·安东尼的战舰在水面上剧烈晃动，无法继续抵挡攻击。突然，克利奥帕特拉七世的战舰出现在马库斯·安东尼战舰的后面，升起船帆穿过了迷宫般的作战区，后面跟着由六十艘船组成的埃及舰队。马库斯·安东尼对此毫无准备。他跳进一艘小船，急忙追上克利奥帕特拉七世的舰船。他的追随者们陷入了绝望，无不感到愤怒和耻辱。很多逃跑的人为了减轻甲板的重量，将炮塔拆毁后抛入了海中。然而，一些人仍然不顾一切地盲目战斗。他们的船非常高，攻击者无法攀登，而且船身很重，难以撞倒。最终，这些大船被火烧毁了。马库斯·安东尼舰队中有三百人被俘，一小部分人成功逃脱。马库斯·安东尼的陆军将士们拒绝相信统帅的丑行，认为自己还能继续抵抗。但当陆军指挥官普布利乌斯·卡尼迪乌斯·克拉苏叛变后，马库斯·安东尼的陆军便不再抵抗。

亚克兴战役

在历史上，像亚克兴战役这样可以轻易取胜的战役很少。对马库斯·安东尼卑鄙行为的描述主要来自胜利的一方。除了战术安排不当，很难想象马库斯·安东尼会损失如此庞大的舰队和军队。现在，盖乌斯·屋大维·奥古斯都终于可以安心，并在深思熟虑后决定乘胜追击。他派盖乌斯·米西奈斯和马库斯·维普撒尼乌斯·阿格里帕前往意大利，代他管理罗马城和军队。同时，他亲自走访希腊，从希腊进入亚细亚，接受了各地人民的致敬，为建立新政府做准备。公元前31年冬，他回到罗马。骑士、元老和众多公民都前来迎接他。他耐心倾听老兵们的怨言，卖掉自己和家人的财产补偿老兵。此外，他还在被征服地区开辟了新殖民地，承诺会从埃及收取一笔税。随着春天的到来，他再次踏上了追击马库斯·安东尼的路途。

马库斯·安东尼和克利奥帕特拉七世获得了六个月的喘息时间。我们很难想象，即使亚历山大受到一位强大的罗马统治者威胁，也能对罗马军队做出有效抵抗。埃及非常富庶，是地中海和印度洋之间的贸易中心，也是罗马和意大利的主要粮仓之一。虽然埃及人十分懦弱，不适合作战，但在埃及，人们可以购买到来自各个地方的兵器。克利奥帕特拉七世精通治国之道，常常用花言巧语蒙蔽其他统治者和埃及人民，迫使他们屈服自己。在这种情况下，具有真正意志和决心的首领也许会为自己辩护，驳斥针对自己的任何指控。但事实并非如此。马库斯·安东尼和克利奥帕特拉七世乘同一艘船横渡大海。罗马军队在马特鲁港登陆，保卫马特鲁要塞。为了防止突然传来的噩耗引发骚乱，埃及舰队进入亚历山大港时，甲板上堆满战利品。在亚历山大港，克利奥帕特拉七世并没有得到民众的欢呼和拥戴。身为外邦君主的后裔，她很清楚自己的政权并非建立在民意基础上。马库斯·安东尼遭到了几个罗马士兵的驱逐。他开始感到绝望，唯一可以缓解这种情绪的可能是一群角斗士对他的忠诚，尽管这种忠诚是徒劳的。由于判断错误，角斗士们穿过亚细亚和叙利亚来到马库斯·安东尼身边。后来，克利奥帕特拉七世和马库斯·安东尼打算逃到阿拉伯半岛，但他们的船被红海沿岸的土著毁坏了。他们陷入了绝望，认为世界上的任何角落都比埃及和罗马安全。当逃跑计划无疾而终后，马库斯·安东尼将自己关在一座孤塔里。克利奥

克利奥帕特拉七世用奴隶做毒药实验

帕特拉七世表现得很勇敢，向人们展示了自己穿着军装的形象，试图鼓舞埃及人抵抗罗马军队的入侵。但私下里，她会卸下伪装与马库斯·安东尼待在一起。马库斯·安东尼再次回到了克利奥帕特拉七世的怀抱。据说，克利奥帕特拉七世用各种毒药做实验，发现最没有痛苦的死亡方式是被毒蛇咬一口。

陷入绝望的克利奥帕特拉七世和马库斯·安东尼对彼此并不忠诚,开始分别与胜利者谈判。马库斯·安东尼没有得到盖乌斯·屋大维·奥古斯都的任何回答。克利奥帕特拉七世如果背叛马库斯·安东尼,那么可能会走出困境。盖乌斯·屋大维·奥古斯都非常谨慎,即使大局掌握在自己手中,也不急于将克利奥帕特拉七世当作筹码,为自己最终的胜利锦上添花。于是,他决定继续欺骗克利奥帕

特拉七世。他派人去提醒克利奥帕特拉七世,让她知道自己的强大实力。当马库斯·安东尼与盖乌斯·屋大维·奥古斯都派来的第一支军队作战时,盖乌斯·屋大维·奥古斯都的军队占据了压倒性的优势。此时,克利奥帕特拉七世认为是时候与马库斯·安东尼分开了,于是诱使马库斯·安东尼的舰队抛弃了他。与此同时,马库斯·安东尼的最后一批追随者也抛弃了他。克利奥帕特拉七世将自己关在一座高塔里,称高塔是自己的陵。由于担心遭到背叛的马库斯·安东尼会对自己施暴,克利奥帕特拉七世让马库斯·安东尼确信她已经自杀。现在,马库斯·安东尼决定自杀。但随后,他得知克利奥帕特拉七世还活着。于是,他命人将自己带到克利奥帕特拉七世藏身的塔底,死在了克利奥帕特拉七世的怀里。

马库斯·安东尼死在克利奥帕特拉七世的怀里

盖乌斯·屋大维·奥古斯都与克利奥帕特拉七世

与此同时,盖乌斯·屋大维·奥古斯都进入亚历山大。他命一名军官活捉克利奥帕特拉七世。克利奥帕特拉七世拒绝盖乌斯·屋大维·奥古斯都进入自己的卧室。当盖乌斯·屋大维·奥古斯都费力冲进去时,她假装要刺伤自己。盖乌斯·屋大维·奥古斯都抓住克利奥帕特拉七世的胳膊,称自己会宽恕她。最终,克利奥帕特拉七世被押送到宫殿内,等待着盖乌斯·屋大维·奥古斯都的召见,并准备将自己所有的魅力施展出来。她将尤利乌斯·恺撒的半身像放在盖乌斯·屋大维·奥古斯都面前。但正如人们预料的那样,克利奥帕特拉七世做的一切都是徒劳。盖乌斯·屋大维·奥古斯都盯着地面,一直保持着冷静和沉着。当克利奥帕特拉七世奉承他、爱抚他的时候,他冷漠地要求克利奥帕特拉七世上交财宝清单,并且要收缴克利奥帕特拉七世的财宝。但他安慰克利奥帕特拉七世勇敢一点,相信自己的宽宏大量。克利奥帕特拉七世很快明白,虽然盖乌斯·屋大维·奥古斯都能饶她一命，但会将她作为战利品带到罗马。于是，她决定自杀。克利奥帕特拉七世回到了高塔，将鲜花放在马库斯·安东尼的棺顶上，第二天早晨，有人发现克利奥帕特拉七世死在了床上，两个女仆在她床边哭泣。盖乌斯·屋大维·奥古斯都的使者惊恐地问道："还好吗？"代罗斯·厄维克·沙米恩回答道："还好，配得上是埃及法老的女儿。"克利奥帕特拉七世的死因无从知晓。盖乌斯·屋大维·奥古斯都胜利了，他拿走了克利奥帕特拉七世生前佩戴的所有饰品，将克利奥帕特拉七世放入棺材里。克利奥帕特拉七世的双臂上绕着一条蛇。据说，有人带给克利奥帕特拉七世一篮子无花果，篮子里藏着一条毒蛇。克利奥帕特拉七世被毒蛇咬了一口便死了。为了平息罗马民众的愤怒，盖乌斯·屋大维·奥古斯都处死了尤利乌斯·恺撒和克利奥帕特拉七世的儿子。马库斯·安东尼和富尔维亚的后代活了下来，并保留了与生俱来的公民权利。托勒密王朝覆灭了。马其顿军队的征程被罗马军队终结，埃及最终沦

克利奥帕特拉七世之死

农夫给克利奥帕特拉七世带来一篮子无花果，里面藏有毒蛇

为罗马的一个行省。现在，盖乌斯·屋大维·奥古斯都统治着罗马共和国，接着开创了罗马帝国。

值得注意的是，前三巨头和后三巨头之间存在巨大差异。在盖乌斯·屋大维·奥古斯都之前，盖乌斯·马略和格涅乌斯·庞培·马格努斯曾统治着罗马共和国，后来的苏拉和尤利乌斯·恺撒也是如此，并且他们的独裁官身份都是合法的。前三巨头通过合法渠道获得了权力，后三巨头通过篡权获得了最高权力，并要求连任。罗马共和国先后经历了几位独裁官，如果说它偶尔恢复了共和制，那也只是三巨头之间的内斗。这暴露出罗马共和国无法掌控自己命运的固有弱点。罗马一次次落入其他统治者手中。每位统治者都是凭借武力从前任手中夺取权力。随后，他们又将权力让给更强大的后继者。现在，罗马共和国可能已经四分五裂，或者分裂成几个小国，或者在无政府状态中灭亡。莱茵河和多瑙河附近的部落可能比罗马人早三个世纪到达这里。盖乌斯·屋大维·奥古斯都建立了一个帝国。每个时代都会出现很多试图摧毁帝国的人，但很少有人能建立一个帝国。前三巨头和后三巨头事业的关键期正是罗马命运的转折点。确切地说，是主宰人类历史的神灵使人类维护了古代文明。在推翻罗马共和国的过程中，历史无疑会留下一些遗憾，但肯定不会太多，因为罗马的自由其实是广义的奴役。罗马共和国在覆灭过程中，受到了暴力和阴谋等多重因素的干扰。因此，人们可能会要求历史学家谴责或抨击这一现象。不过，考虑到这个问题涉及的范围太广泛，历史学家很难权衡历史事件主人公的过失与成就。罗马共和国的优缺点会有专人去记录、评判。但从我们现在所处的时代中得出结论很简单，即罗马共和国已经走到尽头，不能继续维持政治自由了。最终，前三巨头和后三巨头的政治斗争只能以无政府状态或君主制告终。

附录 罗马共和国末期的执政官

公元前78年：马库斯·埃米利乌斯·雷必达、昆图斯·卢泰修斯·卡塔鲁斯

苏拉之死。

普布利乌斯·赛尔维利乌斯·伊索里库斯进军西里西亚。

昆图斯·塞多留指挥战争并取得进展。

执政官马库斯·埃米利乌斯·雷必达密谋推翻执政党。

公元前77年：迪基乌斯·尤尼乌斯·布鲁图、马梅尔库斯·埃米利乌斯·雷必达·利维安努斯。

马库斯·埃米利乌斯·雷必达被推翻。

格涅乌斯·庞培·马格努斯反对昆图斯·塞多留。

公元前76年：克奈乌斯·屋大维、盖乌斯·斯克里波尼乌斯·库里奥

与昆图斯·塞多留的战争仍在继续。

西西尼乌斯企图恢复保民官的权力，但失败了。

公元前75年：盖乌斯·奥雷里乌斯·科塔、卢基乌斯·屋大维

与昆图斯·塞多留的战争有了进展。

普布利乌斯·赛尔维利乌斯·伊索里库斯征服了伊索里亚人。

马库斯·图利乌斯·西塞罗在西西里担任财务官。

公元前74年：马尔库斯·奥雷里乌斯·科塔、卢修斯·李锡尼·卢库勒斯

与昆图斯·塞多留仍然在打持久战，拒绝与本都国王米特里达梯六世结盟。

公元前73年：盖乌斯·卡修斯·朗基努斯、马库斯·特伦提乌斯·瓦罗·卢库鲁斯

与昆图斯·塞多留开战。

在库济库斯，本都国王米特里达梯六世被卢修斯·李锡尼·卢库勒斯打败。

角斗士起义。

公元前72年：格涅乌斯·科尔内利乌斯·雷恩图卢斯、卢修斯·盖利乌斯·普布利科拉

昆图斯·塞多留被杀，战争结束。

卢修斯·李锡尼·卢库勒斯包围了阿米苏斯。

执政官们被斯巴达克斯领导的起义军打败。

公元前71年：普布利乌斯·科尔内利乌斯·雷恩图卢斯·苏拉、克奈乌斯·奥菲迪乌斯·奥雷斯特斯

马库斯·李锡尼·克拉苏打败了斯巴达克斯领导的起义军。

米特里达特战争有了一些进展。

格涅乌斯·庞培·马格努斯和梅特卢斯·塞勒尔击败西班牙。

公元前70年：格涅乌斯·庞培·马格努斯、马库斯·李锡尼·克拉苏

卢修斯·李锡尼·卢库勒斯掌管小亚细亚的内部事务。

执政官恢复了保民官的权力。

骑士恢复了司法权力。

诗人维吉尔出生。

公元前69年：昆图斯·霍腾西乌斯、昆图斯·凯基利乌斯·梅特卢斯·克里迪乌斯

卢修斯·李锡尼·卢库勒斯向亚美尼亚国王提格兰二世宣战。

昆图斯·卢塔提乌斯·卡图卢斯致力于恢复朱庇特神殿。

公元前68年：卢修斯·凯基利乌斯·梅特卢斯·克里迪乌斯、昆图斯·马西乌斯·雷克斯

东部战争有了进展。

卢修斯·凯基利乌斯·梅特卢斯·克里迪乌斯袭击了克里特人。

公元前67年：卢修斯·卡尔普尔尼乌斯·皮索·凯索尼努斯、马尼乌斯·阿奇利乌斯·格拉布里奥

卢修斯·李锡尼·卢库勒斯军中发生兵变。

本都国王米特里达梯六世战绩辉煌。

格涅乌斯·庞培·马格努斯被任命为攻打西里西亚海盗的指挥官。

卢修斯·凯基利乌斯·梅特卢斯·克里迪乌斯攻破克里特岛，获得"大象"的绰号。

尤利乌斯·恺撒担任西班牙财务官。

公元前66年：马库斯·埃米利乌斯·雷必达、卢基乌斯·沃尔卡蒂乌斯·图鲁斯

格涅乌斯·庞培·马格努斯被任命为攻打本都王国的指挥官。

马库斯·图利乌斯·西塞罗成为长官。

公元前65年：卢修斯·奥里利厄斯·柯塔、卢修斯·曼利乌斯·托尔卡图斯

格涅乌斯·庞培·马格努斯攻打阿巴尼人和伊比利亚人的战争正式开始。

尤利乌斯·恺撒成为民选行政官。

诗人贺拉斯出生。

公元前64年：卢修斯·尤利乌斯·恺撒、盖乌斯·马尔基乌斯·菲古鲁斯
格涅乌斯·庞培·马格努斯吞并叙利亚。
马库斯·图利乌斯·西塞罗被提名为执政官候选人。

公元前63年：马库斯·图利乌斯·西塞罗、盖乌斯·安东尼·希布里达
本都国王米特里达梯六世驾崩。
格涅乌斯·庞培·马格努斯征服了巴勒斯坦和腓尼基。
盖乌斯·屋大维·奥古斯都出生。

公元前62年：德西默斯·朱尼厄斯·西拉努斯、卢修斯·李锡尼·穆雷纳
尤利乌斯·恺撒担任裁判官、大祭司。
马库斯·波尔基乌斯·加图成为保民官。

公元前61年：马库斯·瓦莱里亚·梅萨拉·尼塔尔、马库斯·普庇乌斯·皮索·弗鲁基·卡尔普尔尼安努斯
格涅乌斯·庞培·马格努斯凯旋。
普布利乌斯·克洛迪乌斯·普尔喀被无罪赦免。

公元前60年：卢修斯·阿弗拉尼乌斯、昆图斯·凯基利乌斯·梅特卢斯·塞勒尔
尤利乌斯·恺撒深入西班牙并担任地方长官。
元老院拒不批准格涅乌斯·庞培·马格努斯的行动计划。
前三巨头同盟成立。

公元前59年：尤利乌斯·恺撒、马库斯·卡尔普尔尼乌斯·毕布路斯
《恺撒法典》颁布。
由于尤利乌斯·恺撒施加压力，元老院批准了格涅乌斯·庞培·马格努斯的行动计划。

历史学家提图斯·李维出生。

公元前58年：卢修斯·卡尔普尔尼乌斯·皮索·凯索尼努斯、奥卢斯·加比尼乌斯
尤利乌斯·恺撒担任高卢地方行政官。
高卢战争第一年。
马库斯·图利乌斯·西塞罗被流放。

公元前57年：普布利乌斯·科尔内利乌斯·雷恩图卢斯·斯皮恩特尔、梅特卢斯·尼波斯·伊纽尔
高卢战争第二年。
尤利乌斯·恺撒大胜内尔维人。
马库斯·图利乌斯·西塞罗被召回。

公元前56年：卢修斯·马西乌斯·菲利普斯、克奈乌斯·科尔内利乌斯·雷恩图卢斯·马尔凯利努斯
高卢战争第三年。
尤利乌斯·恺撒征服了高卢地区的西部和南部。
前三巨头在卢卡会晤。

公元前55年：马库斯·李锡尼·克拉苏、格涅乌斯·庞培·马格努斯
高卢战争的第四年。
尤利乌斯·恺撒渡过莱茵河，入侵不列颠。
埃及法老托勒密十二世复辟。
格涅乌斯·庞培·马格努斯建成庞培剧院。

公元前54年：卢修斯·多米提乌斯·阿赫诺巴布斯、普布利乌斯·克洛迪乌斯·普尔喀

高卢战争第五年。

尤利乌斯·恺撒第二次入侵不列颠。

比利时部落起义。

马库斯·李锡尼·克拉苏成为叙利亚行省总督。

公元前53年：涅乌斯·多米提乌斯·卡尔维努斯、马库斯·瓦莱里亚·梅萨拉·鲁弗斯

高卢战争的第六年。

马库斯·李锡尼·克拉苏为了打败帕提亚人而进行远征。

卡莱尔战役。

公元前52年：格涅乌斯·庞培·马格努斯、昆图斯·凯基利乌斯·梅特卢斯·西庇阿

高卢战争第七年。

英雄韦辛格托里克斯领导高卢人民起义。

亚雷西亚战役。普布利乌斯·克洛迪乌斯·普尔喀遇刺。

诗人卢克莱修去世。

公元前51年：塞尔维乌斯·苏尔比基乌斯·鲁弗斯、马库斯·克劳迪亚斯·马塞勒斯

高卢战争第八年。

高卢实现了和平。

马库斯·图利乌斯·西塞罗担任西里西亚总督。

公元前50年：小马库斯·克劳迪亚斯·马塞勒斯、卢修斯·埃米利乌斯·雷必达·保卢斯

尤利乌斯·恺撒管理高卢。

元老院要求尤利乌斯·恺撒交出军权。

格涅乌斯·庞培·马格努斯大病初愈。

盖乌斯·斯克里波尼乌斯·库里奥当上保民官。

内战一触即发。

公元前49年：马库斯·克劳迪亚斯·马塞勒斯、卢修斯·科尔内利乌斯·雷恩图卢斯·克鲁斯

内战爆发。尤利乌斯·恺撒渡过卢比孔河。

格涅乌斯·庞培·马格努斯撤离意大利。

尤利乌斯·恺撒在西班牙精简军团规模并夺取马西里亚。

盖乌斯·斯克里波尼乌斯·库里奥在阿非利加战败并去世。

公元前48年：尤利乌斯·恺撒、普布利乌斯·塞尔维利乌斯·瓦蒂亚·伊萨乌里库斯

尤利乌斯·恺撒在伊庇鲁斯城开战。

法沙利亚战役。格涅乌斯·庞培·马格努斯欲逃跑，后在埃及遇刺。

尤利乌斯·恺撒登陆亚历山大，支持克利奥帕特拉七世担任埃及法老。

公元前47年：普布利乌斯·瓦提尼乌斯、昆图斯·弗费乌斯·卡雷努斯

尤利乌斯·恺撒在亚历山大开战。

埃及人死伤枕籍。

克利奥帕特拉七世重夺法老之位。

尤利乌斯·恺撒向法那西斯宣战。

尤利乌斯·恺撒回到罗马。

公元前46年：尤利乌斯·恺撒、小卢修斯·埃米利乌斯·雷必达
战火烧到了阿非利加。
在西班牙，尤利乌斯·恺撒对格涅乌斯·庞培·马格努斯的儿子穷追猛打。
尤利乌斯·恺撒在罗马立法。
修订历法。

公元前45年：昆图斯·费边·马克西穆斯、盖乌斯·特雷波尼乌斯；盖乌斯·卡尼尼乌斯·雷比鲁斯
格涅乌斯·庞培·马格努斯集团以战败告终。
尤利乌斯·恺撒获胜。

公元前44年：尤利乌斯·恺撒、马库斯·安东尼
尤利乌斯·恺撒被暗杀。
尤利乌斯·恺撒葬礼上的骚乱。
盖乌斯·屋大维·奥古斯都继承遗产。
为战争做准备。

公元前43年：奥卢斯·希尔提乌斯、盖乌斯·维比乌斯·潘萨
马库斯·图利乌斯·西塞罗在罗马进行政治活动。
大战之前发生的一场战争。
奥卢斯·希尔提乌斯与盖乌斯·维比乌斯·潘萨之死。
后三巨头同盟成立。马库斯·图利乌斯·西塞罗之死。

公元前42年：卢修斯·姆纳蒂乌斯·普兰库斯、小卢修斯·埃米利乌斯·雷必达
在罗马东部，盖乌斯·屋大维·奥古斯都和马库斯·安东尼遇到共和派。
菲利皮战役。

德西默斯·朱尼厄斯·布鲁图·阿尔比努斯与盖乌斯·卡修斯·朗基努斯之死。

公元前40年：格涅乌斯·多米提乌斯·卡尔维努斯、盖乌斯·阿西尼乌斯·波里奥

马库斯·安东尼离开亚历山大。

富尔维娅与《米塞努姆条约》。

马库斯·安东尼迎娶小奥克塔维亚。

后三巨头与塞克斯图斯·庞培开战。

公元前39年：卢修斯·马尔基乌斯·凯恩索里努斯、盖乌斯·卡尔维西乌斯·萨比努斯

盖乌斯·屋大维·奥古斯都和马库斯·安东尼在罗马。

盖乌斯·屋大维·奥古斯都在高卢，马库斯·安东尼在雅典。

普布利乌斯·文提狄斯大败帕提亚人。

公元前38年：阿庇乌斯·克劳狄乌斯·普尔喀、盖乌斯·诺尔巴努斯·弗拉库斯

西西里岛战役。

马库斯·安东尼在东部。

后三巨头延长任期。

公元前37年：马库斯·维普撒尼乌斯·阿格里帕、卢修斯·卡尼尼乌斯·加鲁斯

西西里岛战役仍在持续。

盖乌斯·屋大维·奥古斯都和马库斯·安东尼在塔伦特姆会面。

盖乌斯·屋大维·奥古斯都的海军实力。

公元前36年：卢修斯·姆纳蒂乌斯·普兰库斯、卢修斯·盖利乌斯·普布利科拉

西西里岛战役结束。

塞克斯图斯·庞培被打败并逃跑。

马库斯·埃米利乌斯·雷必达的失败。

马库斯·安东尼在帕提亚面临灾难。

公元前35年：塞克斯图斯·庞培、卢修斯·科尔尼菲基乌斯

盖乌斯·屋大维·奥古斯都在阿尔卑斯地区与伊利瑞卡姆作战。

塞克斯图斯·庞培葬身亚细亚。

马库斯·安东尼与克利奥帕特拉七世同居。

公元前34年：马克·安东尼、卢修斯·斯克里波尼乌斯·利博

盖乌斯·屋大维·奥古斯都征服达尔马西亚人。

马库斯·安东尼俘虏亚美尼亚国王阿尔塔瓦兹德二世，并在亚历山大庆祝胜利。

公元前33年：盖乌斯·屋大维·奥古斯都、卢修斯·沃尔卡蒂乌斯·图卢斯

盖乌斯·屋大维·奥古斯都在利瑞卡姆发起第三次战争。

马库斯·安东尼在亚历山大。

公元前32年：格涅乌斯·多米提乌斯·阿赫诺巴布斯、盖乌斯·索西乌斯

盖乌斯·屋大维·奥古斯都和马库斯·安东尼关系破裂。

为战争做准备。马库斯·安东尼在萨摩斯。

公元前31年：盖乌斯·屋大维·奥古斯都、马库斯·瓦莱里亚·梅萨拉·科尔维努斯

亚克兴战役。

马库斯·安东尼和克利奥帕特拉七世逃往埃及。

公元前30年：盖乌斯·屋大维·奥古斯都、小马库斯·李锡尼·克拉苏

盖乌斯·屋大维·奥古斯都到达埃及乘胜追击。

马库斯·安东尼与克利奥帕特拉七世之死。

罗马共和国吞并了埃及。

盖乌斯·屋大维·奥古斯都获得了无可争议的最高统治权。

专有名词英汉对照

Free State	自由邦省
Punic War	布匿战争
Social War	同盟者战争
Carthage	迦太基
Hannibal	汉尼拔
Scipio Africanus	大西庇阿
Greece	希腊
Asia Minor	小亚细亚
Gracchi	格拉古
Sulla	苏拉
Gaius Octavius Augustus	盖乌斯·屋大维·奥古斯都
Gaul	高卢人
Semites	闪米特人
Etruscans	伊特鲁里亚人
Pyrrhus	皮洛士
Gaius Marius	盖乌斯·马略
Cimbri	辛布里人
Teuton	条顿人
Spain	西班牙
Lucius Cornelius Cinna	卢修斯·科尔内利乌斯·秦纳
Gaius Papirius Carbo	盖乌斯·帕皮里乌斯·卡尔博
Goth	哥特人
Vandal	汪达尔人
Alaric I	阿拉里克一世

Attila	阿提拉
Gnaeus Pompeius Strabo	格涅乌斯·庞培·马格努斯
Gnaeus Pompeius Magnus	格涅乌斯·庞培·马格努斯
Sicily	西西里
Quintus Lutatius Catulus	昆图斯·卢泰修斯·卡塔鲁斯
Marcus Aemilius Lepidus	马库斯·埃米利乌斯·雷必达
Narbonensis	纳尔榜南西斯
Cisalpine	阿尔卑斯山南侧
Marcus Junius Brutus	马库斯·朱尼厄斯·布鲁图
Etruia	埃特鲁亚
Milvian bridge	米尔维安桥
Sardinia	撒丁岛
Marcus Perperna Vento	马库斯·培培纳·文托
Quintus Sertorius	昆图斯·塞多留
Sabine	萨宾
Iberian Peninsula	伊比利亚半岛
Gaius Annius	盖乌斯·安尼乌斯
Mauretania	毛里塔尼亚
Lusitania	卢西塔尼亚
Metellus Celer	梅特卢斯·塞勒尔
Adriatic	亚得里亚海
Mithridates VI	米特里达梯六世
Cullera	库列拉
Pronivcia	普罗温西亚
Spartacus	斯巴达克斯
Capua	卡普阿
Mount Vesuvian	维苏威火山
Thrace	色雷斯
Clodius	克洛迪乌斯
Campania	坎帕尼亚
Alps	阿尔卑斯山
Lucius Licinius Lucullus	卢修斯·李锡尼·卢库勒斯
Marcus Licinius Crassus	马库斯·李锡尼·克拉苏

Rhegium	利基翁
Lucius Aurelius Cotta	卢修斯·奥里利厄斯·柯塔
Kingdom of Armenia	亚美尼亚王国
Tigranus II	提格兰二世
Bithynia	比提尼亚
Phrygia	佛里吉亚
Chalcedon	卡尔西登
Cyzicus	库济库斯
Publius Clodius Pulcher	普布利乌斯·克洛迪乌斯·普尔喀
Tigranocerta	提格雷诺塞塔
Seleucid Dynasty	塞琉古王朝
Parthia	帕提亚
Mesopotamia	美索不达米亚
Persia	波斯
Tigris	底格里斯河
Artaxata	阿尔塔沙特
Araxes	阿拉克塞斯
Nisibis	尼西比斯
Gaius Verres	盖乌斯·韦雷斯
Julius Caesar	尤利乌斯·恺撒
Marcus Tullius Cicero	马库斯·图利乌斯·西塞罗
Quintus Hortensius	昆图斯·霍腾西乌斯
Arpinum	阿尔平兰
Volscian	沃尔西
Marcus Aurelius	马库斯·奥勒留
Jupiter	朱庇特
Appian	阿庇安
Delos	德洛斯岛
Crete	克里特岛
Marcus Antonius	马库斯·安东尼
Cretius	克雷蒂乌斯
Aulus Gabinius	奥卢斯·加比尼乌斯
Levant	黎凡特

Quintus Marcius Rex	昆图斯·马西乌斯·雷克斯
Aegean	爱琴海
Gaius Manilius	盖乌斯·马尼利乌斯
Galatia	加拉提亚
Phraates III	弗拉特斯三世
Euphrates	幼发拉底河
Judaea	犹太
Jerusalem	耶路撒冷
Xerxes I	薛西斯一世
Euxine	黑海
Cimmerian Chersonese	辛梅里安半岛
Pharnances	法尔纳克
Illyria	伊利里亚
Amisus	阿米苏斯
Sinope	锡诺普
Deiotraus	戴塔鲁斯
Attalus	阿塔罗斯
Paphlagonia	帕夫拉戈尼亚
Ariobarzanes	阿里奥巴尔赞
Cappadocia	卡帕多奇亚
Bosporus	博斯普鲁斯
Herod I	希律一世
Palestine	巴勒斯坦
Anchises	安喀塞斯
Venus	维纳斯
Aeneas	埃涅阿斯
Julus	尤尔
Cornelius	科尼利厄斯
Pollux	波鲁克斯
Castor	卡斯托耳
Capitolinus	卡匹托尔山
Ptolemy XII	托勒密十二世
Papius	帕尤斯

Gaius Rabirius	盖乌斯·拉毕里乌斯
Lucius Appuleius Saturninus	卢修斯·阿普利乌斯·萨图尼努斯
Janiculum	雅尼库鲁姆山
Titus Labienus	提图斯·拉比努斯
Dictator	独裁官
Decimus Junius Silanus	德西默斯·朱尼厄斯·西拉努斯
Lucius Licinius Murena	卢修斯·李锡尼·穆雷纳
Marcus Porcius Cato	马库斯·波尔基乌斯·加图
Aplollo	阿波罗
Lucius Sergius Catilina	卢修斯·塞尔吉乌斯·喀提林
Gaius Verres	盖乌斯·费雷斯
Servilius Rullus	塞尔维利乌斯·鲁拉斯
Sibyl	西比尔
Cornelia	科尔内利
Curius	库里乌斯
Etruscan	伊特鲁里亚
Mallius	马里乌斯
Apulia	阿普利亚
Picenum	皮西努姆
Palatine	帕拉蒂诺山
Allobroges	阿洛布罗基人
Quintus Tullius Cicero	昆图斯·图利乌斯·西塞罗
Concord	康科德
Capitoline	卡匹托尔山
Tullianum	图利亚努姆
Cathegus	加塞加斯
Statilius	斯塔提里乌斯
Ceparius	切帕留斯
Marcus Petreius	马库斯·佩特莱乌斯
Pistoia	皮斯托亚
Metellus Nepos Iunior	梅特卢斯·尼波斯·伊纽尔
Regia	雷吉亚
Vettius	维提乌斯

Bona Dea	善良女神
Pompeia	庞培娅
Brundisium	布林迪西
Apennines	亚平宁
Lucius Afranius	卢修斯·阿夫拉涅乌斯
Gaius Flavius	盖乌斯·弗拉维斯
Hispania Ulterior	远西班牙
Lusitania	路西塔尼亚
Douro	杜罗河
Minho River	米尼奥河
Herminian mountains	赫米尼安山区
Gallaecia	加利西亚
Lucan	卢坎
Scipio	西庇阿
Marcus Claudius Marcellus	马库斯·克劳迪亚斯·马塞勒斯
Lucius Lucceius	卢修斯·鲁克乌斯
Julia	朱利亚
Publius Clodius Pulcher	布利乌斯·克洛迪乌斯·普尔喀
Lucius Lucullus	卢修斯·卢塞尤斯
Caius Vettius Rophynors	盖乌斯·维提乌斯·鲁菲努斯
Rubicon River	卢比孔河
Pharsalia	法尔萨利阿
Munda	蒙达
Helvetii	赫尔维西亚人
Manilian Act	《马尼利安法》
Flaminian	弗拉米尼安
Tusculum	图斯库鲁姆
Cyprus	塞浦路斯
Suevi	苏维汇人
Transalpine Gaul	山外高卢
Massilia	马西利亚
Aquae Sextiae	阿基埃西提亚
Provincia	普罗温西亚

Hervetii	赫尔维蒂人
Aedui	埃杜维
Zahn	萨恩河畔
Bibracte	比布拉克特
Ariovistus	阿里奥维特斯
Besancon	贝桑松
Arverni	阿维尔尼
Remi	雷米
Meuse	默兹河
Moselle	摩泽尔河
Berge	贝尔格
Armorica	阿莫里凯
La Manche	拉芒什海峡
Aquitania	阿基塔尼亚
Kentish	肯特人
Hertfordshire	赫特福德郡
Verulamium	维鲁拉米恩
Luca	卢卡
Alban Mount	阿尔班山
Publius Vatinius	普布利乌斯·瓦提尼乌斯
Gaius Trebonius	盖乌斯·特雷博尼乌斯
Osrhoene	卡雷战役
Battle of Carre	帕提亚人
Parthians	奥斯若尼
Seleucia	塞琉古亚
Gaius Cassius Longinus	盖乌斯·卡修斯·朗基努斯
Amiens	亚眠
Eburones	厄勃隆尼斯人
Cimbre	辛布里
Treviri	特雷沃
Metellus Scipio	梅特卢斯·西庇阿
Bovilae	博维莱
Vercingetorix	韦辛格托里克斯

Seine	塞纳河
Garonne	加伦河
Druids	德鲁伊人
Carnutes	卡尔尼特人
Genabus	热纳布斯
Gien	日安
Gergovia	戈维亚
Alesia	阿莱西亚
Pontius	庞提乌斯
Plutarch	普鲁塔克
Massilians	马塞利亚人
Como	科摩
Cilicia	西里西亚
Paulus Aemilius	保罗斯·埃米利乌斯
Scribonius Curio	斯克里波尼乌斯·库里奥
Epicureans	伊壁鸠鲁派
Titus Pomponius Atticus	提图斯·庞波尼乌斯·阿提库斯
Aricia	亚里西亚
Tarentum	塔伦特姆
Neapolis	奈阿波利
Toga	托加
Ravenna	拉文纳
Illyricum	伊利里库姆
Lucius Annaeus Seneca	卢修斯·阿奈乌斯·塞内加
se magna ruunt	《麦格纳鲁特传》
Nero	尼禄
Ariminum	亚里米伦
Allia	阿里亚河
Appian Way	亚壁古道
Temple of Saturnus	萨图尔努斯神殿
Arretium	亚雷提恩
Iguvium	伊古维姆
Auximum	奥克西姆

Corfinium	科菲纽姆
Luceria	卢克利亚
Epirus	伊庇鲁斯
Rhodes	罗德岛
Brennus	布伦努斯
Marcus Furius Camillus	马库斯·弗里乌斯·卡米卢斯
Publius Attius Varus	布利乌斯·阿提乌斯·瓦鲁斯
Numidia	努米底亚
Juba	朱巴
Varro	瓦罗
Massihans	马塞汉斯
Petra	佩特拉
Dyrrhachium	拉奇乌姆
Thessaly	塞萨利
Enipeus	埃尼培乌斯河
Larissa	拉里萨
Vale of Tempe	坦佩谷
Lesbos	莱斯博斯岛
Pelusium	佩鲁希昂
Ptolemy XIII	托勒密十三世
Cleopatra VII	克利奥帕特拉七世
Quintus Cassius Longinus	昆图斯·卡修斯·朗基努斯
Hellespont	达达尼尔海峡
Pothinus	波提纽斯
Achillas	阿基拉斯
Pharnaces II	法纳西斯二世
Galatia	加拉提亚
Zela	泽拉
Marcus Caelius Rufus	马库斯·凯利乌斯·鲁弗斯
Gnaeus Pompeius	格涅乌斯·庞培
Utica	尤蒂卡
Cyrene	昔兰尼
Lesser Syrtis	小西尔蒂斯

Leptis	莱普提斯
Mauretanians	毛里塔尼亚
Thapsus	塔普苏斯
Petrius	佩特里乌斯
Zama	扎马
Hadrumetum	哈德鲁梅
Cassius Dio	卡西乌斯·戴奥
Pharsalia	《法沙利亚》
Velabrum	维拉布鲁姆河
Palatme	帕拉特姆
Vilya	维利亚
Comitia	科米蒂亚
Rostra	罗斯特拉
Mamertine	马梅尔廷
Laberius	拉贝里乌斯
Lysippus	利西波斯
Nerva	涅尔瓦
Trajan	图拉真
Guadalquivir	瓜达尔基维尔
Sierra Morena	莫雷纳山
Sextus Pompey	塞克斯图斯·庞培
Sosigenes	索西热内斯
Csesario	恺撒里昂
Corinth	科林斯
Laus Julia	劳斯·朱利亚
Agrippa	阿格里帕
Code Justinian	《查士丁尼法典》
Servius Tullius	塞尔乌斯·图利乌斯
Fucinus	富奇努斯湖
Pomptine	庞普廷沼泽
Tarracina	塔尔拉西纳
Apollonia	阿波罗尼亚
Atiyah	阿蒂亚

Lucius Junius Brutus	卢修斯・朱尼厄斯・布鲁图
Tillius Cimber	蒂利乌斯・桑贝尔
Lucius Junius Brutus the Younger	小马库斯・朱尼厄斯・布鲁图
Euxine	黑海
Calpurnia	卡尔普尼亚
Wilhelm Drumann	威廉・德鲁曼
Gaius Plinius Secundus	盖乌斯・普林尼・塞古都斯
Dryops	奥普斯
Tyrus	泰勒斯
Tiber	台伯河
Agamemnon	阿伽门农
Ajax	阿贾克斯
Caste	卡斯特
Pollux	波利克斯
Amatius	阿玛提乌斯
Aprilia	阿普里亚
Cumae	库迈
Cytheris	塞瑟利斯
Lucius Marcius Philippus	卢修斯・马西乌斯・菲利普斯
Calabria	卡拉布里亚
Paladine	帕拉丁
Tiburtine	蒂伯廷
Umbria	翁布里亚
Fulvia	富尔维亚
Gaius Asinius Pollio	盖乌斯・阿西尼乌斯・波里奥
Pyrenees	比利牛斯山
Lucius Munatius Plancus	卢修斯・姆纳蒂乌斯・普兰库斯
Aulus Hirtius	奥卢斯・希尔提乌斯
Caius Vibius Pansa	盖乌斯・维比乌斯・潘萨
Demosthenes	德摩斯梯尼
Mutina	摩德纳
Quintus Pedius	昆图斯・佩狄尤斯
Rhaetian Alps	雷蒂亚山脉

Camelus	卡梅洛斯
Bononia	波诺尼亚
Rhenus	雷诺斯
Publius Ventidius	普布利乌斯·文提狄斯
Septemvir	七人执行团
Sevirs	六位守护者
Decemvirs	十人委员会
Tusculan villa	图斯库兰别墅
Astura	阿斯图拉
Antium	安提乌姆
Formiae	福尔米亚
Popihus	波皮利乌斯
Romulus	罗穆卢斯
Antioch	安提俄克
Ephesus	以弗所
Horace	贺拉斯
Marcus Vipsanius Agrippa	马库斯·维普撒尼乌斯·阿格里帕
Lycians	吕西亚人
Rhodians	罗德斯岛人
Cappadocians	卡帕多西亚人
Xanthus	克桑托斯
Sardis	萨迪斯
Philippi	菲利皮
Thessalonica	萨洛尼卡
Lllyricum	伊利瑞卡姆
Tarsus	塔尔苏斯
Venus	维纳斯
Cupids	丘比特
Graces	美惠三女神
Nereids	涅瑞伊得斯
Bacchus	巴克斯
Pcrusia	佩鲁西亚
Lucius Antonius	卢修斯·安东尼

Octavia the Younger	小奥克塔维亚
Gaius Maecenas	盖乌斯·米西奈斯
Scribonia	斯克里波尼娅
Misenum	米塞努姆
Corsica	科西嘉岛
Maenas	梅纳斯
Naulochus	瑙洛库斯
Livia	莉薇娅
Tiberius Claudius Nero	提比略·克劳迪亚斯·尼禄
Dalmatia	达尔马提亚
Praaspa	普拉斯帕
Artavasdes II	阿尔塔瓦兹德二世
Glaucus	格劳库斯
Osiris	奥西里斯
Isis	伊希斯
Liburni	利伯尼
Iapydes	亚皮德斯
Gaius Sosius	盖乌斯·索西乌斯
Commagene	康马革纳
Peloponnesus	伯罗奔尼撒
Patrae	帕特雷
Actium	亚克兴
Paraetonium	马特鲁港
Deiros Avec Charmion	代罗斯·厄维克·沙米恩

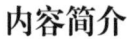

华文全球史

016

精品推荐

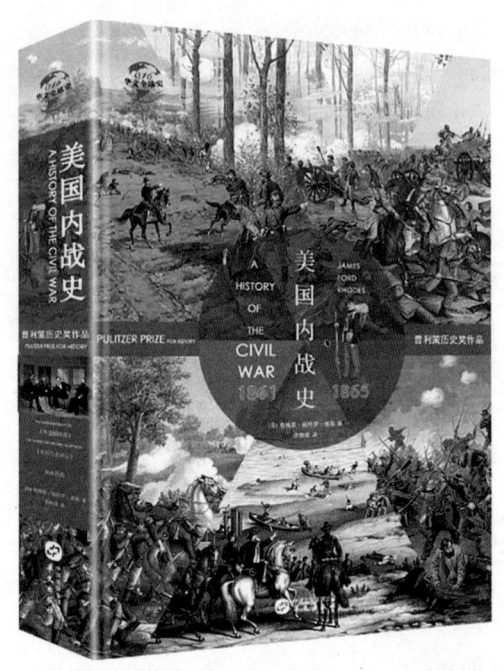

编辑推荐

普利策历史奖作品

《纽约时报》《华盛顿邮报》联袂推荐的佳作

内容简介

《美国内战史：1861—1865》引用大量官方记录、日记、传记、回忆录、书信等资料，讲述了北方联邦军和南方邦联军之间长达五年的战争，揭示了美国南北方矛盾的本质以及北方获胜、南方战败的深层原因。林肯上台为什么会引发内战？战争初期，北方联邦军因何节节败退？被邦联军多次包围的首都华盛顿如何一次次化险为夷？保持中立的英国对美国内战产生了哪些影响？势如破竹的南方邦联军缘何一步步走向失败？内战给美国南北方人民造成了哪些伤害？本书将一一解答。

精品推荐

华文全球史 017

编辑推荐

圣约翰学院印度研究所所长
"印度帝国勋章"得主
牛津大学出版社首版
文森特·亚瑟·史密斯作品

内容简介

《阿育王:一部孔雀王国史》以阿育王的一生为主线,援引在印度各处发现的阿育王时期的大量石柱法敕、碑文与洞穴石刻,以法显和玄奘等中国求佛者的游记为佐证,讲述了公元前323年到公元前232年孔雀王国的重大历史事件,理清了孔雀王国转变为佛国的历史脉络,对阿育王的转变、阿育王时期佛教的发展及阿育王时期孔雀王国的疆域、军事和行政机构等做了详细的描述和合理的分析。

精品推荐 | **华文全球史 018**

编辑推荐

皇家历史协会主席

牛津大学"奇切历"现代史教授

皇家钱币学协会奖章得主

查尔斯·欧曼经典作品

内容简介

查尔斯·奥曼，英国著名军事史学家，皇家历史协会主席，牛津大学"奇切历"现代史教授，皇家考古研究所所长，皇家钱币学协会奖章得主。他的著作改变了人们对中世纪战争的理解，完善并改正了中世纪史料中碎片化的军事史及其种种谬误。一般认为，他通过中世纪残破的文献，重新构建起了中世纪战场的蓝图。其研究成果在欧洲军事史上有着重要的地位。

精品推荐 | 华文全球史
019

编辑推荐

普利策历史奖作品

哥伦比亚大学欧洲史教授

"古根海姆学者奖"获得者

牛津大学客座教授

加勒特·马丁利经典作品

内容简介

加勒特·马丁利,普利策历史奖得主,哥伦比亚大学教授,牛津大学客座教授,主攻欧洲史,尤擅16世纪欧洲外交史。他毕业于哈佛大学,先后获得哈佛大学学士、硕士和博士学位。他深受西班牙历史学家罗杰·梅里曼的影响,开始主攻16世纪欧洲史。先后四次获得"古根海姆学者奖"。

华文全球史

往 期 回 顾

华文全球史 001　莫卧儿帝国：从奥朗则布大帝时代到莱克勋爵占领德里
华文全球史 002　黑死病：大灾难、大死亡与大萧条（1348—1349）
华文全球史 003　希波战争：文明冲突与波斯帝国世界霸权的终结
华文全球史 004　法国大革命与法兰西第一帝国
华文全球史 005　新美国：从门罗主义、泛美主义到西奥多·罗斯福新国家主义的蜕变
华文全球史 006　美国艺术史
华文全球史 007　德皇威廉二世回忆录
华文全球史 008　杰斐逊总统：独立战争、国父时代与共和思想在美国的滥觞
华文全球史 009　三十年战争史：哈布斯堡家族的衰落、法兰西王国大陆霸权的建成
　　　　　　　　与"威斯特伐利亚体系"的确立（1618—1648）
华文全球史 010　清史九讲
华文全球史 011　澳大利亚史
华文全球史 012　美国第一夫人回忆录
华文全球史 013　美洲奴隶贸易：起源、繁荣与终结
华文全球史 014　大英殖民帝国
华文全球史 015　印度文明史
华文全球史 016　美国内战史：1861—1865
华文全球史 017　阿育王：一部孔雀王国史
华文全球史 018　拜占庭帝国史
华文全球史 019　西班牙无敌舰队
华文全球史 020　罗马三巨头